DUMONT

REISE-TASCHENBÜCHER

Kreta

In der vorderen Umschlagklappe: Der Westen Kretas

In der hinteren Umschlagklappe: Der Osten Kretas

Kreta

Andreas Schneider

DUMONT

Umschlagvorderseite: Agia Galini
Vordere Umschlagklappe: Samaria-Schlucht
Abbildung Seite 2/3: Bucht von Loutro
Hintere Umschlagklappe: Kiosk in Chora Sfakion
Abbildung Umschlagrückseite oben: Hafenmole von Chania
Abbildung Umschlagrückseite unten: Kloster Chrissoskalitissa
Vignette Seite 1: Fischer im Hafen von Chania

Über den Autor: Andreas Schneider, geboren 1951, ist promovierter Althistoriker und Reiseveranstalter in Hamburg. Bei DUMONT ist von ihm der Kunstreiseführer »Zypern« erschienen.

Fremde Kulturen kennenlernen und gastfreundlichen Menschen begegnen – wie sehr genießen wir das auf Reisen. Zu Hause bei uns jedoch wird mancher Ausländer von einer kleinen Minderheit beschimpft, bedroht und sogar mißhandelt. Alle, die in fremden Ländern Gastrecht genossen haben, tragen hier besondere Verantwortung. Deshalb: Lassen Sie es nicht zu, daß Ausländer diffamiert und angegriffen werden. Lassen Sie uns gemeinsam für die Würde des Menschen einstehen.

Verlagsleitung und Mitarbeiter des DuMont Buchverlages

5. Auflage 1995

Satz und Druck: Rasch, Bramsche
Buchbinderische Verarbeitung: Bramscher Buchbinder Betriebe

Printed in Germany ISBN 3-7701-2767-6

Inhalt

Land und Leute

Kreta im Überblick

Gesellschaft und Kultur

Unterwegs auf Kreta

Mittelkreta

Ostkreta

Westkreta

Tips und Adressen

Land und Leute

»Zwischen den herben Linien dieser kretischen Landschaft entdeckte man eine Empfindsamkeit und Zartheit, die keiner vermutet hätte – in den windgeschützten Schluchten dufteten die Zitronen- und Orangenbäume, und in der Ferne ergoß sich aus dem endlosen Meere eine grenzenlose Poesie.«

Nikos Kazantzakis, *Alexis Sorbas*

Drei Gesichter Kretas

Mythos, Ehre, Geschäft

– Von Klaus Merten –

Der Mythos kam von Süden: Die phönizische Prinzessin Europe, die mit dem ›stiergestaltigen‹ Zeus bei Matala an Land ritt und das Geschlecht der Minoer zeugte. Von Osten her kamen die Türken, gegen die die Kreter ihr *Philótimo,* ihre Ehre, setzten: Unter der Losung ›Freiheit oder Tod!‹ starben Tausende. Von Norden her kamen die Barbaren: Zunächst Archäer und Dorer, später die Kreuzritter, Abenteurer aus aller Herren Länder, die mit Kreta ihr Geschäft machen wollten. Heute sind es die Touristen – mit denen jetzt Kreta sein Geschäft macht. Dieses dreifache Muster von Mythos, Ehre und Geschäft, untrennbar verwoben, findet sich überall auf der Insel, am eindrucksvollsten freilich dort, wohin man die Urlauber zuhauf treibt: in Knossos und, noch deutlicher, in der Schlucht von Samaria im Süden Kretas.

Diese größte und tiefste Schlucht Europas stellt die einzige Verbindung zwischen der Omalos-Ebene oben, in den rauhen, fast gewalttätig wirkenden Weißen Bergen *(Lefka Ori),* und dem Libyschen Meer her. Unten, am Ausgang der Schlucht, liegt Agia Roumeli – bis vor wenigen Jahren ein winziger Ort mit ein paar Häusern, rings von den Bergen eingeschlossen und nur von See her erreichbar. Dann kamen die Touristen, und heute läuft jeden Morgen ein mehrstöckiges Schiff ein – vollgepfercht mit Ausflüglern, die nur herkommen, um die ›Eiserne Pforte‹, die beklemmend enge Schmalstelle der Schlucht zu sehen.

Und was da alles angelandet wird. Zunächst die Vorhut, deutlich in der Minderzahl: alpin gerüstete Wanderer mit schweren Bergschuhen, die zielstrebig mit knarrendem Tritt den Weg in die Schlucht nehmen. Dann das leichte, bunte Völkchen der Rucksacktouristen mit Hippie-Appeal, die an den Strand ziehen und dort – zwischen den verfallenen Steinen der antiken Stadt Tarra – oft monatelang ihr eigenes Leben leben.

Schließlich das Aufgebot der gesetzteren Touristen: Ältere Herren mit Feldstecher und Strohhut, ergraute Studienräte mit Nickelbrille, die weniger in die Gegend, mehr aber in ihren Reiseführer schauen, käseweiße oder auch rot verbrannte Beine und Dekolletés, teils elegant mit Handtäschchen und Pumps, teils in Shorts und Sandalen – der Marsch bis vor die Schlucht wird reichlich Opfer fordern.

Diese Hauptstreitmacht zieht daher auch nur ein Stück in die Schlucht hinein und kehrt, nach dem Ablichten der berühmten Felswände, erleichtert um: Zumindest da gewesen war man ja nun doch, immerhin!

Prokopi, mein Freund, dem eine der Tavernen gehört, würdigt den vorbeiziehenden Touristenstrom auf seine Weise: Er zählt die Häupter seiner Lieben, die spätestens nach zwei Stunden, um die Mittagszeit, erschöpft und verbrannt wieder hier unten in Roumeli ankommen werden und gibt – je nach Zusammensetzung der Heerscharen – schon jetzt schnelle, strategische Anweisungen in die Küche: Wieviel von welcher Speise gerichtet werden soll, mit welchen Getränken der Eisschrank vollgestopft wird.

Später dann, wenn das geschlagene Heer der Touristen zurückflutet, wird Prokopi leutselig vor der Taverne stehen und mit geübtem Kennerblick Nationalität, Gemütszustand und Geldbeutel der Heimkehrer taxieren, die nun ermattet in den Schatten streben. Er liebkost sie mit aufmunternden Worten, nimmt sich mitfühlend ihrer Blessuren an und preist mit listigen Lockrufen an, was die Gäste in die Taverne lockt: »Madame, heute schöne Rotbarben!« – Prokopi küßt sich verzückt die Finger – »Hallo mister, come here« – Prokopi winkt jovial einen Käsweißling unter einem korrekt aufgezogenen Tropenhut heran – »and enjoy the best steaks of all Crete!«. Und natürlich fallen sie alle – glücklich, daß auch die, die das Martyrium der Schlucht gescheut haben, freundlich behandelt werden – auf die honigsüßen Lockungen herein. »Weißt Du«, sagt er mir später, »wir sind hier in Roumeli vier große Familien, die alle von den *Tourístes* leben müssen.«

Es ist längst Mittag, und die, die wirklich in die Schlucht hochgezogen sind, dürften jetzt bereits das seit 1962 verlassene Dorf Samaria erreicht haben, dessen Kirchlein zur heiligen Maria *(Ossia Mariá)* der Schlucht ihren Namen gegeben hat. Hier hauste früher der gefürchtete Viglis-Clan, ehe die Schlucht Nationalpark wurde, atemberaubend wild und riesig: Hier kreisen noch schwarze Adler und Lämmergeier, hier springt der wilde Steinbock, gedeihen exotische Orchideen. Das wilde Gesicht Kretas bekommt heute keiner der Touristen mehr zu sehen. Es ist mit Blut gezeichnet, mit türkischem, venezianischem, deutschem und vor allem mit kretischem Blut.

Seit jeher ist die Schlucht Zufluchtsort vor den fremden Eroberern: Römer, Araber, Venezianer, später die Janitscharen, die Elitetruppen des Sultans. Sie lebten als Herrscher in einem fremden Land und waren frei, den Kretern Hab und Gut, Frau und Kind und sogar den eigenen

Kopf zu nehmen. Wagten es die Eroberer aber, in die Schlucht einzudringen, dann gnade ihnen Gott! Noch heute werden die Taten jenes Jánnis Bonátos besungen, der 1770 mit einer Handvoll kretischer Pallikáren ein ganzes türkisches Heer vernichtend schlug: An der ›Eisernen Pforte‹, wo die Schlucht einige hundert Meter hoch, aber kaum drei Meter breit ist, wurden die Eindringlinge regelrecht abgeschlachtet. Fast 200 Jahre später, im Mai 1941, wird die Schlucht zum nächtlichen Rettungsweg für den griechischen König und Tausende von englischen Soldaten, die sich auf der Flucht vor der Deutschen Wehrmacht zum Meer durchschlagen und von dort nach Ägypten entkommen.

Da nimmt es nicht wunder, daß gerade hier, in der Provinz Sfakiá, die unbeugsamsten und stolzesten Kreter hausen, jederzeit bereit, den Aufstand zu proben. »Mögest Du unbeleidigt sterben!« – das ist noch heute ein gängiger Trinkspruch auf Kreta. Dieses im Widerstand geborene Berufsheldentum hatte aber auch tragische Folgen: Als die Eroberer vertrieben, Freiheit und Ehre wiederhergestellt waren, sahen sich die Helden arbeitslos. Das übersteigerte *Philótimo,* das empfindliche Ehrgefühl der Kreter, schaffte sich ein neues Ventil in der Blutrache, die hier in der Sfakiá erbarmungslos ganze Dörfer dezimiert hat.

Am Abend stehen wir wieder in Rouméli, die Touristen sammeln sich am Hafen. Ein schwarzer Lockenkopf aus dem Ort und eine Touristin nehmen zärtlich voneinander Abschied. Er wird sie wohl nicht wiedersehen – aber schon mit dem nächsten Schiff wird eine andere kommen. Die kretischen Frauen und Mädchen sehen dies – tagsüber – mit unterdrücktem Zorn. »Soll sie sich doch vom Teufel spritzen lassen!« zischt ein altes zahnloses Weiblein, das des Weges kommt, mit krächzender Stimme, so daß es die hören, die es hören sollen – und in ein fröhliches Gelächter ausbrechen. Nein, prüde war man hier nie – aber die Vorschriften der Kirche werden in Ehren gehalten.

Wir verlassen den Hafen und gehen nach Osten. Der Fußweg nach Loutro führt direkt am Meer entlang. Der Lärm der Touristen bleibt zurück. Und während das letzte Schiff zur Abfahrt tutet, taucht in der untergehenden Abendsonne die unscheinbare Kapelle des heiligen Paulus auf, ein Juwel byzantinischer Baukunst. Die Nacht bricht an, und trutzig, wie seit tausend Jahren, stemmt sich die Kapelle schwarz gegen die See.

… bei der Feldarbeit

Kreta im Überblick

Geographische Höhepunkte: Berge, Höhlen, Schluchten und Hochebenen

Klima: Eine Insel für alle Jahreszeiten

Vegetation: Ein Paradies für Orchideenliebhaber

Wirtschaft: Tourismus und Tomaten

Kulturgeschichte Kretas von 6000 v.Chr. bis heute

Mochos, Landschaft mit Dikti-Massiv

Geographie

Kreta ist die größte Insel Griechenlands und nach Sizilien, Sardinien, Zypern und Korsika die fünftgrößte Insel des Mittelmeers. *Megalonissos* (›Großinsel‹) nennen viele Kreter ihre Heimat stolz und halten sie für einen eigenen kleinen Kontinent.

In der Tat hat dieser ›Kontinent‹ allerlei Superlative und Besonderheiten zu bieten. Zählt man die Kanarischen Inseln zu Afrika, dann ist Kreta die südlichste Region Europas: nur hier können innerhalb Griechenlands Bananen angebaut werden.

In Kreta liegen die kulturellen Wurzeln des Abendlandes; die minoische Kultur des 2. Jt. v. Chr. war die erste Hochkultur auf europäischem Boden. Sie war den nachfolgenden Griechen so wichtig, daß sie ihren Göttervater Zeus in einer minoischen Kulthöhle zur Welt kommen und aufwachsen ließen. Zeus war es dann auch, der sich, um die phönizische Königstochter Europe nach Kreta zu entführen, in einen attraktiven weißen Stier verwandelte und hier mit ihr den König Minos zeugte. So erzählt es jedenfalls der Mythos. Europe war Namensgeberin unseres Kontinents. Der Name ist semitisch und bedeutet soviel wie ›Westen‹.

Berge und weitverzweigte Höhlen, fruchtbare Schwemmland-Hochebenen und tiefe Schluchten – das sind die vier landschaftlichen Besonderheiten Kretas.

Mehr als zwei Drittel der Insel sind von **Gebirgen** bedeckt. Im Laufe ihrer Geschichte waren die Kreter mehr den Bergen als dem Meer zugewandt. Die Berge waren Lebensgrundlage und Zuflucht der Widerstandskämpfer in den Jahrhunderten der Fremdherrschaften. Die Geschichte Kretas ist immer wieder eine Geschichte des Partisanenkampfes gewesen.

Von Westen nach Osten lassen sich vier Hochgebirgsgruppen unterscheiden: Die Weißen Berge *(Lefka Ori)* mit dem 2452 m hohen Pachnes (eigentlich Pluralwort, die Pachnes), das Ida-Massiv *(Oros Idi)* mit dem vier Meter höheren Psiloritis (2456 m), das Lassithi-Massiv *(Oros Dikti)* mit dem 2148 m hohen Dikti und schließlich in Ostkreta das Sitia-Massiv *(Oros Sitias)* mit dem 1476 m hohen Afendis Stavromenos. Die Bergmassen bestehen im wesentlichen aus Kalkstein.

Wie die Alpen und auch der dinarische und taurische Gebirgsbogen (Ex-Jugoslawien, Griechenland, Südtürkei) faltete sich das Teilstück dieses Bogens, Kreta, zur heutigen Form erst in der Erdneuzeit, im Tertiär. Dabei ist die Gebirgsbildung bis heute nicht abgeschlossen. »Unsere Felsen wachsen, alles bewegt sich, alles lebt«, wissen die Berghirten Kretas zu erzählen. Und wie oft haben **Erdbeben** mit ihren Zerstörungen die Insel heimgesucht! Schon die Minoer suchten sich durch die Fachwerkkonstruktionen ihrer Häuser dagegen zu schützen. Daten und Zahlen liegen

›Steckbrief‹ Kreta

Inselfläche: 8259 km^2 (Mit den kleinen Anrainerinseln ist die verwaltete Fläche etwas größer: 8335 km^2)
Länge der Insel: 255 km, **Breite**: 13 – 55 km
Höchste Berge: Psiloritis (Ida-Massiv) 2456 m; Pachnes (Weiße Berge) 2452 m
Bevölkerung: ca. 600 000 Einwohner (Griechenland: ca. 10 Mio.); davon leben 20 % in Iraklion (130 000 Einw.). Zum Vergleich: Chania 70 000, Rethimnon 25 000, Ierapetra 9000, Sitia 8000, Agios Nikolaos 8000 Einwohner
Bevölkerungsdichte: 72 Einw./km^2 (Griechenland: 76 Einw./km^2)
Religion: fast 100 % griechisch-orthodox
Hauptstadt Kretas: Iraklion (bis 1972 Chania)
Erwerbsbereiche:
Landwirtschaft: ca. 50 % der Erwerbstätigen (Selbständige, ihre Angehörigen, Lohnabhängige), Griechenland: 35 %. Durchschnittliche Größe der bewirtschafteten Fläche nur 3,1 ha (Griechenland: 3,6 ha). Kleine Anbauflächen und niedriger maschineller Ausrüstungsgrad bedeuten in der Regel schwere Arbeit für niedrige Einkommen. Wichtigste Produkte: Olivenöl, Citrusfrüchte – allein auf zwei Dritteln der gesamten kultivierten Fläche stehen Nutzbäume, davon 16 Mio. Olivenbäume! Des weiteren Wein (ein Achtel der kultivierten Fläche) sowie Frühgemüse. Außerdem Käse, Honig, Bananen.
Viehzucht: Die letzte genaue statistische Erhebung 1981 zählte 886 600 Schafe und 368 788 Ziegen, also ca. zwei Schafe bzw. Ziegen pro Einwohner.
Industrie: knapp 20 % (Griechenland: 30 %).
Dienstleistungssektor: etwas über 30 % (Griechenland: 35 %).
Tourismus: jährlich ca. 1,5 Mio. Touristen (von 7 – 8 Mio., die jährlich Griechenland besuchen). Profitabelster Bereich, der auch für die Lohnabhängigen relativ hohe Einkommen abwirft.
Status der Erwerbstätigen (die vorliegenden Zahlen beziehen sich auf Gesamtgriechenland, als Anhaltspunkt sind sie aber auch für Kreta zutreffend): 51 % selbständige Gewerbetreibende und Bauern, 4 % Arbeitgeber, 45 % Arbeitnehmer.

Askifou-Hochebene, am Rand der Weißen Berge oberhalb von Chora Sfakion ▷

erst ab dem 19. Jh. vor: 1810 waren bei einem Erdbeben 2000 Tote zu beklagen, 1856 kostete ein Erdbeben bei Iraklion 538 Menschen das Leben, 637 wurden verletzt, und von 3620 Häusern blieben nur 18 stehen! Iraklion wurde außerdem 1926 und 1970 von Erdbeben erschüttert.

Die labile Lage Kretas zwischen dem dinarischen und taurischen Gebirgsbogen hatte in historischer Zeit außerdem zu einem wellblechartigen Auf und Ab der Küstenlinie geführt, wobei sich insgesamt der Westen Kretas erhoben und der Osten gesenkt hat. Fährt man zum Beispiel nach der Durchwanderung der Samaria-Schlucht mit der Fähre von Agia Roumeli nach Chora Sfakion, so ist die alte Küstenlinie etwa 50 m über dem heutigen Meeresspiegel deutlich zu erkennen. Die antiken Hafenanlagen von Phalassarna und das Kloster Chrissoskalitissa im Westen liegen heute in 6–7 m Höhe auf dem Trockenen. Im Osten dagegen sind einstige Halbinseln zu Inseln geworden (z. B. die kleinen Inseln in der Bucht von Malia oder die Insel Mochlos zwischen Sitia und Agios Nikolaos mit ihren heute unter Wasser liegenden minoischen Mauern). Umgekehrt war im Westen eine Halbinsel wie Paleochora vormals eine Insel.

Unabhängig von diesen Bewegungen beträgt der derzeitige Anstieg der Meeresoberfläche 1 mm pro Jahr, d. h. 10 cm in hundert und 1 m in tausend Jahren, Beträge, die von der Erhebung im Westen abzuziehen und zur Senkung im Osten hinzuzuzählen sind. Die Zeitgenossen des Minos jedenfalls würden heute vermutlich ihre Küsten nicht mehr wiedererkennen.

Reißende Flüsse, die im Winter durch Regen und Schneeschmelze gebildet werden, haben zum einen die **Schluchten Kretas** geschaffen: cañonartige Einschnitte, die vor allem die steilabfallende Südküste gliedern und dort eine längere Wanderung am Meer entlang erschweren oder vereiteln. Der weithin bekannteste dieser Einschnitte ist die Samaria-Schlucht der Weißen Berge, ein Naturschutzpark, dessen Vegetation nicht den Abholzungen des Menschen und dem Hunger seiner Ziegen- und Schafsherden zum Opfer gefallen ist.

Zum anderen haben Regen und Schneeschmelze im Kalkstein der Berge zur **Höhlenbildung** geführt. Etwa 3000 Höhlen sind gezählt, hin und wieder werden neue entdeckt. Viele der Höhlen waren zugleich Zufluchtsorte, Wohn- und Kultstätten. Leicht erreichbar und zur Besichtigung am besten geeignet ist die Zeus-Höhle *(Dikteon Andron)* auf der Lassithi-Ebene.

Die **Hochebenen** sind eine weitere Besonderheit der kretischen Landschaft. Sie haben sich durch Erosion gebildet; die Erdkrume der Berghänge ist im Lauf der Jahrhunderte in ein geschlossenes Tal gespült und dort abgelagert worden. Die Hochebenen sind sehr fruchtbar, ihr Grundwasser wird hochgepumpt und zur Bewässerung genutzt. Auf der ganzjährig bewirtschafteten Lassithi-Ebene sieht man im Sommer segelbespannte Windräder als Antrieb für Wasserpumpen. Andere Hochebenen werden nur in den heißen Monaten bewirtschaftet, z. B. die Omalos-Ebene in den Weißen Bergen oder die Katharo-Ebene über Kritsa. Einige reiche Hoteliers aus Agios Nikolaos haben in den letzten Jahren die Katharo-Hochebene als ideale Sommerfrische entdeckt und sich dort Ferienwohnungen gebaut.

Klima und Wasser

Kreta liegt zwei bis drei Breitengrade südlicher als Tunis und auch noch etwas südlicher als Gibraltar. Im Grunde bestimmen nur zwei Jahreszeiten das Klima: ein heißer, regenloser Sommer und ein gemäßigter Winter mit Regenfällen – die übliche mediterrane Kombination. Im einzelnen lassen sich vier Klimazonen unterscheiden. Erstens die Nordküste, auf die im Sommer von Norden her der stetige und erfrischende *Meltémi* weht, ein Fallwind, der in Frankreich als Mistral und an der dalmatinischen Adriaküste als Bora bekannt ist. Im Juli und August liegen die Tagestemperaturen bei 27° Celsius. Nachts kühlt es sich nur bis auf etwa 20° ab. In Chania regnet es mit ungefähr 100 Tagen im Jahr doppelt so häufig wie in Sitia – die Weißen Berge fangen die Wolken ab und lassen sie ausregnen. Dementsprechend grün ist die Landschaft Westkretas. Die zweite Klimazone sind die Berge Kretas, windig und kühl im Sommer, schneereich im Winter. Die Südküste einschließlich der Messara-Ebene bildet mit äußerst trockenen Sommern und milden Wintern eine dritte Klimazone, während der Südostzipfel von Zakros bis Arvi mit seinem subtropischen Klima sogar den Bananenanbau ermöglicht.

Wasser ist, wie überall in Griechenland, auch auf Kreta rar. Wasserläufe, die in früheren Jahrhunderten reichlich flossen, sind heute ausgetrocknet. Die Venezianer zählten im 17. Jh. noch 47 kretische Flüsse; ältere Leute auf Kreta erinnern sich, daß der Fluß durch das ›Tal der Toten‹ bei Zakros auch im Sommer durchgehend Wasser führte. Als Tourist erfährt man, daß es in den letzten Jahren auf Kreta viel zu selten geregnet hat.

Das Quell- und Zisternenwasser leiten die Bauern in Eigeninitiative mit dicken Plastikschläuchen oder Metallröhren auf ihre Felder. Große Infrastrukturmaßnahmen, wie z. B. die Anlage von Stauseen und Kanälen zur Verbesserung der Wasserversorgung, sind zwar geplant, bisher aber noch nicht realisiert.

Unabhängig vom zunehmenden Wassermangel ist die Wasserqualität Kretas ausgezeichnet. Schon die Römer schätzten die kretischen Quellen und richteten sich Lebena (das heutige Lendas) und Lissos als Kurorte und Sommerfrischen ein. Und noch heute rühmen die Dorfbewohner Kretas gerne Geschmack, Frische und Mineraliengehalt je *ihrer* Quelle.

Flora und Fauna

Wasserarmut und Verkarstung bedingen auch die Vegetation Kretas. Niedrige Pflanzen, die in der dünnen Erdkrume Halt finden, überwiegen: mit Hartlaub, um die Verdunstung zu begrenzen, mit Zwiebeln, Knollen oder Pfahlwurzeln, um Wasser aus tieferen Schründen aufzunehmen und zu speichern.

Neben der typisch mediterranen Flora wie Ölbaum, Johannesbrot, Aleppokiefer, Steineiche, Zistrose, Mastixbaum und Terpentinpistazie finden wir spezielle Ostmittelmeerflora wie die Walloneneiche und den Erdbeerbaum. Kreta ist aber auch reich an endemischen, das heißt nur hier beheimateten Pflanzen. Die Sternnarzisse, eine Strandpflanze, ist schon auf einem minoischen Fresko aus Santorin abgebildet, ebenso wie die Iris cretica auf einem Fresko aus Knossos. Beide Malereien bezeugen die Naturverbundenheit der Minoer.

Die interessanteste Route für botanische Studien führt wohl durch die Samaria-Schlucht (s. S. 202ff.). Hier finden Sie die seltenen endemischen Pflanzen aus allen Lebensräumen, vom Hochgebirge bis zum Mittelmeer. Allein die außergewöhnlichsten seien hier genannt.

In den höheren Lagen wächst die lila blühende Ruten-Glockenblume und die Felsentulpe, außerdem das weiße kretische Alpenveilchen und eine Orchideenart, die kretische Ragwurz. Die Orchidee hat eine Blüte, die wie ein schwarzes Insekt mit weißer Zeichnung aussieht. In tieferen Lagen blüht von März bis Juni der kretische Ebenus mit seinem weiß-rosa Blütenstand. Nicht endemisch, aber heute nur noch selten anzutreffen, ist ein dichter Zypressenwald wie er bei der Agios-Nikolaos-Kirche steht. Er ist ein Relikt der Urbewaldung Kretas.

Und dann die zahlreichen Gewürz-, Tee- und Heilkräuter! Neben den bekannten Gewächsen Thymian, Salbei, Koriander und Oregano findet der Kenner im Gebirge die spezifisch kretischen Sorten Diktamo, Malotira und die kretische Kamille. Aus Diktamo wird ein Tee zubereitet, der schon im Altertum dafür berühmt war, daß er angeblich nicht nur Wunden heilte und Geburten erleichterte, sondern auch zur Liebe ›bereit‹ machte. Er trägt auf Kreta ein Dutzend verschiedener Namen, darunter *Erotas*. Aus Diktamo wird auch ein Balsamöl zum Einreiben gewonnen. Die Bezeichnung *Malotira* für eine andere bekannte Bergteesorte ist durch die Venezianer nach Kreta gekommen. Das Wort ist lateinischen Ursprungs und bedeutet soviel wie

›der die Krankheiten herauszieht‹. Beide Pflanzen wachsen im Hochgebirge.

Auf den Verkauf getrockneter Kräuter hat sich ein Gewürzladen in der Altstadt von Rethimnon spezialisiert. Sie finden die kretischen Kräuter aber auch auf jedem Markt und in vielen Geschäften.

Vervollständigt sei dieser kurze Überblick noch durch vier weitere Pflanzen. Zunächst die kretische Zistrose, deren Stengel im Sommer einen stark riechenden Duftstoff ausscheidet, das Ladanum-Harz. Es wurde bis vor einigen Jahrzehnten von den Bauern mit Lederruten gesammelt, an denen das Harz hängen blieb. Als Heimat der Quitte gilt Chania; der antike Name der Stadt ist nämlich *Kydonía,* und so heißt auf Griechisch auch der Quittenbaum *(kydoniá)* – nur die Betonung ist verschieden. Schließlich die Palmen von Vai (s. S. 160) und die ›Immergrüne Platane‹ von Gortys, von der es auf Kreta nur ca. 30 Exemplare gibt (s. S. 117).

In den Bergen Kretas wird der Wanderer Adler und Lämmergeier erspähen und öfters Rebhühner aufscheuchen. Seltener bekommt man das *Agrimi* zu Gesicht, die kretische Wildziege der Weißen Berge, die von Touristen auch *Kri Kri* genannt wird. Mit seinem gelbgrau gestreiften Fell, das sich kaum von der kargen Felslandschaft abhebt, weiß sich das *Agrimi* hervorragend zu tarnen. Die Regierung hat auf den unbesiedelten Inseln Dia und Agii Theodori vor der Nordküste

Kretische Zistrosen

Kretas Reservate für die einst vom Aussterben bedrohten *Agrimia* geschaffen. Aber auch in der Samaria-Schlucht leben heute wieder einige Hundert dieser Wildziegen, die sich an die Touristen gewöhnt haben. Außerhalb der Schlucht sind sie jedoch von Wilderern bedroht, denn ihr Fleisch ist äußerst schmackhaft.

Wirtschaft

Landwirtschaft und Tourismus sind die Säulen der kretischen Volkswirtschaft. Allein die Hälfte der 190 000 Erwerbstätigen der Insel arbeitet in der Landwirtschaft, weit mehr als im Durchschnitt Gesamtgriechenlands. Diese Zahlen werden allerdings dadurch verzerrt, daß viele Landwirte nebenher im Tourismus oder beim Bau arbeiten und als Berufsbezeichnung ›Bauer‹ angeben, um keine Steuern zahlen zu müssen (s. S. 58 ff.).

Neben Handel und Handwerk zählt Tourismus zum dienstleistenden Gewerbe, in dem insgesamt über 30 % der Kreter arbeiten.

Industrie ist auf Kreta kaum vertreten und nur von lokaler Bedeutung (Lebensmittel-, Möbelindustrie, Steinbrüche). Hier arbeiten nur 9 % der Erwerbstätigen, die Hälfte von ihnen im Großraum Iraklion. Fast ebensoviele, ca. 8 %, sind im Bauwesen und bei öffentlichen Arbeiten tätig. Noch weniger bedeutend sind der Reihenfolge nach die Sektoren Transport und Verkehr, Banken und Versicherungen, Energie und Bergbau. Viele dieser Zweige hängen direkt oder indirekt vom Tourismus ab.

Wirtschaftsfaktor Tourismus

So sind auch Handel und Industrie Kretas entweder von der Landwirtschaft oder vom Tourismus geprägt. Iraklion etwa besitzt aus diesem Grund viele nahrungsmittelverarbeitende Fabriken, hier betreibt auch die Henninger-Brauerei (Frankfurt am Main) eine Produktionsstätte. Die Statistiker zählen im einzelnen 6500 Manufakturen, 100 größere Betriebe und 3000 Handelsfirmen.

Importiert werden Fleisch und andere – billigere – Lebensmittel aus EU-Produktion, außerdem Elektro- und Elektronikartikel, Maschinen und Autos. Ein mit Dieselöl angetriebenes Kraftwerk am Strand westlich von Iraklion versorgt die ganze Insel mit Strom.

Aus dem Alltag eines Tomatenzüchters und eines Fischers

Sfinari ist ein kleines Dorf an der Westküste Kretas. Hier kommen nur einige Wohnmobil- und Mietwagenfahrer vorbei, wenn sie zum einsamen Kloster Chrissoskalitissa und weiter zu Kretas ›Südseestrand‹ Elafonissi wollen. »Vorsicht, nicht die Hühner überfahren, die auf der Straße schlafen«, kann hier noch die Warnung an die Durchreisenden lauten.

Sfinari liegt am Berghang oberhalb des Meeres, in der Küstenebene erstrecken sich die Plastikdächer der Tomatentreibhäuser. Die Menschen leben hier von der Landwirtschaft oder vom Fischfang. So auch Kostis und Nikos Gonadakis, entfernt miteinander verwandt, ist der eine Tomatenzüchter, der andere Fischer.

Der Tomatenanbau unter Plastikdächern brachte den ›neuen Reichtum‹ für viele kretische Landwirte. Kostis Gonadakis besitzt mit einem *Stremma*, das sind 1000 m^2, vergleichsweise wenig Land. »Ich ernte pro Jahr darauf 15 Tonnen Tomaten. Das bringt mir einen Umsatz von umgerechnet 20 000 DM, und davon bleiben 15 000 DM Gewinn.« Vom Großhändler bekommt Gonadakis umgerechnet 2 DM pro Kilo; in der Markthalle von Athen zahlt der Verbraucher dann etwa 5 DM. Die Preise werden vom Verband der Gemüsehändler in Zusammenarbeit mit der Regierung jeden Montag neu festgelegt und in einer Zeitschrift veröffentlicht. »Unser Klima hier auf Kreta ist so gut für den Tomatenanbau, daß wir eigentlich gar keinen Dünger brauchen.« Gonadakis bemüht sich, mit möglichst wenigen Pflanzenschutzmitteln auszukommen. »Diese Mittel töten ja im Boden alle Mikroben ab, aber dann ist der Boden tot, und wir müssen immerzu mehr Dünger geben.«

Im Unterschied zum florierenden Gemüseanbau steckt das traditionelle Gewerbe des Fischfangs in einer Dauerkrise. Zwar ist die Nachfrage nach Fisch weiterhin groß, und entsprechend hoch ist das Preisniveau, doch die Fischbestände des Mittelmeers sind durch Dynamitfischerei und Überfischung dezimiert. Zum Bruttosozialprodukt Kretas trägt die Fischerei nur noch 1 % bei.

Nikos Gonadakis, dem Fischer, sind diese Tatsachen zwar nicht fremd, doch voller Befriedigung stellt er fest: »Die besten Fischgründe

Fischer im alten
Hafen von Iraklion

Kretas sind hier im Westen zwischen Gramvousa und Kambos. Wir fischen von März bis Dezember, mit Netzen. Ich habe noch zwei Mitarbeiter, die von mir einen Anteil am Fang bekommen.« In Griechenland werden vier Kategorien von Fisch unterschieden: Von der zarten Rotbarbe *(Barbouni)* mit ihrem schneeweißen Fleisch in der ersten bis zu den Sardinen *(Marida)* in der letzten Kategorie. Für Fische erster Güte erhält Gonadakis 20 DM pro Kilo, in den Geschäften zahlt der Verbraucher dann etwa 30 DM. Im Sommer sind die Preise wegen der touristischen Nachfrage höher als im Winter. Gefischt wird täglich, wenn das Wetter es erlaubt. Die Männer fahren abends hinaus und kehren morgens in den Hafen zurück. Die ergiebigsten Fänge werden von März bis Juni gemacht, in den Wintermonaten kann Gonadakis wegen der Stürme oft nicht auslaufen.

Trotz guter Fischgründe und harter Arbeit wirft die Fischerei auch für Gonadakis nicht mehr genug ab: zusätzlich zur Fischerei betreiben er und seine Frau noch eine kleine Landwirtschaft und vermieten seit einiger Zeit auch Zimmer an Touristen.

Landwirtschaft

Typisch für Kreta ist die geringe durchschnittliche Flächengröße der Agrarbetriebe. Sie beträgt lediglich 3,1 ha und liegt damit noch um einen halben Hektar unter dem griechischen Durchschnitt. Zum Vergleich: in Deutschland gilt ein Agrarbetrieb erst ab 6 ha als einigermaßen rentabel.

Genossenschaften sind auf Kreta weit verbreitet. Die Bauern unterhalten allerdings keine Traktoren oder andere Geräte der unmittelbaren Produktion gemeinsam, sondern betreiben genossenschaftlich nur die Weiterverarbeitung und Vermarktung sowie den Vertrieb der Produkte. Ziel der Genossenschaften war und ist es, den übermächtigen Großhandel auszuschalten. So werden die meisten Ölpressen auf Kreta genossenschaftlich unterhalten. Aber auch die Nicht-Mitglieder der Genossenschaft können ihr Öl gegen eine Naturalabgabe (wiederum in Olivenöl) dort pressen lassen.

Die Produktion läßt sich in einen ›klassischen‹ und einen neueren, Gewächshausgemüse produzierenden, rentableren Zweig aufteilen. ›Klassische‹ Produkte sind hauptsächlich Oliven, Wein und Käse.

Der Bestand an Ölbäumen geht auf Kreta in die Millionen: 16 Mio.

Ohne Esel geht es nicht – Bauer auf der Lassithi-Ebene

Olivenbäume erbringen 40 % der gesamten Olivenölproduktion Griechenlands. Kretisches Olivenöl gilt als das beste Europas, Ergebnis einer Jahrtausende alten Kultivierung. Der Olivenbaum braucht 12–15 Jahre, bis er richtig trägt. Schon in der Schrift der Minoer taucht diese Kulturpflanze als Ideogramm auf. Der Ertrag eines Baumes beträgt heute im Schnitt 3,5 l Öl. Gute Erntejahre wechseln mit schlechten ab. Der Verbrauch der Kreter an Öl ist selbst für griechische Verhältnisse außergewöhnlich hoch: liegt der griechische Durchschnitt bei ca. 24 l pro Kopf und Jahr, so verbraucht der Kreter ca. 33 l.

Hauptanbaugebiet für Wein ist die Gegend um Iraklion. Vor allem bei Archanes wird die Rosaki-Traube angebaut, die als Frischobst auch in bundesdeutschen Supermärkten zu finden ist. Von hier wird aber auch Flaschenwein exportiert; früher war der süße Malvasier an europäischen Fürstenhöfen berühmt, heute bevorzugen Weintrinker eher trockene Sorten, zum Beispiel den *Archanes Olympias* aus einer Traubensorte, die schon in der Antike namentlich erwähnt wurde.

Eine besondere Spezialität Kretas ist außerdem der Bergkäse *Kefalotiri*, der im Sommer auf den Almen produziert wird und den es in verschiedenen Härtegraden zu kaufen gibt. Ausgedehnte Orangen-, Mandarinen- und Zitronenplantagen befinden sich vor allem in Westkreta und bei Fodele. Weitere ›klassische‹ Inselprodukte sind Bergtees und Honig.

Das Dilemma der griechischen Agrarproduktion seit dem EG-Beitritt 1981 läßt sich sehr gut an zwei Beispielen veranschaulichen:

1) Ein traditionelles und durch den ›Greek Salad‹ auch bei uns bekanntes Agrarprodukt ist der Schafskäse, kurz *Feta* genannt. Er ist aber selbst auf dem einheimischen Markt gegenüber dem industriell hergestellten Importkäse aus Holland, Dänemark oder Deutschland (in Pellworm befindet sich eine große Schafskäsefabrik) nicht mehr konkurrenzfähig. Sofern man sich also nicht gerade im kretischen Hinterland aufhält, kann man davon ausgehen, daß in den Tavernen ›Greek Salad‹ mit Schafskäse aus Dänemark auf den Tisch kommt.

2) Ähnlich verhält es sich mit dem Olivenöl. Drei- bis fünfmal billigeres Mais-, Raps- oder Sonnenblumenöl aus EG-Beständen verführt so manchen Tavernenwirt, sein Salatöl zu verdünnen und das Olivenöl vielleicht irgendwann einmal ganz beiseite zu lassen. Zumal er vielleicht die Erfahrung gemacht hat, daß vielen Touristen die reichliche Verwendung und der strenge Geschmack des Olivenöls gar nicht liegt.

Ganz anders verhält es sich mit der Produktion von Gemüse. Das

Schäfer auf der Lassithi-Ebene ▷

ganze Jahr über können dank des milden Klimas und der fruchtbaren Böden in den Treibhäusern der Ebenen Südkretas Tomaten und Gurken gezüchtet werden, die dann über Iraklion und Souda den Weg nach Athen und in die Supermärkte Westeuropas finden.

Tourismus

Tourismus ist der sowohl prosperierendste als auch einkommensträchtigste Wirtschaftszweig Kretas. Drei bis fünf Personen pro Urlaubsbett leben auf Kreta mehr oder weniger vom Tourismus und seinen Folgegeschäften. Die hohe Zahl von Privatzimmern, kleinen Hotels und Pensionen garantiert eine relativ breite Streuung der Einkünfte. Auf Kreta gibt es kaum einen Standort, in dem nicht Zimmer vermietet werden.

Im EU-Entwicklungsprogramm zur Integration schwächer entwikkelter Mittelmeerregionen ist denn auch die Verbesserung der touristischen Infrastruktur vorgesehen. Der

Eine kretische Karriere

Mein Freund Giorgos Pothos aus Kritsa arbeitet als Fremdenführer im Palast von Malia. Er hat es mit seinen 36 Jahren bereits zu mehrfachem Hausbesitz gebracht. So ist Giorgos stolzer Besitzer eines Hauses im alten Dorfkern von Malia und von sechs Apartments im Strandort Sissi.

»In Griechenland gibt es keine soziale Absicherung wie in der Bundesrepublik. Die Inflation frißt unsere Ersparnisse auf. Auch Kapitallebensversicherungen sind Betrug. Wir legen, wenn wir schlau sind, unser Geld nicht auf die Bank, sondern investieren es in den Hausbau. Denn die Grundstückspreise steigen überproportional zur Inflation, und die Wohnungen kann ich vermieten.« Giorgos weiß ein abschrekkendes Beispiel für eine verfehlte Geldanlage zu erzählen: »Vor 15 Jahren konnte eine Bekannte in Agios Nikolaos ein 200 m^2 großes Haus für damals 200 000 Drachmen kaufen. Sie gab ihr Geld aber lieber zur Bank. Aus dem Geld sind inzwischen 4 Mio. geworden. Das Haus aber ist heute 25 Mio. wert.«

Es ist in Griechenland nicht einfach, Kredite für den privaten Hausbau zu bekommen. Das Zinsniveau ist hoch, und die wenigsten verfügen über ausreichend Sicherheiten. Die meisten Bauherren errichten ihre Häuser deshalb nur Stück für Stück, je nachdem, wieviel Geld gerade zur Verfügung steht. Dies ist ein Hauptgrund für die vielen Bauruinen in Griechenland.

Flughafen Iraklion wird zur Zeit erweitert, Kläranlagen und Straßen werden gebaut. Der übliche Bade- und Sightseeing-Tourismus soll erweitert werden: durch Berg- und Sporttourismus sowie durch den sogenannten Agrotourismus, eine Art ›Urlaub auf dem Lande‹. Der EOT läßt markierte Wanderwege durch das Inselinnere anlegen und versucht, private Investoren dort zur Anlage von Raststätten und Gästehäusern zu bewegen.

Daß eine Konzentration der Wirtschaftspolitik auf Tourismus allerdings auch unkalkulierbare Gefahren mit sich bringt, zeigten die Auswirkungen des Golfkrieges im Frühjahr 1991. Empfindlich wie ein Seismograph reagiert der Tourismus auf politische Unruhen: so erwartete der EOT in diesem Jahr für Kreta 20% mehr Touristen als im Vorjahr, tatsächlich kamen 50% weniger. Im Falklandkrieg 1982 blieben fast sämtliche britische Touristen zu Hause, das war immerhin ein Drittel aller Kretaurlauber; während der Zypernkrise 1974 erlitt das Land ebenfalls große Einbußen.

Als 18jähriger lernte Giorgos Deutsch, um im gutbezahlten Tourismusgewerbe Arbeit zu finden. An der Rezeption eines großen Hotels in Malia fielen neben dem Lohn auch gute Trinkgelder an. »Ein Freund hat sich damals einen amerikanischen Straßenkreuzer gekauft, ich habe es aber vorgezogen, zu bauen und eine ererbte Hausruine in Malia in zwei Ferienwohnungen umzuwandeln.« 1982, 26 Jahre alt, besuchte Giorgos die Fremdenführerschule in Iraklion. Nach einem Jahr besaß er das Diplom für Kreta und Santorin. Ein Vertrag mit einem Reiseveranstalter sicherte ihm dann während der Saison ein für kretische Verhältnisse gutes Einkommen. In den Wintermonaten kümmerte sich Giorgos um den Bau seiner sechs Apartments. Für umgerechnet 20 000 DM hatte er in Sissi ein 700 m^2 großes Grundstück in günstiger Lage erworben.

Aufgrund der Erdbebengefahr muß das obligatorische Betonskelett von einem Bauingenieur oder Architekt entworfen werden. Die Baupläne unterliegen amtlicher Genehmigung. Füllmauern und Installationen können aber in Eigenregie durchgeführt werden – nicht immer zum Wohle der Statik.

Inzwischen sind alle sechs Apartments fertiggestellt und mit Ikea-Geschirr aus Deutschland bestückt. Giorgos will die Apartments wochenweise oder jeweils für ein Jahr vermieten und hofft auf 3000 DM Jahresmiete, um damit – nach jahrelanger Schufterei (»wie ein Pferd«) seine zweite Lebenshälfte gemächlicher angehen zu können.

Die kretische Gastfreundschaft

Abseits der Touristenströme und -zentren kann sie noch heute jedem Reisenden begegnen, in der Kreta-Literatur nimmt sie so breiten Raum ein, daß sie bereits sprichwörtlich geworden ist: die kretische Gastfreundschaft. Zwei Reiseberichte sind besonders beeindruckend.

Einmal Erhart Kästner, der in seinem Kreta-Buch einen Aufenthalt im Dorf Samaria in der gleichnamigen Schlucht schildert. Kästner war während der deutschen Besatzungszeit damit beauftragt, für die Wehrmacht Griechenland-Reportagen zu schreiben. Sein Reisebericht *Kreta, Aufzeichnungen aus dem Jahre 1943*, ist – bereinigt von allzu profaschistischen Passagen – 1975 im Insel Verlag neu erschienen und zählt zu den meistgelesenen Griechenlandbüchern.

Kästner und zwei deutsche Begleiter, alle unbewaffnet, werden von der Familie Viglis – die Männer allesamt bekannte Partisanen – gastlich aufgenommen. Nachdem sie zehn Tage die Gastfreundschaft des Dorfes genossen haben, möchten die Deutschen zurückkehren. Doch die Viglis sträuben sich zunächst dagegen und versuchen sie zurückzuhalten. Schließlich geben sie nach, schicken aber nachts nach dem Bürgermeister von Agia Roumeli; dieser soll zusammen mit zwei Viglisbrüdern die Deutschen bis zum oberen Ende der Schlucht bei Omalos begleiten. Nach einigen Stunden gelangt die Gruppe zum Einstieg. Ganz plötzlich verabschieden sich die Kreter, und gleich darauf treffen die Deutschen auf eine feldmäßig ausgerüstete deutsche Militärpatrouille. Entgeistert fragt der Leutnant, was sie denn da unten in der Schlucht zu suchen hätten. In den letzten Tagen hätte es dort Kämpfe mit den Partisanen gegeben. Sie seien in Lebensgefahr gewesen.

Kaum vorstellbar, aber wahr: Die Viglis-Familie, die selbst aktiv an diesen Kämpfen teilnahm, hatte die Deutschen, die unter dem Schutz des Gastrechts standen, sicher aus dem Kampfgebiet geleitet. Die Begleitung des Bürgermeisters diente dem Schutz der Gäste vor eigenen Mitkämpfern.

Ein weiteres Beispiel kretischer Gastfreundschaft erzählt der Heidelberger Archäologe Roland Hampe, der im Krieg auf Kreta wissenschaftlich tätig war. Er wurde zu einer Hochzeit in Agia Roumeli eingeladen. Zwei bewaffnete deutsche Soldaten begleiteten ihn. Hampe konnte sie bei Ankunft in Agia Roumeli davon überzeugen, die Waffen abzugeben, denn die Gastfreundschaft sei das heiligste Gut in Griechenland und somit ein besserer Schutz als jede Waffe. Hampe mach-

te den beiden Wehrmachtssoldaten klar, daß es das ungeschriebene kretische Gastrecht sogar erfordern würde, sie in Sicherheit zu bringen, falls just in dieser Nacht die englische Marine bei Agia Roumeli landen sollte.

Dies trat zwar nicht ein, doch, wie Hampe später erfuhr, hatten auch zwei als Kreter verkleidete englische Offiziere an der Hochzeitsfeier teilgenommen. Unter dem Mantel der kretischen Gastfreundschaft hatten die Kriegsgegner miteinander gegessen, getrunken, gescherzt und geplaudert.

Gastfreundschaft hat in Griechenland eine uralte Tradition. Ihre Wurzel liegt in der Erfordernis, ein soziales Netz zu knüpfen, das über die Familie hinausgeht. Wer eine Einladung oder ein Geschenk annimmt, geht nach ungeschriebenem Gesetz eine unumstößliche Verpflichtung auf Gegenseitigkeit ein.

In Reiseführern ist oft zu lesen, es sei eine Beleidigung für den Gastgeber, wenn Fremde eine Einladung ablehnen. Dem ist nicht so. Griechen lehnen Einladungen sehr oft ab. Man zeigt dadurch menschliche Größe, denn man möchte sich nicht in die Abhängigkeit eines anderen begeben. Im Gegenteil, man möchte selber einladen und sich so gleichsam eine Klientel schaffen. Der Tourist hat aber in der Regel keine Gelegenheit, sich bei den Einheimischen für eine Einladung zu revanchieren. Hier wäre höfliche Ablehnung der angetragenen Gastfreundschaft oft angebrachter als deren Annahme.

Sirtaki-Unterricht in einem Hotel an der Nordküste

Zum anderen bringt der Tourismus negative, von der Branche einkalkulierte Folgeerscheinungen mit sich, von denen auch die betroffen sind, die *nicht* im Tourismussektor arbeiten: Preissteigerungen für Lebensmittel, Dienstleistungen sowie für Grund und Boden durch die touristische Nachfrage; Kriminalität und Überfremdung durch eine fragwürdige ›Urlauber- und Westkultur‹. Die eigene Kultur verkommt dabei leicht zur Folkloreshow, und irgendwann steht auch die Erkenntnis unverrückbar fest, daß Gastfreundschaft »nichts mehr bringt« (s. *Kretische Gastfreundschaft,* S. 34 f.)

Ökologie

Im Interesse der Strand- und Badequalität werden auf Kreta zunehmend Kläranlagen gebaut. Neben Plakias, einem reinen Badeort neueren Datums, verfügt Agios Nikolaos bereits über eine moderne Kläranlage, die 1990 fertiggestellt wurde. In Iraklion ist eine Kläranlage in Bau. Bis zu ihrer Fertigstellung werden die Abwässer der Altstadt weiterhin durch die alten venezianischen Kloaken ungeklärt ins Meer geleitet. Ein zweisprachiges Schild am Hafen warnt vor dem Bad im Meer. Die Warnung wird allerdings nur auf griechisch begründet: »wegen Verschmutzung«. In englischer Übersetzung heißt es dagegen lapidar: »Baden verboten!« Doch sollte man darüber nicht einfach die Nase rümpfen, schließlich fließen noch heute alle Abwässer der EU-Zentrale Brüssel ungeklärt in die Nordsee!

Auf dem Lande sind die meisten Häuser mit Sickergruben ausgestattet. Neuere Gruben werden mit Beton ausgeschalt, damit sie vollständig ausgepumpt werden können. Auch dem Müll gilt die Sorge der Provinzverwaltung. Auf dem Land besorgen private Fuhrunternehmen den Abtransport, in den Städten öffentliche Unternehmen. Der Müll besteht in hohem Maße aus Plastik; er wird nicht verbrannt, sondern auf Halden deponiert, die dann einfach mit Erde zugeschüttet werden. Umfassendere Recyclingmaßnahmen stehen zur Zeit noch aus.

Staat und Verwaltung

Der griechische Staat kennt vier Verwaltungsebenen:

Provinz *(perifereiaki dioikisi)*
|
Bezirk *(nomos)*
|
Kreis *(eparchia)*
Stadt *(dimos)* — Gemeinde *(koinotita)*

Griechenland ist ein ausgesprochen zentralistisch verwaltetes Land. Der Provinzchef *(perifereiarchis)* wird samt seiner Behörde von der griechischen Regierung eingesetzt: er dirigiert Polizei und Armee und verwaltet sowohl die von Athen aus angewiesenen Steuergelder als auch die Subventionsmittel der EU. Politische Konflikte zwischen den verschiedenen Verwaltungsebenen sind vorprogrammiert, wenn z. B. wie 1990 – 93 in Iraklion der Provinzchef zur konservativen Regierungspartei *Nea Dimokratia*, der Bürgermeister aber zur sozialistischen *PASOK* gehört.

Nach einem dreijährigen ›Interregnum‹ der konservativen Nea Dimokratia wird Griechenland seit den Wahlen vom 10. Oktober 1993 wieder von der sozialistischen Partei regiert. Im Kampf der beiden ›Dinosaurier‹ – so nennt man in Griechenland die Führer der sozialistischen PASOK und der konservativen Nea Dimokratia – hatte der Endsiebziger Andreas Papandreou über seinen etwa gleichaltrigen Konkurrenten Konstantin Mitsotakis gesiegt. Dabei hatten die Konservativen vor den Wahlen noch am Wahlsystem gefeilt, um die drohende Niederlage abzuwenden. Eine Drei-Prozent-Klausel war kurzerhand eingeführt worden, die den Einzug kleiner Parteien verhindern und den großen Parteien zusätzliche Sitze verschaffen sollte. Und zwar überproportional, denn große Parteien erhalten mehr, kleine weniger Sitze, als ihnen eigentlich zustehen. Ein Stimmanteil von etwa 40 % reicht für die absolute Mehrheit aus.

Wie wählen nun insbesondere die Kreter und Kreterinnen? Kreta hat in ganz Griechenland den legendären Ruf, eine ›grüne‹, und das heißt sozialistische Insel zu sein. Denn grün ist das Emblem der PASOK: eine aufgehende Sonne. In der Tat, in der Rangliste aller 56 Wahlbezirke Griechenlands stehen, was den Stimmanteil der PASOK betrifft, die vier kretischen Wahlbezirke ganz oben. Das beste Ergeb-

Patronat und Klientel

Ohne vom Pförtner aufgehalten zu werden, kann man das Gebäude der kretischen Provinzverwaltung am alten Hafen von Iraklion betreten. Die Türen sämtlicher Diensträume stehen weit offen. Niemand achtet auf den Besucher. Im zweiten Stock liegt das Arbeitszimmer des höchsten kretischen Beamten. Im Vorzimmer sitzen ein paar Bittsteller und warten, bis sie an der Reihe sind. Telefone klingeln, die Sekretärin vereinbart Termine.

In Athen unterhalten viele Minister ein ›Politisches Büro‹: Ein- oder mehrmals pro Woche ist der Minister dann ohne Formalitäten und Voranmeldungen zu sprechen. Bei den meisten Anliegen geht es um Neueinstellungen, zunächst nur auf Zeit. Doch wer erstmal im Beamtenapparat oder in einem staatlich kontrollierten Dienstleistungs- oder Industriebetrieb Fuß gefaßt hat, der wird sich schon irgendwann seine Festanstellung erstreiken. Gerade vor den Wahlen geben sich die Besucher beim Minister die Klinke in die Hand. In Wahlzeiten werden regelmäßig Zehntausende neu eingestellt. Wahlstrategen vermuten, daß auf jede Einstellung vier bis fünf Wählerstimmen aus dem Freundes- und Bekanntenkreis des Begünstigten entfallen.

Persönlicher Kontakt zählt, und zwar auf allen Ebenen: bei den Verwaltungsbehörden im Dorf, in der Kreishauptstadt, in den Bezirks- und in der Provinzverwaltung und schließlich beim Abgeordneten oder beim Minister in Athen. Kaum jemand würde auf die Idee kommen, ein wichtiges Gesuch oder eine Beschwerde schriftlich abzufassen, um dann auf eine Antwort zu warten, die wohl niemals ihren Weg aus der Bürokratie finden würde. Ein Kreditantrag bei der Agrarbank; ein Gesuch beim Verteidigungsministerium, der einzige Sohn möge doch seinen Wehrdienst auf Kreta ableisten dürfen; Fürsprache, um an der Universität einen Studienplatz zu bekommen; Baugenehmigungen und die Verlegung neuer Straßen – dies sind nur einige weitere der unzähligen Gelegenheiten, als Patron tätig zu werden. Hat der Patron dabei Erfolg, steigt sein Ansehen, seine Klientel vergrößert sich, und er

nis in ganz Griechenland wurde mit je 63 % in den Bezirken Iraklion und Lassithi erzielt, Rethimnon und Chania folgen auf Platz 5 und 6. Aus Chania stammt im übrigen der (inzwischen zurückgetretene) Chef der Nea Dimokratia, Konstantin Mitsotakis. Trotz seines Heimvorteils und zahlreicher Patenschaften (s. *Patronat und Klientel*) erhielt die Partei hier nur einen Stimmanteil von 35,4 %.

wird vielleicht zum Abgeordneten ins Athener Parlament gewählt oder hat als Arzt, Rechtsanwalt oder Gewerbetreibender immer gut zu tun. Bezeichnenderweise war es der Wunsch des Vaters an den kleinen Nikos Kazantzakis, daß er eine Rechtsanwaltspraxis eröffnen und Pate vieler Kinder werden sollte, die ihn dann zum Abgeordneten nach Athen wählen würden.

Patronats- und Klientelverhältnisse gibt es schon innerhalb der Familie. Der *Koubaros* (von lat. *com-pater*, ital. *compadre*, franz. *compère*, ›Gevatter‹) steht einem Paar bei der Eheanbahnung und Heirat zur Seite. Er gilt als geistiger Verwandter des Paares und gehört deshalb mit zur Familie. Bei Nachwuchs wird der *Koubaros* meist auch Pate.

Die Wurzeln von Patronat und Klientel liegen in der Zeit der osmanischen Herrschaft. In fast jedem Dorf saß damals ein Aga, in den Städten ein Bey oder Pascha, ohne deren Zustimmung ›nichts lief‹. Die Kreter wählten in ihren Dörfern daher einen *Kapetanios*, der die Anliegen der einzelnen Dorfbewohner entweder beim türkischen Herren oder auch beim griechischen Klerus vorbringen sollte. Eine wichtige Rolle für die Entstehung des griechischen Klientelismus spielte zudem die strikte Sprachtrennung von Hoch- und Volkssprache. Die Anliegen der unteren Schichten bedurften eines Vermittlers. Erst 1976, zwei Jahre nach dem Ende der Militärjunta, wurde die griechische Volkssprache, die *Dimotiki*, zur offiziellen Staatssprache erklärt. Nur allmählich wurden Gesetze, amtliche Verordnungen, Hinweistafeln usw. in *Dimotiki* verfaßt und die Schulbücher übersetzt. Eine Sprachtrennung war beendet, die soziale Grenzen zog, denn die akademische Hochsprache *Katharevoussa* war für die unteren Bevölkerungsschichten unverständlich.

Armut, Existenzunsicherheit, niedriger Bildungsstand und Analphabetismus, auf Kreta zusätzlich gepaart mit jahrhundertelanger Fremdherrschaft und insularer Abgeschlossenheit führten also zum Klientelwesen. Nach der Befreiung von der türkischen Feudalherrschaft konnte sich dieses System in Griechenland bis heute erhalten, begünstigt durch das Fehlen einer modernen, nach verfahrensrechtlichen Maßstäben arbeitenden Staats-, Wirtschafts- und Finanzverwaltung.

Daten zur Kulturgeschichte

Vorpalastzeit (6000–2000 v. Chr.)

Seit 7. Jt. v. Chr. Besiedlung Kretas im Neolithikum. Herkunft der Siedler vermutlich Anatolien.

Ältester auf ca. 6500 v. Chr. datierbarer Fund auf Kreta ist ein verkohltes Stück Holz aus Knossos.

Zeitlich spätere Funde sind Steinidole und Keramik (ohne Töpferscheibe geformt).

Seit ca. 3000 v. Chr. Erste städtische Siedlungen. Herausbildung einer Führungsschicht sowie Anzeichen zentraler Verwaltung und eines spezialisierten Handwerks. Beginn der Bronzeherstellung und -verarbeitung.

Zeugnisse dieser Zeit sind die ›Herrenhäuser‹ von Vassiliki und Mirtos, Goldschmuck, Siegel, Schnabelkannen und Keramik der ›geflammten Ware‹, Archäol. Museum Iraklion (AMI).

Ältere Palastzeit (ca. 2000–1700 v. Chr.)

Die Paläste sind Ausdruck einer staatlich verfaßten Gesellschaft. Bislang ist noch ungeklärt, wie das minoische Staatswesen organisiert war und wie die verschiedenen Paläste von Knossos, Phaistos, Malia und Kato Zakros jeweils zueinander standen. (selbständig?, in Konföderation?, in Abhängigkeit von Knossos oder Phaistos?).

Palastfunde im Archäolog. Museum Iraklion (AMI): z. B. ›Kamareskeramik‹, Diskos von Phaistos

Diskos von Phaistos

Jüngere Palastzeit (1700–1450 v. Chr.)

Nach der Zerstörung der älteren Paläste und der sie umgebenden Städte durch eine Naturkatastrophe (?) werden neue Paläste und Siedlungen auf den Ruinen der alten erbaut. (Villa von Agia Triada, Wandmalereien in den Palästen, ›Schlangengöttin‹ und Stierkopfgefäße,

Rekonstruierte Wandmalerei in Knossos

›Flora-‹ und ›Meeres-Stil‹ in der Keramik, Linear A-Schrift). Knossos wird gewissermaßen ›Hauptstadt‹ von Kreta. Die Minoer sind in dieser Zeit unbestrittene See- und Handelsmacht im östlichen Mittelmeer: Handel und Kulturaustausch mit griechischem Festland, ägäischen Inseln, Ägypten und Kleinasien.

Um 1600 v. Chr. Vulkanausbruch von Santorin. Flutwelle hat möglicherweise die minoische Flotte zerstört.

Um 1450 v. Chr. Beginn der mykenischen Periode Kretas. Nach umfassender Zerstörung aller Paläste und Städte um 1450 wird von den großen Palästen allein Knossos weiter als Palast genutzt. Mykenische Einwanderer werden Herren Kretas. Endgültige Zerstörung von Knossos um 1375 oder 1200 v. Chr. Waffenfunde, Mykenisches Megaron und ›Agora‹ von Agia Triada, Einführung der griechischen Sprache (Linear B-Schrift).

Seit 12. Jh. v. Chr. ›Dunkle Jahrhunderte‹. Niedergang aller Hochkulturen im östlichen Mittelmeerraum. Dorische Einwanderung von der Peloponnes nach Kreta. Ende der Palastkultur und Übergang zum Stadtstaat (polis). Verdrängung der Minoer, die entweder auswandern oder sich in unwegsame Bergregionen Kretas zurückziehen.

Aus diesem Zeitraum sind kaum Zeugnisse überliefert: die materielle Kultur sinkt auf einen Tiefstand herab, die nachfolgende griechische Kultur kennt nur die mythische Erinnerung an diese Zeit.

Kreter und *Pleter* (2. Sam. 8,18), d. h. Kreter und Philister kämpfen um 1000 in Palästina auf seiten König Davids. Das bekannte »Krethi und Plethi« stammt vermutlich von Martin Luther.

Zeit der griechischen Stadtstaaten (ca. 800–67 v. Chr.)

Ca. 35 *Poleis* teilen sich die Insel und befehden einander: so z. B. Kriege zwischen Gortys und Knossos, Lyttos und Hierapytna, Phalassarna und Polyrheneia. Weitere bedeutende Poleis sind Kydonia (das spätere Chania), Lato und Prinias.

7. Jh. v. Chr. Wieder aufblühender Handel mit Ägypten und dem nahen Osten. Auf ihren Seewegen nach Westen ist Kreta für die Phönizier eine wichtige Handelsstation. Entstehung der Geldwirtschaft.

Dädalischer Stil, Entstehung der ›orientalisierenden‹ Großplastik

Ende 4. Jh.–2. Jh. v. Chr. Zeit des Hellenismus. Die kretischen Städte unterstützen teils die eine, teils die andere Großmacht, die sich nach dem Tode Alexanders des Großen herausbilden. Kreter verdingen sich als Söldner in auswärtigen Heeren und genießen den Ruf, Meister im Bogenschießen zu sein.

Blüte des Piratentums auf Kreta: dies führt zu wiederholter römischer Intervention. Polybios, der griechische Historiker in römischen Diensten, urteilt: »Bei Hinterhalten, Razzien, Ergreifung von Gefangenen, in allen Fällen, die List und Aktionen von kleinen Gruppen erfordern, sind die Kreter unüberwindbar.«

Um 595 v. Chr. schreibt der kretische Philosoph Epimenides die Logelei: »Ein Kreter sagt, alle Kreter sind Lügner«.

6.–4. Jh. v. Chr. Ruinen von Lato

Ca. 450 v. Chr. Rechtsinschrift von Gortys, das älteste Inschriftenzeugnis griechischen Privatrechts

Rechtsinschrift von Gortys

Römische Herrschaft (67 v. Chr.–4. Jh. n. Chr.)

Nach dreijährigem Kampf wird Kreta als letztes Gebiet Griechenlands römische Provinz. Auf römischen Druck hin werden die seit Jahrhunderten autonomen Stadtstaaten zwangsvereinigt. Provinzhauptstadt wird Gortys (zur Provinz gehört auch die *Kyrenaika* in Nordafrika – heute Libyen). Getreidelieferungen an Rom.

Römische Monumentalarchitektur in Gortys

59 n. Chr. Der Apostel Paulus landet auf seinem Weg nach Rom bei Kali Limenes an der Südküste.

Paulus (Titusbrief 1.12) rezipiert Epimenides sinnentstellend: »Alle Kreter sind Lügner, böse Tiere und faule Bäuche«.

Paulus läßt seinen Begleiter Titus auf der Insel zurück. Beginn der Christianisierung, die aber erst im 3. und 4. Jh. durchschlagenden Erfolg gehabt haben dürfte. 313 n. Chr. Toleranzedikt Kaiser Konstantins. 391 n. Chr. wird das Christentum alleinige Staatsreligion, heidnische Kulte und Religionen sind fortan im gesamten Römischen Reich verboten.

Byzantinische Zeit (395–1204 n. Chr.)

395 Teilung des Römischen Reiches. Kreta fällt an Ostrom und wird Teil des Römischen bzw. Byzantinischen Reiches mit seiner Hauptstadt Konstantinopel.

5.–8. Jh. n. Chr. Frühchristliche Mosaiken in Olous, Gortys und Lendas, Titus-Basilika in Gortys

726–780 und 815–843 Bilderstreit im ganzen Byzantinischen Reich. Staatliches Verbot der Ikonenverehrung führt zu Bilderzerstörungen und Konfiszierung von Kirchenbesitz (Ikonoklasmus). Kirchen werden in dieser Zeit unfigürlich ausgemalt. Sozialgeschichtlich kann das Bilderverbot auch als Versuch des Staates interpretiert werden, sich den Reichtum der Klöster zur Finanzierung der Araberkriege anzueignen.

826/27–961 Araber (Sarazenen) halten Kreta besetzt. Abgeschnitten vom byzantinischen Handel, setzt auf der Insel ein ökonomischer Niedergang ein. Die Araber machen Iraklion zum Umschlagplatz des Sklavenhandels.

Unter den Arabern werden zahlreiche frühchristliche Bauten zerstört. Iraklion wird von den Arabern zur Festung ausgebaut und erhält den Namen *Rabd al Khandak* (›Festungsgraben‹)

961 Der byzantinische Feldherr und spätere Kaiser Nikiphoros Phokas erobert die Insel zurück. Kreta gehört bis 1204 wieder zum Byzantinischen Reich. Ökonomischer Aufschwung und Bevölkerungszunahme setzen ein. Zu Lasten der Einheimischen Kretas wird Land an Kriegsveteranen und adlige Familien (z. B. die Kallergis und die Skordyles) vom griechischen Festland vergeben.

Venezianische Herrschaft (1204–1669)

1204 Kreuzfahrer, unter ihnen auch die Handelsstadt Venedig, lenken den vierten Kreuzzug gegen das zwar orthodoxe, aber nichtsdestoweniger christliche Konstantinopel und plündern die Stadt. Das Byzantinische Reich wird in verschiedene Feudalstaaten unter westeuropäischen Herrschern aufgeteilt. Kreta wird Venedig zugesprochen.

Venedig ist in dieser Zeit bereits eine ›Weltmacht‹: es kontrolliert den Levantehandel und besitzt im gesamten östlichen Mittelmeer Territorien.

Bis 1210 Venedig kämpft mit seiner Handelskonkurrentin Genua um den Besitz der Insel. Zugleich beginnt eine Reihe von Aufständen, die vor allem von denjenigen kretischen Großgrundbesitzern ausgehen, die zuvor Land und Rechte an die Venezianer abtreten mußten.

Die ersten genuesischen und venezianischen Kastelle werden erbaut.

1239 Katholische Markusbasilika in Iraklion

1283–1299 ›Revolte‹ des Alexios Kallergis. Sie führt zur *Pax Alexii Kallergi*, die den kretischen Grundbesitzern Land zuweist und den Kretern einige Rechtszugeständnisse macht: u. a. werden ein orthodoxer Bischofssitz erlaubt und interkonfessionelle Ehen geduldet.

13./14. Jh. Kirche der Panagia Kera in Kritsa

1363/64 Die ›Revolte‹ des Johannes Kallergis endet mit der Vertreibung sämtlicher Bauern von den fruchtbaren Hochebenen Lassithi, Askifou und Omalos (die Hochebenen dienten den Aufständischen wiederholt als Rückzugsgebiete). Die Besiedlungs- und Nutzungssperre halten die Venezianer bis zum Ende des 15. Jh. aufrecht, die Hochebenen veröden.

Aber auch aus den Reihen der venezianischen Kolonisten auf Kreta, die sich teilweise mit Einheimischen verheiratet oder verbündet haben, erhebt sich Widerstand gegen die Mutterstadt Venedig. In Iraklion wird sogar zeitweilig eine unabhängige ›Republik des Heiligen Titus‹ ausgerufen.

1415 Buondelmonte besucht Kreta. Beginn der archäologischen Erforschung der Insel.

1428 Einführung des Zuckerrohranbaus. Rohrzucker wird neben Holz, Malvasierwein, Honig und Käse Hauptexportprodukt Kretas.

1453 Die Eroberung Konstantinopels durch die Türken beschließt den Untergang des byzantinischen Kaiserreiches. (1261 war es den Byzantinern unter der Paläologen-Dynastie gelungen, Konstantinopel von den ›Franken‹ zurückzuerobern. Das Byzantinische Reich hat noch weitere 200 Jahre Bestand.)

Viele Künstler und Gelehrte fliehen aus Konstantinopel ins venezianische Kreta. Die byzantinische Kunsttradition wird in der ›Kretischen Schule‹ fortgesetzt. Unter den dortigen Bedingungen entfaltet sich im 16. und 17. Jh. die sogenannte ›kretische Renaissance‹.

1541 Geburt El Grecos in Fodele Kretische Studenten studieren in Padua.

In Iraklion wird eine orthodoxe Universität in der Dépendance des Katharinenklosters vom Sinai gegründet.

1538–1600 Bau der venezianischen Befestigungen

1628 Venezianische Loggia und Morosini-Brunnen in Iraklion

Langfristig setzt aber auch der ökonomische und politische Niedergang Venedigs ein. Der Levantehandel wird zunehmend von den Türken bedroht, und in einem ›mare turcicum‹ verliert Kreta allmählich an Bedeutung. Zudem verlagert sich der Handel durch die überseeischen Entdeckungen nach Westen: die neuen Handelsgroßmächte sind Portugal, Spanien, die Niederlande und England.

1645 Landung türkischer Truppen bei Chania und Eroberung der Stadt. Kretische Freiheitskämpfer nutzen die Gunst der Stunde und schließen sich dem Kampf der Türken gegen die Venezianer an.

Nach einem Wort Voltaires zog der griechische Klerus in jener Zeit »den Turban des türkischen Priesters dem roten Hut des römischen Kardinals« vor. Im Gegenzug gewähren die Türken den Kretern Glaubensfreiheit und dulden die Autonomie der orthodoxen Kirche.

1646 Einnahme von Rethimnon. Die Türken kontrollieren die Insel bis auf Iraklion und die Festungen Gramvousa, Souda und Spinalonga an der Nordküste.

Venezianischer Löwe in Iraklion

1648 Beginn der einundzwanzigjährigen Belagerung Iraklions. In den letzten Jahren dieser Belagerung stehen ca. 29 000 Verteidigern annähernd 108 000 Türken gegenüber. Oberbefehlshaber auf venezianischer Seite ist Francesco Morosini, auf türkischer der Großwesir Köprülü.

1669 ›Friedliche‹ Übergabe Iraklions. Ein venezianisch-türkischer Friedensvertrag regelt 1671 die Frage der venezianischen Besitzungen an den griechischen Küsten. Die Festungen Gramvousa (bis 1692), Souda, Spinalonga (bis 1715) auf Kreta, die Kykladeninsel Tinos (bis 1715), die Ionischen Inseln sowie zeitweise Teile des Peloponnes verbleiben bei Venedig.

Türkische Herrschaft (1669–1898)

17. Jh. Umwandlung katholischer Kirchen in türkische Moscheen: Vernichtung der Innenraummalereien, Hinzufügung eines Minaretts.

1770/71 Sfakiotischer Aufstand unter Führung des Kaufmanns Daskalojannis. Rahmenbedingung ist der russisch-türkische Krieg von 1768–1774. Katharina II. versucht, ihre ›orthodoxen Brüder‹ in Griechenland zum Kampf gegen die Türken zu bewegen. Der kretische Aufstand scheitert: Daskalojannis wird in Iraklion bei lebendigem Leibe öffentlich gehäutet.

1821–29 Der griechische Unabhängigkeitskrieg erfaßt auch Kreta. Die Türken ergreifen drastische Abschreckungs- und Gegenmaßnahmen: 1821 wird der orthodoxe Bischof Melchisedek an der Platane vor San Nicolao in Chania gehängt. 1823 verüben die Türken in der Höhle von Milatos ein Massaker an schutzsuchenden Griechen. 1828 verschanzen sich 700 Sfakioten in der Festung Frangokastello. 8000 Türken stürmen die Festung und machen alle Verteidiger nieder.

1830 Als Gegenleistung für militärische Unterstützung der Türken gegen die Griechen und ihre ›Schutzmächte‹ England, Frankreich und Rußland darf Ägypten Kreta 10 Jahre lang besetzen und ausbeuten.

Ab 1840 Nach Wiederherstellung der türkischen Herrschaft auf Kreta kommt es zu einer Reihe von Aufständen, deren bedeutendster 1866 die Revolte von Arkadi ist. Die Forderung der Kreter nach der Union *(enosis)* mit Griechenland wird zwar von den Großmächten Frankreich und Rußland unterstützt, doch England ist mit Rück-

Grieche im Freiheitskampf

Osmanische Hausinschrift in Chania

sicht auf den »kranken Mann am Bosporus« und die Gefahr russischen Machtzuwachses dagegen. Zu dieser Zeit konkurrieren die Großmächte um Einflußsphären auf dem Balkan.

1896/97 Der griechisch-türkische Krieg endet unter Einmischung Englands, Rußlands, Frankreichs, Italiens, Österreich-Ungarns und Deutschlands nicht mit der angestrebten Vereinigung Kretas mit Griechenland, sondern auf Betreiben Englands mit Kretas Autonomie unter nomineller türkischer Oberhoheit.

Die kretische Seite des Krieges wird von Nikos Kazantzakis in *Freiheit oder Tod* geschildert.

Kriegszerstörungen in Iraklion 1897

Modernes Kreta (1898 bis heute)

1898 Prinz Georg, zweiter Sohn des griechischen Königs Georg I. (griechischer Monarch von 1863–1913), wird von den Großmächten zum Hochkommissar Kretas bestellt.

Erste politische Auftritte des jungen Eleftherios Venizelos, der gegen den Hochkommissar den Anschluß Kretas an Griechenland voranzutreiben sucht. 1906 erreichen die *Enosis*-Anhänger den Rücktritt des Hochkommissars Prinz Georg, aber noch nicht – trotz eines wiederholten Anlaufs 1908 – die Vereinigung mit dem Mutterland.

1913 Als Ergebnis der Balkankriege werden Kreta und Makedonien mit Griechenland vereinigt.

1922/23 ›Kleinasiatische Katastrophe‹. Nach dem gescheiterten An-

Eleftherios Venizelos

Eleftherios Venizelos

Ein Porträt des kretischen Staatsmanns

Was Kemal Atatürk für die Türkei und Erzbischof Makarios für Zypern, das bedeutet Venizelos für Griechenland: eine charismatische Persönlichkeit, deren Wirken die heutige Nation mitgeprägt hat. In jeder Stadt, in fast jedem größeren Dorf Kretas findet sich eine Straße, die nach Venizelos benannt ist, in nahezu jedem Kafenion hängt seine Fotografie. Mit dem Namen Venizelos sind vor allem drei Vorgänge aus der jüngeren griechischen Geschichte verknüpft: der Kampf um den Anschluß Kretas an Griechenland 1905–1913, die bürgerliche Reformpolitik nach dem Wahlsieg der Liberalen 1910 und die Vergrößerung des griechischen Staatsgebietes im Zuge der Balkankriege. Gehen wir diese Ereignisse der Reihe nach durch.

Der von den Großmächten 1898 erzwungene Abzug der türkischen Besatzungstruppen bedeutete für die meisten Kreter nur die halbe Freiheit. Ähnlich wie nach dem Abzug der Engländer von Zypern 1960 wurde die Insel nicht mit Griechenland vereinigt, sondern erhielt unter Kontrolle selbsternannter Schutzmächte einen quasi autonomen Status. Prinz Georg, zweiter Sohn des griechischen Königs, zog als Hochkommissar in Chania ein. Die offizielle Souveränität lag jedoch weiterhin beim Sultan in Istanbul. Venizelos, der den für eine politische Karriere in Griechenland klassischen Beruf des Rechtsanwalts eingeschlagen hatte (s. *Patronat und Klientel*, S. 38f.), wurde Wortführer und Vorkämpfer für die *Enosis*, die Vereinigung mit Griechenland. Er gründete eine ›Revolutionspartei‹ und leitete den bewaffneten Aufstand von Therisso, einem kleinen Bergdorf im Norden von Chania, der 1905 zwar nicht zur angestrebten Vereinigung mit dem Mutterland führte, statt dessen aber die Ablösung des Hochkommissars bewirkte. Anstelle des Prinzen aus dem Hause Glücksburg-Sonderburg wurde ein Athener Politiker, Alexandros Zaimis, nun Statthalter von Kreta.

Ein weiterer Anlauf der *Enosis* scheiterte 1908, als Venizelos einfach den Anschluß Kretas an Griechenland proklamierte – die außenpolitischen Rahmenbedingungen waren dafür noch nicht günstig. Venizelos ging daraufhin nach Athen, gründete dort die antiroyalistische, liberale Partei, mit der er 1910 die Wahlen gewann und Ministerpräsident wurde. Außenpolitisch zielte die Partei auf die *Megali idea*, die ›große Idee‹ von der Wiederherstellung eines Großgriechenlands »der zwei

Kontinente und der fünf Meere«: neben Konstantinopel – dem türkischen Istanbul – sollte die kleinasiatische Küste wieder ›zurückgewonnen‹ werden.

Die eigentlichen Verdienste von Venizelos und den Liberalen liegen allerdings im innenpolitischen Bereich. In jenen Jahren vor dem Ersten Weltkrieg gab es hohe Arbeitslosigkeit und kaum industrielle Investitionen. Zu Zehntausenden mußten Griechen in die Industrieländer auswandern. Der Staat war hoch verschuldet und abhängig von den westlichen Großmächten. Die Venizelisten versuchten, durch eine bürgerliche Reformpolitik Griechenland zu modernisieren. Eine Bodenreform auf Kosten der Großgrundbesitzer – die allerdings entschädigt wurden – begünstigte die kleinen Bauern. Die Liberalen förderten Agrargenossenschaften, führten die allgemeine Schulpflicht und ein Berufsbildungssystem ein, außerdem die Sozialversicherung und ein Verbot der Sonntagsarbeit. Die Gewerkschaften wurden legalisiert. 1918 gab es 214 Gewerkschaftsverbände mit insgesamt 65 000 Mitgliedern, die sich in diesem Jahr zu einem Gewerkschaftsbund zusammenschlossen.

Außenpolitisch mündete die Expansionspolitik der Liberalen in die ›Kleinasiatische Katastrophe‹ von 1921/22. Militärische Erfolge brachten zunächst die Balkankriege 1912 und 1913. Bevölkerung und Staatsgebiet Griechenlands verdoppelten sich, endlich wurde Kreta mit Griechenland vereinigt. Nach dem Ersten Weltkrieg konnte Smyrna (türk. Izmir) besetzt und durch Verträge mit den Türken weiteres Land in Kleinasien gewonnen werden. Hier lebten ungefähr 1,5 Mio. Griechen.

Trotz dieser militärischen und diplomatischen Erfolge wurden die Liberalen um Venizelos 1920 abgewählt. Die Royalisten kamen ans Ruder und setzten die Expansionspolitik fort. 1921 wurde die Türkei erneut angegriffen, das griechische Heer drang weit bis nach Anatolien vor. 1922 formierte sich die Türkei zur Gegenoffensive, und es gelang ihr, Griechenland vernichtend zu schlagen. Die Niederlage führte 1923 zum Vertrag von Lausanne, in dem vereinbart wurde, die in Kleinasien beheimateten Griechen und die in Griechenland ansässigen Türken auszutauschen. 1,3 Mio. Flüchtlinge kamen damals nach Griechenland, hungernd und arbeitslos siedelten sich die meisten am Rande der größeren Städte an. Am Stadtrand von Iraklion entstand so der Vorort Nea-Halikarnaß – das alte Halikarnaß heißt heute Bodrum.

Würdigt man Venizelos kritisch, so wird man sein Verdienst in der innenpolitischen Reform sehen und nicht in seiner Rolle als Protagonist einer Expansionspolitik, die für Griechenland katastrophal endete.

griffskrieg Griechenlands gegen die Türkei (1919–1922), der auf den Anschluß Konstantinopels (Istanbuls) und der von den Griechen besiedelten Küste Kleinasiens zielte, wird auf der Konferenz von Lausanne 1923 ein Bevölkerungsaustausch zwischen Griechenland und der Türkei vereinbart. Türken müssen ihre griechische und Griechen ihre türkische Heimat aufgeben. 22 000 Türken verlassen Kreta (viele von ihnen leben heute in Side bei Antalya), und 34 000 Griechen aus Kleinasien kommen nach Kreta.

Griechischer Angriff auf Smyrna 1919

1924–1935 Griechenland ist Republik. Bis zu seinem Tode 1936 ist Eleftherios Venizelos wiederholt Ministerpräsident. Die griechische Innenpolitik wird von dem Gegensatz zwischen Republikanern und Monarchisten bestimmt.

1936–1941 Faschistische Diktatur unter Metaxas.

1937 Bau des Archäologischen Museums Iraklion beginnt.

November 1940 Von Albanien her greift Italien Griechenland an. Der Angriff wird zurückgeschlagen. Griechenland verliert seine Neutralität und stellt sich auf die Seite der Alliierten.

Mai 1941 Nach der Eroberung Griechenlands durch deutsche Truppen kommt es zur »Schlacht um Kreta«. Briten, Neuseeländer und Australier sind zur Verteidigung nach Kreta abkommandiert. Die Insel wird von deutschen Fallschirmspringern (s. *Unternehmen Merkur,* S. 195 f.) eingenommen.

Nach außergewöhnlich verlustreichen Kämpfen auf beiden Seiten evakuieren die Alliierten ihre Truppen und die Regierung König Georgs II. nach Ägypten.

1941–1945 Deutsche Besatzung Kretas. Erbitterter kretischer Widerstand, der teuer bezahlt werden muß: Massenerschießungen und vollständige Zerstörung vieler Dörfer, wie z. B. Anogia und Kandanos.

Während in London die Exilregierung König Georgs II. etabliert wird, spaltet sich der griechische Widerstand in einen kommunistischen und republikanischen Zweig. Auf Kreta sind dies die ELAS (der militärische Flügel der kommunistisch geführten Befreiungsfront EAM) und die EOK (›Nationale Organisation Kretas‹), die aus nichtkommunistischen Widerstandsgruppen besteht.

1946–1949 Griechischer Bürgerkrieg. Kommunistischer Widerstand gegen die Re-Etablierung der griechischen Monarchie.

Heute findet man in vielen Dörfern Kretas Denkmäler für die Gefallenen im Bürgerkrieg.

1952 Griechenland wird nach seiner neuen Verfassung konstitutionelle Monarchie. Nato-Beitritt: Die Nato richtet auf Akrotiri ein Raketen-Schießfeld ein.

1957 Kazantzakis stirbt. Die Stadt Iraklion errichtet sein Grabmal auf der Martinengo-Bastion der venezianischen Stadtmauer

1964 Verfilmung des *Alexis Sorbas* auf Kreta

1967–1974 Militärdiktatur in Griechenland.

1974 Volksabstimmung: Parlamentarische Demokratie oder Monarchie? 91 % der Kreter stimmen gegen die Monarchie (überregionales Gesamtergebnis 70 %). Griechenland wird Republik.

Während der Zypern-Krise tritt Griechenland unter dem Druck der Bevölkerung aus der Nato aus; 1980 Wiedereintritt.

1979 Dem kretischen Dichter Odysseas Elytis wird der Nobelpreis verliehen.

1981 EG-Beitritt Griechenlands. Wahlsieg der sozialistischen PASOK unter Andreas Papandreou.

1990 Zum 450. Geburtstag des kretischen Malers El Greco findet in Iraklion eine große Ausstellung statt.

1993 Wahlsieg der sozialistischen PASOK bei den Parlamentswahlen. Rücktritt K. Mitsotakis' als Parteivorsitzender der Nea Dimokratia. Sein Nachfolger wird ›Bulldozer‹ Ewert. (Der ehemalige Bürgermeister von Athen trägt wegen seiner Kahlschlag-Städtebaupolitik den Spitznamen ›Bulldozer‹).

El Greco-Büste in Iraklion

1994 Konflikte mit den anderen EU-Staaten um die staatliche Anerkennung der ehemaligen jugoslawischen Teilrepublik Makedonien. Ca. 0,5 Mio. Flüchtlinge leben illegal in Griechenland, davon allein 350 000 Albaner. Politisch verfolgten Kurden aus der Türkei und dem Iran wird Asyl gewährt.

Mit dem Rücktritt des Staatspräsidenten Karamanlis geht eine Ära konservativer Nachkriegspolitik zu Ende. Sein Nachfolger wird Konstantinos Stephanopoulos.

Gesellschaft und Kultur

Sozialer Alltag in Stadt und Land

Der kretische Patriarchalismus

Familie zwischen Tradition und Fortschritt

Die kretische Volkskirche

Musik und Literatur aus und über Kreta

Beerdigungsprozession in der Messara-Ebene

Bevölkerung

Trotz der großen Auswanderungswelle nach Übersee zu Beginn unseres Jahrhunderts stieg die Einwohnerzahl Kretas von der Mitte des 19. Jh. bis 1960 kontinuierlich an. Einen Einbruch verzeichnet die Bevölkerungskurve erst in den 60er Jahren. Damals verringerte sich die Einwohnerzahl um 26 000 Personen von 483 000 auf 457 000; die Ursache lag in der Landflucht. Kleine bis winzige Anbauflächen, oft auf Terrassen, wo keine Traktoren einzusetzen sind und nur Esel und Maultier den Pflug ziehen können, lohnten die Arbeit nicht mehr. Und die Bundesrepublik lockte mit gut bezahlten Arbeitsplätzen in der Industrie. Männer im arbeitsfähigen Alter zwischen 20 und 50 Jahren verließen die Heimat.

Folkloretänzerinnen aus Rethimnon

Junggebliebener Kreter

Viele gingen auch nur nach Athen oder zogen nach Iraklion. Im Gegensatz zum kretischen Durchschnitt sank Iraklions Einwohnerzahl in den 60er Jahren nicht, sondern erhöhte sich sogar von 70 000 auf 85 000. Soziologen nennen dies ›Über-Urbanisation‹, das heißt es gibt kein reelles Verhältnis zwischen Beschäftigungsmöglichkeiten und Einwohnerzahl, ein Problem, das bekanntlich viele Städte der Zweiten und Dritten Welt haben. Heute setzt sich die Landflucht zwar fort, aber die Einwohnerzahl Kretas hat sich steil auf 600 000 erhöht. Ziel der Landflucht sind die kretischen Städte und Hotelorte, wohin es auch Emigranten aus anderen Teilen Griechenlands zieht. Besonders Iraklion ist weiter gewachsen. Mit ca. 130 000 Einwohnern wohnen ca. 20 % der Kreter in diesem Großraum, der heute bereits die viertgrößte Agglomeration Griechenlands nach dem Großraum Athen, Thessaloniki und Patras darstellt.

Auch ›Gastarbeiter‹ kommen nach Kreta. Ägyptische Seeleute arbeiten z. B. auf kretischen Fischerbooten. Einige Polen, Russen und besonders Albaner versuchen, auf Kreta eine neue Lebensgrundlage zu finden. Als Hausmädchen werden thailändische und philippinische Frauen beschäftigt. Deutsche Alternativtouristen verdingen sich

Spinnerinnen in Anogia

Kreter im Ruhestand

während der Sommermonate in den Gewächshäusern von Ierapetra. Alle diese Fremdarbeiter arbeiten zu Niedrigstlöhnen illegal und unversichert.

Zigeuner, überwiegend Roma aus Spanien, stellen zur Zeit die einzige Minderheit auf Kreta, die sich mit griechischem Paß legal hier aufhält und arbeitet. Ihre Lager befinden sich an der Autobahnumgehung von Iraklion und an der Ausfallstraße von Chania nach Rethimnon. Sie handeln mit Teppichen, Gartenmöbeln und Haushaltsgeräten und fahren mit hochbeladenen japanischen Kleinlastern von Markt zu Markt.

Historische Aufnahme einer Dorffamilie

Der kretische Patriarchalismus

Zunächst einige Beispiele: Im Buch *Der Kreter* des kretischen Romanciers Pandelis Prevelakis kämpft eine Mutter an der Seite ihres 12jährigen Sohnes gegen die Türken. Eine Kugel zerschmettert das Gewehr des Jungen. »Was, du fällst wegen so einer Kleinigkeit«, herrscht die Mutter ihren Sohn an, reißt ihn mit Gewalt hoch und reicht ihm ein zweites Gewehr.

Der britische Schriftsteller Lawrence Durrell erzählt von einem Freund, der im Zweiten Weltkrieg zwei Winter als Agent auf Kreta verbracht hatte. Er fragte ihn, was bei seinem Auftrag das schwerste gewesen sei, und erwartete eine der üblichen Antworten wie Erfrierungen oder Angst vor dem Feind. Doch nein, was ihm am meisten zu schaffen gemacht habe, sei der Mangel an Gesprächen gewesen. Für Kreter gebe es nur zwei Gesprächtsthemen, wie Revolver funktionierten und der richtige Zuschnitt der Stiefel. Der Aufenthalt unter Kretern sei schlimmer als der bei der britischen Kavallerie gewesen.

Bei der Begegnung einer Reisegruppe mit einem ehemaligen Partisanen fragte eine Teilnehmerin: »Haben im Widerstand auch Frauen an der Seite von Männern gekämpft?« – »Ja, natürlich.« – »Und was ist aus ihnen später im zivilen Leben geworden? Wurden sie deshalb anerkannt?« – Der Partisan antwortete: »Wir haben sie sehr anerkannt. Aus diesen Frauen sind die besten Mütter und Hausfrauen geworden, denn sie haben ihre Söhne zur Männlichkeit erzogen.«

Für den Alexis Sorbas des Nikos Kazantzakis ist die Frau kein Mensch, sondern etwas Unbegreifliches, auf das die Gesetze der Religion und des Staates nicht anwendbar sind.

Soweit die Beispiele. – Schlüssel für den kretischen (und griechischen) Patriarchalismus sind die Begriffe *Levendis, Palikari* und *Philotimo*. Ein *Levendis* (türk. *levend*, ital. *leventi*) war ursprünglich ein Pirat, ein Kanonier auf einem Schiff, ein *Palikari* (aus dem mittelalterlichen Griechisch: *pallekarion*) einst Mitglied einer Elitetruppe von Leibwächtern. Heute werden beide Begriffe fast synonym gebraucht, sie stehen für Tapferkeit, Schönheit, Mut, Geschicklichkeit – besonders im Umgang mit Waffen –, für Witz und Vitalität. *Philotimo* kommt aus dem Altgriechischen und heißt soviel wie ›Ehrliebe‹. Damit ist die Ehre des Mannes gemeint, die, wenn sie verletzt wurde, häufig nur durch Blutrache wiederhergestellt werden konnte.

Die Gründe für das lange Fortbestehen des Patriarchalismus, besonders in ländlichen Gebieten, sind folgende: Es hat in der kretischen Geschichte unter den Bedingungen der Fremdherrschaft keine Reformation, keine innere soziale Revolution, keine Aufklärung mit der Losung »Freiheit, Gleichheit, Brüderlichkeit« gegeben, sondern nur die militärische Entweder-oder-Losung »Freiheit oder Tod«. Außerdem ist die Industrialisierung, die der Frau neben der unbezahlten Hausarbeit die bezahlte in der Fabrik verschafft und ihr dadurch zu ökonomischer Unabhängigkeit verholfen hätte, in Griechenland gegenüber industrialisierten Ländern zurückgeblieben. Schließlich verbürgt für den einzelnen nicht der Staat, sondern die patriarchalische Familie soziale Sicherheit. Der ›Staat‹ sitzt weit weg in Athen, ihm begegnet man mit Mißtrauen.

In den Städten Kretas gibt es allerdings Tendenzen, die den Patriarchalismus aufweichen. Im öffentlichen Dienst haben Frauen Anspruch auf den gleichen Lohn wie die Männer. Manche angesehene Berufe, wie zum Beispiel der des Reiseleiters, sind überwiegend weiblich besetzt. Immer mehr Eltern investieren statt in die Mitgift lieber in eine solide Ausbildung für ihre Tochter. Frauengenossenschaften haben sich, staatlich gefördert, mittlerweile in ganz Griechenland gebildet. Auf Kreta betreiben Frauen aus Anogia und Axos eine Webgenossenschaft. Solche Aktivitäten werden auch von der ›Orthodoxen Akademie‹ beim Kloster Gonia gefördert.

Sozialpolitik und sozialer Alltag

Zum Verständnis des sozialen Alltags ist ein Blick auf die Athener Sozialpolitik sinnvoll. Der Staat ist Mitte der 90er Jahre zu ca. 50 % am Wirtschaftsgeschehen beteiligt. Anfang der 80er Jahre betrug diese Quote ›nur‹ 30 %. Die 1981 an die Regierung gekommenen Sozialisten hatten auch unrentable oder vom Bankrott bedrohte Großunternehmen wie z. B. die Textilfirma *Piraiki Patraiki* übernommen, um Arbeitsplätze zu sichern. In Griechenland werden so eine ganze Reihe großer Gesellschaften zunächst nicht nach wirtschaftlichen, sondern mit Rücksicht auf ihre soziale und infrastrukturelle Bedeutung nach sozialpolitischen Gesichtspunkten geführt. Damit arbeiten sie aber defizitär, in Deutschland der Bundesbahn oder der Post vergleichbar. Neben griechischer Bahn und Post sind die Fluggesellschaft *Olympic Airways*, das Stromunternehmen DEI zu 100 %, die Banken im Durchschnitt zu 70 % in staatlichem Besitz.

Um die, wie es heißt, ›problematischen Gesellschaften‹ finanzieren zu können, hat sich der Staat immer weiter verschulden müssen. Das Steueraufkommen reicht bei weitem nicht zur Deckung der Staatsausgaben aus. 50 % aller Steuereinnahmen fließen allein in den laufenden Schuldendienst. – So pendelt die Inflation seit Jahren zwischen 13 % und 20 %; Griechenland ist damit Schlußlicht der EU (der EU-Durchschnitt liegt jährlich bei 5 – 6 % Inflation). Erspartes wird nicht der Bank anvertraut, sondern wandert in den privaten Hausbau (s. *Eine kretische Karriere*, S. 32 f.). Die Sparbuchzinsen entsprechen mit 15 % der Inflationsrate, allenfalls für Termingelder und langfristige Anlagen ergeben sich ein paar Prozente Realzins.

Heute muß sich die Finanz- und Wirtschaftspolitik allerdings umstellen: Die Europäische Union steuert Millionen für die Verbesserung der griechischen Infrastruktur bei und erwartet dafür einen ordentlichen Staatshaushalt nach den Richtlinien von Maastricht. Privilegien für Bauern, Beamte und Bankangestellte sollen abgeschafft werden – wogegen sich diese streikfreudig wehren.

Auf Kreta machen allein die Bauern ca. 50 % der Erwerbstätigen aus. Die Sozialpolitik der Regierung ermöglicht es, daß sie – mit Ausnahme der Großgrundbesitzer – keine Drachme Steuern bezahlen und steuerfrei Autos und Dieseltreibstoff kaufen können. Völlig kostenfrei ist auch ihre Sozialversicherung, denn die Sozialkasse der Bauern OGA wird vom Staat direkt finanziert.

Das System der steuerlichen Begünstigung für Bauern gehört zum Kernbestand griechischer Nachkriegspolitik. Die Bauern zählen zur ärmsten Bevölkerungsschicht und stellen die Masse der Wähler. Aber ist die Bevorzugung der Bauern

Sozialer Steckbrief

Nur für Touristen aus den Industrieländern ist Griechenland ein ›billiges‹ Land. Unter Berücksichtigung der griechischen Löhne können nur wenige Artikel und Leistungen preisgünstiger als in Deutschland erworben werden: Taxi und öffentliche Verkehrsmittel zählen dazu, oder ein Kaffee in einem Dorfkafenion, der in der Regel nur 0,50 DM kostet.

Für mietezahlende Stadtbewohner ist es unmöglich, mit einem einzigen Lohn die ganze Familie zu unterhalten. Die Frau muß zum Verdienst beitragen, und oft hat der Mann noch einen Nebenberuf, er hilft abends in einer Taverne aus oder fährt Taxi. Ein Blick auf die Einkommensentwicklung zeigt, daß es den Lohnabhängigen Anfang der 90er Jahre schlechter geht als zu Anfang der 80er. Im Jahr des EG-Beitritts 1981 betrugen die griechischen Löhne 44 % der durchschnittlichen EG-Löhne, 1995 nur noch 35 %, Griechenland ist damit das einzige Land der EU mit sinkendem Durchschnittseinkommen. Selbst ein EU-›Schlußlicht‹ wie Portugal verzeichnet eine positive Einkommensentwicklung: hier verdient man 1995 40 % der EU-Durchschnittslöhne.

Monatsnettolöhne

Gemeindepriester	800 DM
Busschaffner, Bankangestellter, Lehrer	800 – 1000 DM
Schwere Handarbeit, z. B. Steinbruch oder am Bau, Busfahrer	1500 – 1700 DM
Ordinarius an der Hochschule	2000 – 2500 DM

Preise (im Vergleich zu Deutschland)

Fleisch, Fisch, Obst und Gemüse etwas billiger, Import-Lebensmittel aber in der Regel teurer, z. B. Butter 3 DM
Autos 30 – 200 % teurer, je nach Hubraum und Luxusklasse
Hi-Fi-Anlagen, Fernseher und Video doppelt so teuer
Miete um ca. ein Drittel niedriger

Inflation

13 – 25 %. Griechenland ist damit Schlußlicht der EU. Für DM-Besitzer bleiben die Preise wegen der kontinuierlichen Abwertung der Drachme annähernd stabil

Lebenserwartung

76 Jahre, ähnlich der BRD

Parlament in der Stammkneipe

Das Kafenion

Der Junggeselle Andreas Kriaras kam vor Jahren aus dem Bergdorf Anopolis nach Iraklion, wo er heute Besitzer eines Steinbruchs und einer Marmorsägerei ist. Seine Abende verlaufen nach einem eingespielten Ritual. Nach der Arbeit, so gegen 18 Uhr, duscht er sich den Marmorstaub vom Körper und macht sich schick, um spätestens gegen 19 Uhr im gutbürgerlichen Restaurant und Kaffeehaus *Knossos* am Löwenbrunnen sitzen zu können. Dort bleibt er dann ein bis zwei Stunden, trifft Bekannte sowie politische und geschäftliche Freunde und geht erst anschließend zum Essen nach Hause oder in eine Taverne.

Doch das *Knossos* ist keine exklusive Ausnahme für die wohlhabende Mittelklasse Iraklions, ein Kafenion ist noch im entlegensten Inseldorf oder modernsten Neubauviertel anzutreffen. Es ist eine Institution. Zumeist an der Platia eines Dorfes oder eines Stadtteils – nicht selten gegenüber der Kirche – gelegen, geht man(n) dort beileibe nicht nur hin, um Kaffee zu trinken. Das ist Nebensache. Im Kafenion spielen Männer Karten oder *Tavli* (das griechische Backgammon), lesen ihre Zeitung und diskutieren. Oft flimmert in einer Ecke ein Fernseher, dem aber weiter keine Beachtung geschenkt wird – mit Ausnahme vielleicht der 21-Uhr-Nachrichten. Getränkezwang gibt es nicht. Rentner, die auf die Mittagsruhe verzichten, sitzen oft stundenlang sinnierend vor ihrer Kaffeetasse. Sie warten auf den Abend und darauf, daß das Kafenion sich wieder füllt.

Politische Diskussionen spielen die Hauptrolle im Kafenion. Die Erfahrungen der Ältesten finden hier noch Gehör; es geht um Kreta und die große Politik – die EU und die amerikanischen Basen, aber auch um Dorfpolitik. Wer hat wen geheiratet und wem war das von Vorteil? Wer wird demnächst Bürgermeister und vertritt welche Interessen und Gruppen im Dorf? Zu welchem Preis wurde dieses oder jenes Grundstück verkauft usw.? Das Kafenion ist eine Art Club, ein sehr demokratischer obendrein. Hier kommen auch die ärmsten Dorfbewohner zu Wort. Über alles, was anliegt, wird eine Öffentlichkeit hergestellt. Selbstverständlich werden im Kafenion auch Handelsgeschäfte abgeschlossen: Abmachungen sind rasch auf einer Zigarettenschachtel notiert oder auch nur per Handschlag besiegelt. Unehrlichkeit kann sich im Dorf, wo jeder jeden kennt, niemand leisten. Ein Rechtsanwaltstermin am wackeligen Kafeniontisch ist nichts Ungewöhnliches.

In jedem Dorf gibt es zumindest ein Kafenion. Die meisten haben mehrere, denn nicht alle Dorfbewohner vertragen sich. Man geht zu dem Wirt, dessen politische Gesinnung der eigenen entspricht. Dem aufmerksamen Kafenionbesucher entgeht nicht, welcher Partei Inhaber und Gäste nahestehen: Ein Plakat mit der grünen aufgehenden Sonne der sozialistischen PASOK, eine Photographie Konstantin Mitsotakis, des ehemaligen griechischen Ministerpräsidenten und Vorsitzenden der *Nea Dimokratia*, oder vom vollbärtigen Aris Velouchiotis, einem legendären kommunistischen Widerstandskämpfer, weisen auf die politische Orientierung hin. Über allen Parteien steht allein Eleftherios Venizelos.

Daß im Kafenion keine Frauen anzutreffen sind, ist ein Ausdruck des kretischen Patriarchalismus. Nicht daß Frauen der Besuch verboten wäre oder man nie eine Frau dort sehen würde, die traditionelle Rollenverteilung hält für sie lediglich *andere* Treffpunkte bereit. Früher war das meist der Waschplatz im Dorf; heute sitzen Frauen auf Bänken vor der Haustür oder in der Kirche beisammen, tauschen sich beim Einkaufen aus. Und in den Städten gehen die Mädchen und Frauen mit ihren Verehrern und Männern ins *Zacharoplastion*, in ein Café westeuropäischen Zuschnitts, wo neben Kaffee auch Kuchen und kleine Snacks serviert werden – undenkbar für ein traditionelles Kafenion!

noch gerecht im Hinblick auf die reichen Gewächshausbetriebe? Und ist sie in Hinblick auf den EU-Binnenmarkt und die angestrebte politische Vereinigung Europas noch weiter durchführbar?

Zu den staatlich begünstigten Schichten gehören auch die Beamten und die Bankangestellten. Beamte zahlen nur 1 % ihres Gehaltes an die Krankenversicherung, bekommen aber bei gleicher Qualifikation auch nur die Hälfte des Gehaltes eines Bankangestellten. Beamte wie Bankangestellte können unter Einschluß der Ausbildungszeit schon nach 35 Jahren Berufstätigkeit in Rente gehen – ein Auslaufmodell. Griechenland hat, so sagen manche schmunzelnd, die jüngsten Rentner Europas.

Wie kann der Staat das alles ohne übermäßige Verschuldung finanzieren? Mit der griechischen Steuermoral ist es jedenfalls schlecht bestellt. Gerade auf Kreta ist das Mißtrauen gegenüber dem ›Staat in Athen‹ sehr ausgeprägt, die Politiker gelten als *Phagades*, das heißt als ›Fresser‹. Steuerhinterziehungen sind ›Nationalsport‹ und werden als ›Kavaliersdelikt‹ angesehen. Man schätzt, daß ca. 30–50 % des griechischen Sozialprodukts durch Schwarzarbeit erbracht wird, eine gigantische ›Schattenwirtschaft‹, die natürlich nicht in die Statistiken eingeht: Mietverträge etwa werden ›unter der Hand‹ doppelt abgeschlossen, einmal mit einem niedrigen Mietzins für die Steuererklärung, ein zweites Mal hoch für den Mieter. Außerdem arbeiten viele Beamte und andere Lohnabhängige in ihrer Freizeit ›schwarz‹, und selbständig Gewerbetreibende, wie z. B. Tavernenwirte, führen ein Gutteil des Umsatzes an der Steuer vorbei direkt in die eigene Tasche ab.

Die Steuerbehörden sind gleichwohl nicht ganz machtlos. Sie schätzen den Umsatz von Gewerbebetrieben und drohen mit Lizenzentzug. Und ein Bauherr wird nur dann ans Stromnetz angeschlossen, wenn er lückenlos und schwarz auf weiß nachweisen kann, daß die Lohnsteuer und die Versicherungsbeiträge der Bauarbeiter auch ordnungsgemäß abgeführt wurden.

Kirche

Am Karfreitag sieht man in der Kathedrale des hl. Minas in Iraklion uniformierte Soldaten, das Gewehr an der Schulter, vor dem Epitaph (einer Decke, in die die Darstellung der Grablegung und Beweinung Jesu eingestickt ist) salutieren. Draußen vor der Kirche sitzen neben dem Erzbischof von Kreta der Oberkommandierende der Streitkräfte, der Bürgermeister und andere Honoratioren auf der Ehrentribüne. Am 25. März, dem griechischen Nationalfeiertag, nimmt eben dieser Erzbischof zusammen mit dem General die Parade ab. Geht ein Metropolit (Bischof) privat spazieren und marschiert gerade ein Zug Soldaten vorbei, so haben diese militärisch zu grüßen, denn der Bischof gilt seinerseits als ›General‹ – freilich innerhalb der kirchlichen Hierarchie.

Im Unterschied zur katholischen Kirche war die orthodoxe im Mittelalter Staatskirche. Der byzantinische Kaiser ließ sich als Verwalter Gottes auf Erden verehren. Diese Verzahnung von Staat und Kirche hat sich auch über die Jahrhunderte der Fremdherrschaft bis in unsere Tage erhalten. Die Kirche nimmt bis heute Dienste vor, die andernorts allein dem Staat obliegen. Kaum eine öffentliche Zeremonie,

Autorität im Dorf: der *Papas*

sei es ein Staatsakt oder die Einweihung einer Schule, kann ohne kirchlichen Segen vollzogen werden. Priester können Religionsunterricht geben oder als ›Standesbeamte‹ Ehen schließen. Bis zur Eheschließungsreform 1983 konnte nur kirchlich geheiratet werden, ein ziviles Standesamt gab es nicht. Heute kann man auch zivilrechtlich heiraten, *muß* es aber nicht. Die Zivilheirat ist neben die kirchliche getreten.

Priester werden vom Staat bezahlt, dafür hat die Kirche dem Staat Teile ihres umfangreichen Grundbesitzes abgetreten. Eine allgemeine Kirchensteuer wie in Deutschland gibt es nicht. Besteuert wird aber das Einkommen der Kirche selbst. An jeder Kollekte verdient der Staat mit.

Die kretische Volksdichtung

Grundlage und Ausgangspunkt der heutigen kretischen Volksdichtung ist der *Erotokritos*, ein Werk des kretischen Dichters Vitsentzos (von ital. Vicenzo) Kornaros, der zur Zeit der ›kretischen Renaissance‹ lebte. Diese Epoche, die von 1550 bis 1670 datiert wird, deckt sich mit den Anfängen und der Blüte des westeuropäischen Barock.

Kornaros wurde zu Beginn des 17. Jh. bei Sitia geboren und starb 1677. 40 Jahre nach seinem Tod (1717) wurde der *Erotokritos* in Venedig herausgegeben, 10 010 fünfzehnsilbige Verse heroisch-erotischen Inhalts. Hier eine Kostprobe:

»Von allem Guten, was der Mensch besitzt, sind nur die Worte von der Gnade,
daß sie in jedes Menschen Herz dringen und
Tröstung spenden können,
und wer zu sprechen fähig ist in weisen
und gesetzten Worten,
der kann der Menschen
Augen mal weinen und mal lachen lassen…
Wer nach den großen Gütern strebt allein
in diesem Leben
und nicht erkennt, daß er doch
nur auf einer kurzen Straße wandelt,
wer stolz auf seinen Adel ist und
sich des Reichtums rühmet,

ein Nichts ist der, nicht bei Verstand,
und geh mir aus den Augen!
Denn all das gleicht doch Blumen nur,
die kommen und die gehen,
Zeit gibt sie, Zeit verwandelt sie und nimmt sie
oft auch wieder…«

Diese moralphilosophischen Verse sind in der Volkssprache *Dimotiki* geschrieben, nicht in der Hochsprache *Katharevoussa,* die der größte Teil der Intelligenz noch bis ins 20. Jh. hinein benutzte (s. hierzu auch *Patronat und Klientel,* S. 38f.). Der Gebrauch der Volkssprache war zu Zeiten Kornaros ebenso revolutionär wie die Bibelübersetzung Martin Luthers. Kornaros hatte dem Volk ›aufs Maul geschaut‹.

In der Tradition des *Erotokritos* stehen heute *Mantinades* und *Rizitika,* fünfzehn- und fünfsilbige rhythmische Reimpaare, die zur *Lyra,* dem kretischen Instrument schlechthin, gesungen werden. (*Mantinada* kommt von ital. *mattina,* also eigentlich ›Morgengesang‹; *Rizitika* von griech. *rizes,* ›Wurzeln‹ – Gesänge, die an den ›Wurzeln‹, am Fuß der Weißen Berge nämlich, gesungen werden.)

Rizitika und *Mantinades* sind oft improvisiert, sie entstehen aus der Laune eines Augenblicks, bei Taufen, Hochzeiten und Begräbnissen, bei den Feiern zu Ehren eines Heiligen, den *Panigiria;* sie werden von Generation zu Generation weitergegeben und begleiten die Menschen durch die Mühen und Sorgen des Alltags. Eine bedeutende Rolle spielten die *Mantinades* in den Widerstandskämpfen, und im Zweiten Weltkrieg wurde so manche *Mantinada* erst durch das Hinrichtungskommando der Wehrmacht zum Schweigen gebracht.

Beliebt sind schlüpfrig-›männliche‹ Verse wie etwa diese:

»Ich war dereinst ein kecker Hahn.
In meinen alten Tagen
hackt jetzt nach mir das Hennenvolk, das kann ich nicht vertragen.«

Folgender Zweizeiler, ein Hochzeitslied, greift dasselbe Bild von Hahn und Huhn auf:

»Den Appetit verlor sie nicht, das ausgelass'ne Huhn,
und wenn sie bei den Hähnen ist,
so liebt sie, was die tun.«

Dominierendes Instrument bei den *Rizitika* und *Mantinades* ist die Kretische *Lyra,* ein birnenförmiges Streichinstrument, das im Sitzen – auf dem Oberschenkel gehalten – gespielt wird. In der Regel wird die *Lyra* ergänzt durch das *Laouto* (Laute), ein langhalsiges Zupfinstrument, das auch im übrigen Griechenland gespielt wird. Das *Laouto* untermalt die Melodie der *Lyra* mit kontrastierender Stimmführung.

Andere auf Kreta gespielte Instrumente sind die *Askomandoura,* eine Art Dudelsack aus Lamm- oder Ziegenfell, in das Rohrpfeifen eingefügt sind, und die Rohrflöte, die etwa 30 cm lang ist und sechs Fingerlöcher hat.

Die kretischen Tänze

Ist die *Lyra* in Fahrt gekommen und haben die Gäste ihr Abendessen beendet, begeben sich Tänzer und Tänzerinnen auf die Tanzfläche.

Drei kretische Tänze sind öfter anzutreffen: der *Pentozalis* (›Fünfschritt‹), der *Chaniotikos* (›der aus Chania‹) und die *Sousta* (von ital. *susta*, ›federn‹).

Den *Pentozalis* tanzten ursprünglich nur Männer. Sie umfassen sich

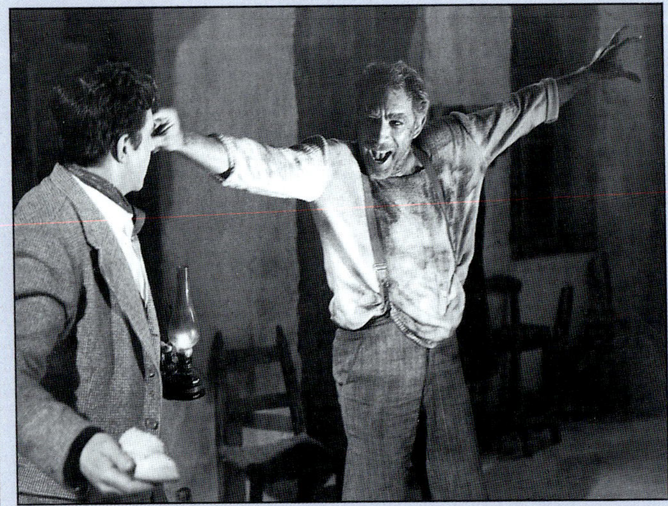

Tanzszene aus der Verfilmung des *Alexis Sorbas*, mit Anthony Quinn

Alexis Sorbas oder Der Sirtaki kommt aus Hollywood

Unvergessen ist *Zorba the Greek*, ein Welterfolg des amerikanischen Kinos, mit Anthony Quinn, Alan Bates und Irini Papas in den Hauptrollen. Unvergessen auch die Schlußszene: die zusammengestürzte Drahtseilbahn und die beiden Helden, die den *Sirtaki* tanzen.

Regisseur Michael Cacoyannis ist Zypriote britischer Nationalität. Er wurde 1922 geboren, studierte in London Jura und arbeitete beim

an den Schultern, das Tanztempo steigert sich zu immer schnellerem Rhythmus, bis die Füße den Boden nicht mehr zu berühren scheinen. Beim *Chaniotikos* tanzen auch die Frauen, Tänzer wie Tänzerinnen halten sich an den Händen oder an einem Taschentuch und tanzen im Rund. Die *Sousta* wird zu Beginn von Hochzeiten getanzt. Sie ist ein Paartanz, bei dem der Mann die Frau schnellhüpfend umwirbt. Bei den Tänzen scheint sich nur der Unterkörper zu bewegen, der Ober-

Griechenland-Dienst der BBC, bevor er sich endgültig dem Film zuwandte. Seine künstlerisch gelungensten Filme entstanden in den 50er Jahren: *Stella* (1955) und *Das Mädchen in Schwarz* (1956). In den 60er Jahren begann sich Cacoyannis dem Filmmarkt anzupassen. *Alexis Sorbas* von 1964, die Verfilmung des berühmten Romans von Nikos Kazantzakis, ist formal eine amerikanische Hollywood-Produktion.

Cacoyannis verpflichtete Anthony Quinn für die Hauptrolle des Alexis Sorbas. Doch da dieser die komplizierten kretischen Tänze nicht so schnell erlernen konnte, mußte eine Filmmusik geschaffen werden, die leicht tanzbar war. Diesen Auftrag nahm Mikis Theodorakis an, der große Repräsentant des griechischen politischen Liedes. Theodorakis war nicht unerfahren in Filmkomposition, hatte er doch schon für 16 Filme, darunter die *Elektra* des Cacoyannis und die *Phaedra* des Jules Dassin, Filmmusiken komponiert. Nun schuf Theodorakis den *Sirtaki*. Der Name ist die kretische Verkleinerungsform von *Sirtos*, einem in ganz Griechenland bekannten Tanz. Doch mit diesem verbindet den *Sirtaki* nur der Name: die Schritte entlehnte Theodorakis dem *Chasapiko* und die Instrumentierung der städtischen Bouzoukimusik.

So wie der *Sirtaki* entwirft der gesamte Film ein folkloristisches Klischee kretischer Lebensweise zwischen beklemmender Archaik und ausgelassener Lebensfreude. Doch die Mischung war erfolgreich: *Alexis Sorbas* wurde ein internationaler Kinoerfolg und ist für das Publikum bis heute der Film über Kreta, wenn nicht über Griechenland schlechthin. Scharen von Touristen kamen, nachdem sie den Film gesehen hatten, nach Griechenland und Kreta, um den *Sirtaki* zu sehen. Doch den gab es bis dahin ja noch gar nicht. Die Tanzgruppen der Folkloreabende in den Hotels und die Musikindustrie stellten sich jedoch innerhalb kürzester Zeit auf die Wünsche der Touristen ein. »Gut, dann tanzen und spielen wir eben *Sirtaki*, und jetzt können auch die Touristen mittanzen.« Dies Arrangement gelang so gut, daß bis heute viele den *Sirtaki* für den typischsten aller kretischen Tänze halten, obgleich er in Wirklichkeit nur ein Produkt der ›Traumfabrik‹ ist.

körper ruht, so daß die Schultern der Tänzer eine feste Linie bilden. Schnellste Bewegung einerseits und Ruhe andererseits bewirken jene Würde und Eleganz der kretischen Tänze.

Ein anderer Tanz, der wahrscheinlich aus Athen stammt, ist der *Chasapiko*. Hören wir dazu den Philhellenen und Schriftsteller Lawrence Durrell:

»Wen der Zufall in ein abgelegenes Dorf verschlägt, in dem man gerade ein Fest feiert und abends zum Tanz aufspielt, der halte Ausschau nach dem Chasapiko, dem Metzgertanz, der mit allen möglichen Messern, sogar den ganz großen, die wie Säbel aussehen, getanzt wird. Die Tänzer springen vor und weichen zurück und lassen die Messer aufeinander klirren, daß die Funken stieben. Dabei brüllen und knurren sie einander an, und es klingt ganz so als sei ihr feindseliges Gebaren nicht gespielt, sondern echt. Der Chasapiko zeigt, welche wilden, verschütteten Leidenschaften sich in den Herzen der Männer in den abgelegenen Dörfern dieser großen Insel regen.«

Kretische Literatur

Nikos Kazantzakis

Der Autor von *Alexis Sorbas:* Nikos Kazantzakis

Kazantzakis ist der bekannteste und meistgelesene Schriftsteller der neugriechischen Sprache und wie der schon erwähnte Kornaros ein bedeutender Vorkämpfer der griechischen Volkssprache *Dimotiki*. 1883 in Iraklion geboren, erlebte er als Kind noch die blutigen Aufstände gegen die Türken.

Kazantzakis studierte von 1902 bis 1906 Rechtswissenschaften in Athen und unternahm nach Abschluß seines Studiums Reisen, die ihn zunächst durch ganz Griechenland und Italien, dann nach Jerusalem und zum Sinai, nach Paris, Deutschland und Österreich, später sogar nach China, Japan und Rußland führten. Auf diesen Reisen wurde sich der tief religiöse Kazantzakis der Beschränktheit des orthodoxen Christentums bewußt.

Ein katholischer Heiliger, Franz von Assisi, jener Sohn reicher Eltern, der sich zum Bettler und tätigen Christen bekannte, wurde sein Vorbild, ebenso Buddha aus dem fernöstlichen Kulturkreis. Außerdem verehrte er Nietzsche und Lenin. Letzteren interpretierte er christologisch als neuen Messias, der die Welt vom Kapitalismus befreit.

Kazantzakis starb 1957 an den Folgen einer Pockeninfektion in einem Freiburger Krankenhaus. Nach seinem Tode errichtete die Stadt Iraklion ihrem berühmten Sohn auf der Martinengo-Bastion ein einfaches Grabmal: ein Holzkreuz und eine Inschriftenstele, auf der die Prinzipien seines Lebens stehen: »Ich hoffe nichts, ich fürchte nichts, ich bin frei.«

Sein berühmtestes Werk ist der 1946, kurz nach dem Zweiten Weltkrieg erschienene Roman *Alexis Sorbas.* Ein Schriftgelehrter beschließt darin, »der Tintenkleckserei zu entsagen und sich dem tätigen und sinnvollen Leben zu widmen.« Damit hat er allerdings seine Schwierigkeiten, denn er bekennt, »lieber ein Buch über die Liebe zu lesen als sich zu verlieben.« Der Wanderarbeiter Alexis Sorbas nun, den der Schriftgelehrte als Vorarbeiter anstellt, um ein Braunkohlebergwerk auf Kreta wieder in Gang zu bringen, verkörpert ein anderes, entgegengesetztes Lebensprinzip: Er kennt alle Berufe, die mit »Fuß, Hand und Kopf« ausgeführt werden können. Er kann singen, tanzen, sogar das Saiteninstrument *Santouri* spielen, und er liebt es, einsame Witwen zu beglücken. Sein Lebensmotto: »Lieber zehn Tauben in der Hand als einen Spatzen auf dem Dach!«

Weitere Werke von Kazantzakis: 1950 erschien *Freiheit oder Tod,* der Titel war der Schlachtruf der Kreter gegen die osmanische Fremdherrschaft. *Rechenschaft vor El Greco* heißt die 1960 posthum veröffentlichte Autobiographie des Schriftstellers, kunstvoll komponiert aus verschiedenen in sich abgeschlossenen Kurzgeschichten. Der Titel ist insofern programmatisch zu verstehen, als El Grecos künstlerische Emigration aus der Enge Kretas Kazantzakis eigenem Lebensweg gleichkam. Für Kazantzakis war El Greco ebenso wie Jesus und Lenin ein Mann der Tat. Weniger bekannt sind die *Griechische Passion* von 1948 und die *Letzte Versuchung* von 1950/51. – Alle hier erwähnten Werke von Kazantzakis sind in verschiedenen Ausgaben auf deutsch erschienen.

Weitere Literatur aus und über Kreta

In der Tradition von Kazantzakis steht der kretische Romancier Pandelis Prevelakis (1909–86), dessen wichtigste Werke ebenfalls ins Deutsche übersetzt sind. Seine Bücher handeln vom Kampf gegen die Türken, von Freiheit und Religiosität: *Die Sonne des Todes, Das Haupt der Medusa, Der Engel im Brunnen, Chronik einer Stadt.*

Ein schönes Stück Literatur sind auch die Kreta-Seiten von Melina Mercouris *Ich bin als Griechin geboren.* Anschaulich werden hier die Abenteuer erzählt, die ein Filmteam bei der Verfilmung von Kazantzakis' *Griechischer Passion* im Dorf Kritsa erlebte.

Aus der Fülle ausländischer Reiseberichte sollen hier nur drei Titel angesprochen werden: Henry Millers *Koloß von Maroussi,* 1940 verfaßt: ein subjektiver Reisebericht des lebenshungrigen ›Amerikaners in Paris‹.

Erhart Kästners Reiseberichte (darunter *Kreta – Aufzeichnungen aus dem Jahre 1943*) zählen inzwischen zu den ›Klassikern‹ der deutschen Griechenlandliteratur.

Christa Wolf berichtet in ihren Frankfurter Poetik-Vorlesungen *Voraussetzungen einer Erzählung: Kassandra* kritisch von einem Kreta-Besuch. Ihr Thema: Matriarchat und Patriarchat. (s. hierzu auch *Der kretische Patriarchalismus,* S. 56f.).

Jules Dassins *Celui qui doit mourir,* gedreht in Kritsa

Unterwegs auf Kreta

Quirlige und einsame Küstenorte, traditionelle Gebirgsdörfer

Weite Strände, stille Buchten

Ausflüge zu minoischen Palästen, byzantinischen Kirchen und venezianischen Kastellen

Wanderungen in die kaum berührte Bergwelt

Nützliche Tips und Adressen rund ums Essen und Trinken, Unterkünfte und Verkehrsverbindungen

Mittelkreta

Kretas Metropole Iraklion: Spaziergang durch die Altstadt und Führung durch das Archäologische Museum

Ausflüge zu den minoischen Palästen Knossos, Phaistos und Agia Triada

In die größte und fruchtbarste Tiefebene Kretas, die Messara-Ebene

Zum Berg und zur Höhle des Zeus im Ida-Massiv

Haupttreppenhaus in Knossos

Ruhige Winkel im geschäftigen Iraklion, ein Hauch von Orient in der Marktgasse • Reizvolle Ausflüge in die Zentren der minoischen Kultur, in die einsame Bergwelt des Ida-Massivs, zu malerischen Hafenstädtchen und urigen Weindörfern

Iraklion (Heraklion)

90 % aller Kretareisenden kommen in Iraklion an – und sind zunächst enttäuscht. Ob von See her oder aus der Luft: Iraklions Stadtbild ist geprägt von gesichtslosen Neubauten. Auf dem Weg vom Flughafen in die Innenstadt staut sich der Verkehr in engen, von Auspuffgasen geschwängerten Straßen. Die Fahrt führt durch eine planlos entstandene und wild in die Außenbezirke wuchernde Stadt, die zu einem erheblichen Teil aus halbfertigen Betonskeletten zu bestehen scheint.

Mit annähernd 130 000 Einwohnern ist Iraklion nach Athen (Piräus eingeschlossen), Thessaloniki und Patras nicht nur die viertgrößte Stadt Griechenlands und die größte Kretas, sondern auch das wirtschaftliche, politische und touristische Zentrum der Insel.

Wirtschaftlich spielt Iraklion für Kreta die Rolle, die Athen für Griechenland spielt: Ballungsraum von Industrie, Gewerbe und Handel und damit Ziel der Landflucht und Hoffnung für zahllose Menschen, die Arbeitslosigkeit oder unrentable, harte Landarbeit von den Dörfern in die Städte treibt. Traum der meisten ist es, sich hier einmal mit einem *Magazi* selbständig zu machen.

In den letzten 30 Jahren hat sich die Einwohnerzahl Iraklions nahezu verdoppelt, und, so rechnen die Stadtplaner, in weiteren 30 Jahren wird sich Iraklion nochmals um das Zweifache vergrößern. Iraklion ist nicht nur der bedeutendste Umschlagplatz für den Außenhandel Kretas, sondern auch ein wichtiger touristischer Verkehrsknotenpunkt. In den Sommermonaten schwillt die Stadt noch zusätzlich um Saisonarbeiter und Touristen an.

Doch Iraklion kann mehr als nur ein verkehrstechnisch unvermeidbarer Einstieg in einen Kretaurlaub sein. Für kulturhistorisch Interessierte darf hier die Zeitreise in die erste Hochkultur auf europäischem Boden beginnen. Ausschließlich im Archäologischen Museum von Iraklion lassen sich die einzigartigen Funde der minoischen Kultur besichtigen. Deshalb sollte vor dem Besuch der Ausgrabungsstätten von

Blick auf das Hafenkastell

Knossos, Phaistos und Kato Zakros vorab ein Gang durch die minoische Abteilung des Archäologischen Museums stehen. Von Iraklion aus ist es dann nur noch ein Sprung nach Knossos, der berühmten Rekonstruktion einer minoischen Palastanlage – dem Sitz des legendären König Minos. Zudem lassen sich von Iraklion aus die beiden anderen großen Palastanlagen von Phaistos und Malia bequem per Tagesausflug erreichen.

Im übrigen spricht für Iraklion, daß nur hier der Kretareisende an kretischem Leben abseits aller Folklore teilnehmen kann. Die meisten Touristen absolvieren die Stadt lediglich als Pflichtprogramm, Lust auf einen längeren Aufenthalt haben sie nicht. Sogar im engen Innenstadtbereich zwischen Morosini-Brunnen und Archäologischem Museum verteilen sich die Touristen unter der einheimischen Bevölkerung. Noch prägen also die Einheimischen, die tagsüber ihren Einkäufen und Geschäften nachgehen und sich abends frisch geduscht und in Schale geworfen beim ›Corso‹ (gr. *Volta*) zeigen, das städtische Leben. Ein zusätzlicher Vorzug Iraklions ist es schließlich, daß hier kretische *Lyra*-Musik noch in authentischer Form gespielt wird und man weitgehend unter Kretern den Tänzen zuschauen kann. Mehrere große *Kentra* haben jeden

Treffpunkt Morosini-Brunnen

Abend geöffnet, wahrlich ein anderes Erlebnis als eine gestellte Folklore-Show in den Hotelorten.

Iraklion hat eine interssante Namensgeschichte, die zugleich sein wechselvolles Geschick widerspiegelt. Der Name leitet sich von Herakles her. Unsere deutsche, an das Altgriechische angelehnte Aussprache des Griechischen sagt daher noch vielfach *Hera*kl(e)ion. Nach der neugriechischen Aussprache muß die Stadt aber *Iraklion* heißen. Beides ist auf seine Weise richtig (s. S. 234 ff.). Während der arabischen Herrschaft hieß Iraklion *Rabd al Khandak* (›Festungsgraben‹). Diese Bezeichnung ist nahezu das einzige, was an jene frühmittelalterliche Zeit noch erinnert. Die Byzantiner, die die Insel 961 zurückeroberten, machten daraus *Chandax*. Als die Stadt dann 1204 zu Venedig kam, wurde *Chandax* mit dem arabischen Wort *qand* für ›Rohzucker‹ zu *Candia* verschmolzen. Pars pro toto hieß für die Venezianer dann ganz Kreta *Candia*. Die Griechen nannten ihre Stadt zur Türkenzeit allerdings nicht *Candia*, sondern *Megalo Kastro* (›Großes Kastell‹), und so heißt sie auch in Kazantzakis' Romanen. Nach der Befreiung 1898 besann sich Iraklion auf seinen alten Namen.

Hauptstadt war Iraklion sowohl unter den Venezianern wie auch unter den Türken, und zwar bis 1852. Hier standen der Palazzo ducale und der Amtssitz des türkischen Paschas, von denen heute leider nichts mehr erhalten ist. Dann wurden Chania und ab 1972 wiederum Iraklion Hauptstadt der Insel.

Gut erhalten sind die venezianischen Bauten: die Stadtmauern und das Hafenkastell, Loggia, Markuskirche, Morosini-Brunnen und die Hafenarsenale. Das türkische Erbe haben die Kreter nach der Befreiung dagegen weitgehend zerstört. Der Stumpf des gekappten Minaretts neben der Markuskirche legt davon ›stummes‹ Zeugnis ab. Statt dessen weist Iraklion aber einige sehenswerte Denkmäler byzantinischer Kunst auf. Im Ikonenmuseum befinden sich einzigartige Bilder byzantinischer und italo-byzantinischer Malerei, und in der Markuskirche hängen Kopien der bedeutendsten Wandmalereien aus den Kirchen Kretas.

Stadtrundgang

Venezianische Stadtmauern Die Hauptarbeiten an den gewaltigen Festungsanlagen, die im 16. Jh. die modernsten ihrer Zeit waren, dauerten nur zehn Jahre, von 1550 bis 1560. Die kretische Bevölkerung mußte Fronarbeit leisten, einige Facharbeiter wurden aus Mitteleuropa angeworben. Kopf des Unternehmens war der Veroneser Architekt Michele Sanmicheli (s. *Venezianischer Festungsbau auf Kreta*, S. 172 f.).

Der Stadtmauer sind sieben herzblattförmige Bastionen vorgebaut, die durch ein unterirdisches

Iraklion

Tunnelsystem miteinander verbunden waren. Jede Bastion war auf mehreren Stockwerken mit Kanonen bestückt, die durch Schießscharten die einzelnen Mauerabschnitte und das Vorfeld bestreichen konnten. Auf venezianischen Stichen läßt sich das ganze Ausmaß der Befestigungen sehr gut nachvollziehen. Zum Befestigungsring gehörte auch ein Wassergraben und das Außenfort San Dimitri, von dem heute nichts mehr erhalten ist.

21 Jahre lang, von 1648 bis 1669, konnte die Festung den Türken widerstehen. In der Schlußphase der Belagerung standen nur noch 29 000 Venezianer und Verbündete 108 000 Türken gegenüber. Oberbefehlshaber auf venezianischer Seite war Francesco Morosini, auf türkischer Achmed Köprülü. Die Belagerung endete mit der Aufgabe Iraklions und einem geordneten Abzug der Venezianer.

1 Hafenkastell (Öffnungszeiten: Mo–Sa 8.30–12.00, 16–18 Uhr, So 9–15 Uhr) Die Festung auf der Mole des alten Hafens trägt an drei Außenseiten noch das venezianische Wappen, den Markuslöwen. Ein Besuch lohnt sich: innen düstere Gänge, oben kann man an den Zinnen entlanglaufen und hat einen schönen Blick über die Stadt und den Hafen. Die weit ins Meer reichende Hafenmole bietet sich als Spazierweg an – eine Oase der Ruhe im lärmigen Iraklion.

2 Tituskirche Der Vorgängerbau der heutigen Kirche war eine Zentralkuppelmoschee. Die Außenmauern sind islamisch mit Arabesken und ›Eselsrücken‹ ornamentiert. Der Bau ist nach Mekka ausgerichtet, und im heutigen Narthex befinden sich noch zwei ehemalige Gebetsnischen mit islamischen Stalagtitgewölben.

Die Baugeschichte der Tituskirche spiegelt die Epochen der kretischen Geschichte wider:

10./11. Jh.: Nach der Befreiung von der arabischen Herrschaft 961 wurde der orthodoxe Bischofssitz von Gortys nach Iraklion verlegt und die erste Tituskirche erbaut. Titus, bekannt aus dem Titusbrief der Bibel, war vom Apostel Paulus auf Kreta zurückgelassen worden, um die Bevölkerung zu christianisieren. Diese biblische Episode wird in der heutigen Tituskirche auf monumentalen Ikonen aus dem 20. Jh. geschildert.

Im 15. Jh. wurde nach einem Erdbeben die Bischofskirche von den Venezianern neu erbaut. Nach ihrer Niederlage 1669 nahmen jedoch die Venezianer den Schädel des hl. Titus mit nach Venedig. Von dort sollte die Reliquie erst 300 Jahre später in einem feierlichen Festakt nach Iraklion zurückkeh-

Tituskirche

ren. Heute wird sie unter einer Glasvitrine in der linken Seitenkapelle des Narthex aufbewahrt.

Die neuen türkischen Herren Kretas bauten die Kirche zur Wesir-Moschee um. Dieser Bau wurde jedoch durch ein Erdbeben 1856 nahezu vollständig vernichtet. Angesichts des Ausmaßes der Zerstörung errichteten die Türken von 1856 bis 1872 unter Einbeziehung der alten Bausubstanz eine neue Moschee, die dem heutigen Aussehen der Tituskirche weitgehend entspricht.

Zu Anfang des 20. Jh. wurde das türkische Gotteshaus in eine orthodoxe Kirche zurückverwandelt, u. a. durch Anbau von drei Apsiden anstelle der Gebetsnische. Orthodoxe Kathedrale war zwischenzeitlich allerdings die Minas-Kirche geworden (1862 – 95 erbaut).

3 Venezianische Loggia Zwischen 1626 und 1628 errichtet, kann sie als eine Art Clubhaus für die venezianischen Adligen des 17. Jh. bezeichnet werden und ist ein Beispiel für venezianische Repräsentationsarchitektur im Stil Palladios. Im Erdgeschoß verläuft über Arkaden ein dorisches Gesims und im Obergeschoß eine ionische Säulenordnung. Zwischen den Geschossen zeugt ein Fries mit Kriegstrophäen und Markuslöwen von dem Machtanspruch Venedigs. Bei der Weltausstellung von 1911 in Rom bauten die Italiener übrigens die Loggia von Iraklion exakt nach – eine historistische Erinnerung an vergangene Größe.

An den Innenwänden der Vorhalle hängen Reliefs berühmter Männer aus Iraklion und Kreta, darunter der Knossos-Entdecker Minos Kalokairinos, der Maler Michael Damaskinos und sein Schüler El Greco, der Dichter und Nobelpreisträger Odysseas Elytis, der Barockdichter Vitsentzos Kornaros und natürlich Nikos Kazantzakis. Hinter der Loggia liegt das einstige Waffenarsenal der Venezianer, die Armeria. Heute beherbergt sie das Bürgermeisteramt.

4 Der **Morosini-Brunnen** liegt im Zentrum Iraklions an der Platia Venizelou. Gestiftet wurde der Brunnen vom Statthalter gleichen Namens, der zugleich ein Onkel des späteren Verteidigers von Iraklion gegen die Türken war. Der Brunnen war Teil eines Aquädukts, der zur städtischen Wasserversorgung über eine 15 km lange Strecke Wasser vom Berg Jouchtas nach Iraklion leitete. Aquädukt und Brunnen entstanden im gleichen Zeitraum wie die Loggia.

Über acht Wasserbecken erhebt sich, von vier Löwen getragen, eine Wasserschale, die in venezianischer Zeit noch von einer Poseidonstatue gekrönt wurde. Unter der Herrschaft der Türken wurde die Statue abmontiert und wird seitdem vermißt. Der Brunnen ist mit Fabelwesen aus der Meereswelt reliefiert; es gibt auch einige mythologische Szenen, darunter eine Europa mit dem Stier.

5 Markuskirche Sie war einst Kathedrale Venedigs und Sitz des katholischen Erzbischofs. Die Basilika mit Lichtgaden von 1239 ist heute kommunales Ausstellungszentrum. An den Wänden ist eine ständige Präsentation von Kopien byzantinischer Fresken aus kretischen Kirchen zu sehen.

6 Im dichten Gedränge der **Marktgasse** (Odos 1866) kommt Basaratmosphäre auf. Von Obst, Gemüse und Fleisch bis hin zu Kleidung, Souvenirs, Kurz- und Lederwaren ist hier alles erhältlich. Im Preisvergleich sieht man auch, wie ungünstig einige Agrarprodukte Kretas gegenüber EG-Importen abschneiden: Schafskäse aus Dänemark z. B. ist billiger als der einheimische.

Straßenphotograph auf der Platia Eleftherias

In der Odos 1866 (Marktgasse)

In den Nebengassen schließen sich kleine Geschäfte und Handwerksbetriebe an, und am oberen Ende der Marktgasse in Richtung Platia Kornarou lädt das in einem ehemaligen türkischen Brunnenhaus untergebrachte Kafenion zur Rast ein.

7 Erfrischung spendet auch der benachbarte **Bembo-Brunnen**, ebenfalls aus venezianischer Zeit und mit einer kopflosen römischen Statue verziert.

8 Kazantzakis' Grab Auf der Martinengo Bastion erhebt sich ein einfaches Holzkreuz über einem schlichten Steingrab. Auf dem Grabstein drei Verse, die die Summe der Lebenserfahrung des berühmten Dichters und Romanciers zwar richtig wiedergeben, die aber ohne seinen Willen hier eingemeißelt wurden: »Ich hoffe nichts, ich fürchte nichts, ich bin frei.« Mit dieser Negation von Hoffnung und Furcht, tragende Begriffe des Christentums, geriet Kazantzakis unweigerlich in Konflikt mit der orthodoxen Kirche. Diese soll ihm auch ein ordentliches Begräbnis auf einem Friedhof verweigert haben.

Doch diese Auseinandersetzungen sind längst vergessen: Am 26. Oktober 1977, 20 Jahre nach dem Tod des Dichters, zelebrierte der Erzbischof von Kreta erstmalig eine große Gedenkmesse auf der Martinengo-Bastion. Und der mit Kazantzakis befreundete Schriftsteller Pandelis Prevelakis meint sogar, daß die Worte des Grabsteins nicht Abschluß einer Weltanschauung seien, sondern allein Ausgangspunkt für eine lebenslange Suche nach Gott...

9 Ikonenmuseum (Öffnungszeiten: Mo–Sa 9.30–13.00; Di, Do, Fr 17–19 Uhr; So u. feiertags geschl.) Das Museum befindet sich in einer ehemaligen Kirche, die einer berühmten orthodoxen Klosterschule des 15. bis 17. Jh. mit Universitätsniveau angegliedert war. An dieser Klosterschule, die ein bedeutendes Zentrum der ›kretischen Renaissance‹ in Theologie, Literatur und Philosophie war, studierte auch Kornaros, Autor des *Erotokritos* (s. S. 64). Finanziert wurde die Schule vom reichen Katharinenkloster auf der Sinai-Halbinsel.

Prunkstücke des Museums sind vor allem sechs Ikonen der italobyzantinischen Schule, die von Michael Damaskinos, dem Lehrer El Grecos signiert sind.

An der Wand links vom Eingang:
1. Anbetung der Könige
2. Abendmahl
3. Gottesmutter im brennenden Dornbusch

Gegenüber:
4. Noli me tangere, die Begegnung mit Maria Magdalena
5. Konzil von Nikäa 325 n. Chr.
6. Göttliche Liturgie

10 Dem Ikonenmuseum direkt gegenüber liegen **Große** und **Kleine Minaskirche**, benannt nach dem hl. Minas, dem Stadtpatron von Iraklion. Nachdem die Tituskirche, ehemals Kathedrale, zur Moschee umfunktioniert worden war, wurde zunächst die Kleine und ab 1895 dann die Große Minaskirche Kathedrale von Iraklion.

Die **Große Minaskirche** ist außen und zum Teil auch innen im Stil des westeuropäischen Klassizismus des 19. Jh. gestaltet. Die Baustruktur folgt jedoch den Prinzipien byzantinischer Architektur. Innen ist die Kirche fast vollständig mit großflächigen Bildern ausgemalt und gibt Gelegenheit, die Regeln des byzantinischen Bildprogramms zu überprüfen, wie sie am Beispiel der Nikolaos-Kirche von Kiriakoselia auf S. 192 exemplarisch dargelegt werden.

Zwischen Byzanz und Venedig

Die Malerei der Kretischen Schule

Das venezianische ›Regno di Candia‹ war im 16. und 17. Jh. auch im übertragenen Sinne eine Insel, eine kleine Insel inmitten eines riesigen, feindlich gesinnten Osmanischen Reiches.

Nach der Eroberung Konstantinopels durch die Türken 1453 flohen viele Künstler und Gelehrte auf das noch venezianisch beherrschte Kreta. Hier fanden sie Lebens- und Arbeitsmöglichkeiten. Manche von denen, die jetzt nach Kreta kamen, waren selbst Kreter, die zuvor ihre Heimat verlassen hatten, um in der Hauptstadt lukrative Aufträge ausführen zu können.

Was für das Byzantinische Reich eine Katastrophe war, bedeutete für Kreta den Beginn einer kulturellen Blütezeit: westliche und östliche Kunststile gingen hier eine fruchtbare Symbiose ein, die in der Kunstgeschichte als Kretische Schule firmiert. Traditionelle Ikonen werden dabei stilistisch und thematisch ›verwestlicht‹, sie zeigen Raumtiefe und Naturalismus und greifen auch Motive auf, die sonst nur die katholische Kunst kennt.

Ein Ableger dieser Kretischen Schule ist die Kunst des Michael Damaskinos, aus dessen Werkstatt der berühmte, 1541 in Fodele bei Iraklion geborene El Greco stammt. Damaskinos' Lebensdaten sind leider nicht überliefert: In Iraklion geboren, führte er hier um 1570 nachweislich erste Malaufträge aus. Nach einem Aufenthalt in Venedig (1577–82) und auf Korfu (1582–84) wirkte er erneut bis 1591 in seiner Heimatstadt. Zusammen mit seinem Schüler El Greco zählt er zu denjenigen Malern griechischer Herkunft, die sich am weitesten von der byzantinischen Maltradition abkehrten. Im Unterschied zu El Greco sind Bilder von Damaskinos noch heute auf Kreta zu sehen, so die sechs Ikonen im *Museum Ag. Ekaterini* in Iraklion.

Die **Kleine Minaskirche**, deren ältester Teil auf das 15. Jh. zurückgeht, enthält eine prächtige holzgeschnitzte Ikonostase aus dem 18. Jh. sowie einige wertvolle Ikonen.

11 Historisches Museum (Öffnungszeiten: Mo–Sa 9.30–13 u. 15–17.30 Uhr, So geschl. Im Winter 8.30–15 Uhr) Das Museum ist in einem prächtigen klassizistischen Wohnhaus untergebracht, das die alteingesessene Familie Kalokairinos der Stadt vermacht hat. Ein Sohn dieser Familie namens Minos (!) hatte 1878 als erster die Ruinen von Knossos entdeckt.

Die Exponate des Museums schließen sich zeitlich an die des Archäologischen Museums an. Der Schwerpunkt liegt allerdings auf dem 19. Jh. mit den entscheidenden Befreiungskriegen gegen die Türken. Im Obergeschoß sind Fotos und Dokumente zur »Schlacht um Kreta« 1941 und das nachgestaltete Arbeitszimmer von Nikos Kazantzakis zu sehen (vgl. auch das neue Kazantzakis-Museum in Mirtia s. S. 105). Im Kellergeschoß byzantinische, venezianische und türkische Steinfragmente, Kanonenkugeln, Inschriften usw.

Archäologisches Museum (12)

(Öffnungszeiten: täglich 8–18, im Sommer bis 19 Uhr. Mo manchmal erst ab 12 Uhr, Sa, So eventuell nur bis 15 Uhr) Gelegentlich sind Abweichungen vom angegebenen Aufstellungsort möglich, da Exponate umgestellt werden, um Platz für neue Fundstücke zu schaffen; Besucherstaus bei den Top-Objekten begegnet man, indem sie möglichst weit auseinander plaziert werden.

Die Ausstellungsstücke verteilen sich auf zwei Stockwerke. Im unteren sind die Funde in 13 Sälen nach chronologischer, manchmal aber auch nach thematischer Ordnung ausgestellt; das obere Stockwerk enthält die minoischen Wandmalereien und ein Modell des Palastes von Knossos. Die Vitrinen sind in den einzelnen Sälen in der Regel spiralförmig gruppiert. Die jüngsten Umstellungen haben diese Ordnung jedoch teilweise durchbrochen.

Tip: Da der Museumsbesuch angesichts des Besucherandrangs, des hohen Lärmpegels, der schlechten Luft und nicht zuletzt wegen der undidaktischen Beschilderung häufig als zu stressig empfunden wird, sollten Sie sich zwischendurch eine Pause im Gartencafé des Museums gönnen (Eintrittskarte aufbewahren, denn sie muß wieder vorgezeigt werden).

Die folgenden Erklärungen beschränken sich auf die wichtigsten Funde und stellen eine Auswahl dar, die in etwa einer zweistündigen Führung entspricht. Zur Vor- oder Nachbereitung oder auch als begleitende Lektüre seien die Bildbände empfohlen, die es am Eingang zu kaufen gibt.

Rundgang (V = Vitrine)

Erdgeschoß

Saal I: Neolithikum und Vorpalastzeit (vor dem 2. Jt. v. Chr.)
V 16 und 17 in Raummitte: Siegel und Goldschmuck aus verschiedenen Gräbern. Daran ist ablesbar, daß es schon in der Vorpalastzeit des 3. Jt. eine arbeitsteilig organisierte Gesellschaft mit gesellschaftlicher Schichtung und einem ausdifferenzierten Handwerk gegeben hat. Siegel dienten während der gesamten minoischen Kultur als Verwaltungsinstrumente, so z. B. zur Auszeichnung von Produkten und

Ein Museum macht Geschichte

Das Archäologische Museum in Iraklion

Wenn man in Iraklion das wegen seiner Sammlung minoischer Kunst weltberühmte Archäologische Museum zum ersten Mal aufsucht, ist man sicherlich zunächst enttäuscht: der Museumsbau ist schlicht, rechteckig und aus gelblich-grauem Beton. In den Augen der meisten eine reichlich häßliche Verschalung für die farbenfrohen Meisterwerke minoischer Kunst. Von seinem vor dem Ersten Weltkrieg im klassizistischen Stil konzipierten Vorgängerbau sollte sich der 1937 begonnene Bau des Archäologischen Museums in seiner Sachlichkeit und Funktionalität deutlich absetzen: die minoische Sammlung sollte vor allen Dingen eine erdbebensichere Heimstatt erhalten.

Dramatisch war das Schicksal des Museums im Zweiten Weltkrieg: dreimal wurde es bombardiert und von vielen Bomben und Geschossen getroffen, auch unter der Explosion eines deutschen Kriegsschiffes im Hafenbecken hat das Gebäude arg gelitten. Den Deutschen diente das Museum als Depot für Kriegsmaterial, als Hospital, als Ausbildungsstätte für chemische Kriegsführung, und – nach deren ›vorzeitiger Kapitulation‹ – sogar als Gefangenenlager für italienische Soldaten. Zuletzt wurde es in einen befestigten Stützpunkt mit Schießscharten und Stacheldrahtverhau umgewandelt. Doch trotz aller Zweckentfremdung und direkter Lage in Schußlinie, der im Kellergeschoß verstaute Museumsinhalt wurde wie durch ein Wunder gerettet.

Drei Jahrzehnte später stand das Museum erneut im Brennpunkt. Am 9. Mai 1979 waren auf dem Freiheitsplatz vor dem Museum ausnahmsweise keine Warteschlangen zu sehen, sondern 50 000 kämpferische Kreter. Der Bürgermeister von Iraklion hatte sich im Museum ›verschanzt‹, um zu verhindern, daß minoische Kunstwerke für eine Wanderausstellung in die USA und nach Frankreich ›entführt‹ wurden. Die Demonstration hatte Erfolg, die Kunstwerke blieben auf Kreta.

Es ist bemerkenswert, daß alle wichtigen Objekte der minoischen Kultur nur auf Kreta zu besichtigen sind. Die Funde des antiken Griechenland sind dagegen in fast alle großen Museen der Welt verstreut. Der späte Abzug der Türken (1898) war also insofern ein Glück, als nun erst mit den Ausgrabungen begonnen wurde. Zu diesem Zeitpunkt war die Epoche des Antikenausverkaufs und des Antikenraubes bereits zu Ende, und Griechenland verfügte mittlerweile über strenge Gesetze, die garantierten, daß die archäologischen Funde im Lande blieben.

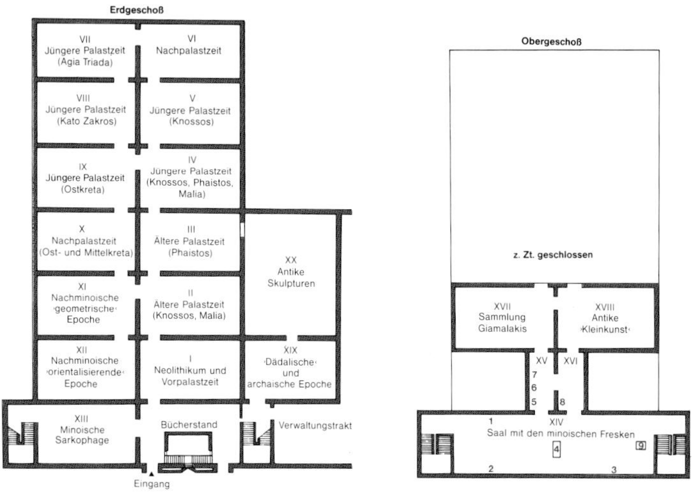

Archäologisches Museum Iraklion

zur Bezeichnung ihrer Menge und Herkunft. Sie wurden aber auch als Amulette getragen.

Saal II: Ältere Palastzeit (2000–1700 v. Chr.)

V 24 links an der Wand: Männliche Adoranten (›Betende‹) mit Lendenschurz und Dolch. Ihre führende Rolle bei der Kriegsführung kann als Ursache der Männeremanzipation in den frühen frauenrechtlichen Gesellschaften vermutet werden.

V 25: **Das Stadtmosaik von Knossos**, wichtigstes Zeugnis über das Aussehen minoischer Hausfassaden. Nach derartigen Bildern rekonstruierte Evans die Palastanlage von Knossos.

Saal III: Ältere Palastzeit (2000–1700 v. Chr.)

V 41: Der **Diskos von Phaistos** mit seinen spiralförmig angeordneten hieroglyphischen Zeichen auf beiden Seiten gibt immer noch Rätsel auf. Entzifferungsversuche ergaben, daß es sich wohl um eine semitische Sprache handelt. Semitisch scheint auch die zweite minoische Schrift der Älteren Palastzeit, das Linear A, gewesen zu sein – auch sie ist noch nicht hinreichend entschlüsselt. Die Zeichen auf dem Diskos stellen reale Objekte dar, zum Beispiel einen Kopf mit ›Bürstenhaarschnitt‹, ein Fell, einen laufenden Mann in knappen ›Shorts‹, Werkzeuge und einen fliegenden Vogel. Die Zeichen dürften in einer frühen Epoche der Schriftentwicklung unmittelbar für die dargestellten Objekte gestanden haben (›Ideo-

gramme‹). Hier auf dem Diskos sind sie für ein Schriftsystem verwendet worden, das aus 45 Einzelzeichen besteht.
V 42: Altäre und Opfergaben aus Phaistos.
Saal IV: Jüngere Palastzeit (1700–1450 v. Chr.)
V 50 links an der Wand: Die **›Schlangengöttinnen‹** aus einem Depot für ausgemusterte Weihgeschenke in Knossos. Attribute sind Schlangen, die sich um Kopf und Körper winden. Vielleicht stellen die Figuren auch nur Priesterinnen dar? Die Objekte besaßen kultische Bedeutungen, über die wir nichts Genaues wissen.

›Schlangengöttin‹ aus Knossos

V 52: **›Königliches Schwert‹** aus Malia. Auf einem zweiten Schwert ist ein Akrobat eingraviert, der über einer aufrechtstehenden Speerspitze eine Brücke schlägt. Vgl. als andere gewagte ›Sportart‹ den Stiersprung! (s. auch V 56; Saal VII, V 96; Saal XIII, ›Stiersprungfresko‹).
V 56 (jetzt an der Rückwand): Miniatur-Stierspringer aus Elfenbein.
V 57: Spielbrett aus Knossos
Saal V: Jüngere Palastzeit (1700–1450 v. Chr.)
V 70A (jetzt Rückwand): **Hausmodell von Archanes**.
V 69: Schrifttafeln des nichtentzifferten Linear A und des entzifferten Linear B. Letzteres ist die von den Mykenern ab 1450 nach Kreta eingeführte griechische Silbenschrift.
Auf Holzpodest: Prächtige Vasen des Flora- und des Meeresstils
Saal VI: Nachpalastzeit (nach 1450 v. Chr)
V 80: Opferkanne aus Katsabas, exzellentes Beispiel des Meeresstils. V 71: Kultischer Reigentanz um Stierhörner. V 78 und 85: Mykenische Waffen, darunter ein Helm aus Eberzähnen
Saal VII: Jüngere Palastzeit (1700 bis 1450 v. Chr.) Links riesige Bronzekessel aus Tilissos (mit aufgenieteten Flicken!), die wohl beim Opfer benutzt wurden. Hier auch die drei berühmten Vasen aus schwarzem Speckstein (Steatit).
V 96 (an der Wand rechts): **›Boxerrhyton‹**. Auf vier umlaufenden Friesen Boxszenen und eine Stiersprungszene, wobei der Athlet vom Stierhorn verletzt wird.

Opferkanne aus Katsabas

V 94 (jetzt an der Rückwand): ›**Schnittervase**‹. Eine singende Schar von Erntearbeitern marschiert vorbei. Einer ist – vermutlich betrunken – gestolpert. Der vordere hält ein Sistrum (ägypt. Musikinstrument).
V 95 (jetzt ebenfalls Rückwand): ›**Prinzenbecher**‹. Ein Vorgesetzer und ein salutierender Untergebener, dahinter Männer, die Felle (?) tragen.

An der Rückwand des Saales sind sog. ›**Talente**‹ ausgestellt. ›Talent‹ war eine griechische Gewichtseinheit von ca. 24 kg. Diese Kupferobjekte waren wahrscheinlich eine Art Währung für den Außenhandel, der vom Palast aus organisiert wurde. Man bedenke, daß es bei den Minoern nachweislich keine Münzwährung gab, diese entstand erst im 6. Jh. v. Chr. unter den privatwirtschaftlichen Verhältnissen der Antike.
Saal VIII: Zakros-Saal, Jüngere Palastzeit (1700–1450 v. Chr.)
V 109: Hübsches Rhyton aus Bergkristall.
V 111: Rhyton mit Darstellung eines Gipfelheiligtums. Bemerkenswert die Kulthörner und die wie Masten aufrecht stehenden Lanzen. Links und rechts Wildziegen.
V 116: **Stierkopfrhyton** aus schwarzem Speckstein.
Säle IX–XII: Funde von der Nachpalastzeit bis zur Epoche des dorischen Kretas (bis 650 v. Chr.). Unter anderem im Saal XI von Stieren gezogener Wagen aus Ton; interessante Schlangengöttinnen aus Ton. Tierdarstellungen, Götter etc.
Saal XIII: Steintruhen in Wannen- und Kastenform aus der Jüngeren und der Nachpalastzeit. Dienten die Truhen als Badewannen oder Sarkophage? Wofür waren die Abflußlöcher gedacht? Man beachte auch die Tonkrüge (Pithoi): in der Regel als Vorratsgefäße verwendet, dienten diese hier als Urnen.

Obergeschoß

Nun geht es die Treppe hinauf in das 1. Stockwerk, in die bunte Welt der minoischen Palastmalerei. Hier ist die nähere Betrachtung von acht Fresken zu empfehlen (im folgenden nach eigener Numerierung, die Bezeichnungen stammen in der Regel vom Ausgräber Arthur Evans).

Stierkopfrhyton aus Knossos (Saal IV)

1. ›Prozessionsfresko‹ GabenbringerInnen und MusikantInnen. Ursprünglich etwa 500 (!) lebensgroße Personen aufgereiht. Das Fresko war an der Westfassade des Palastes von Knossos aufgetragen. Original sind nur die Fragmente im Wadenbereich. Zum Teil ist nur an den Füßen zu erkennen, ob es sich um Männer- oder Frauendarstellungen handelt. Männer sind auf den Bildern der Minoer an ihrer roten, Frauen an ihrer weißen Haut zu erkennen.

2. ›Stiersprungfresko‹ Drei Phasen oder vielleicht auch drei SpringerInnen in Abfolge: 1. eine Frau ergreift die Hörner des Stiers, 2. ein Mann macht einen Salto über den Rücken des Stieres, 3. eine Frau in der Abschlußstellung des Sprunges. Ihr Gesicht ist dem Stier zugewandt, sie muß also auch noch eine Pirouette gedreht haben.

Inwieweit der Stiersprung mehr als eine bloß sportliche Veranstaltung war und gar eine kultische Handlung darstellte, konnte bislang noch nicht eindeutig geklärt werden.

3. Diese Figur wurde von den ›Minoologen‹ je nach Interpretationsvorgabe mit drei Titeln versehen: **›Priesterkönig‹, ›Prinz mit der Federkrone‹** oder **›Lilienprinz‹**. Der fast lebensgroße junge Mann führt offenbar etwas in seiner Hand mit sich: ein Tau für einen Greifen oder eine Sphinx? – Dies muß eine Vermutung bleiben, genauso wie die Interpretation als ›Priesterkönig‹ oder ›Prinz‹.

›Priesterkönig‹ geht auf Evans zurück, der für seinen ›Palast des Minos‹ einen König brauchte. Da kam ihm dieser singuläre Fund mit einem Mann in Lebensgröße gerade recht. Sonst weist die minoische Palastmalerei keine größeren männlichen Einzeldarstellungen auf. Neuerdings wird auch die These vertreten, daß die Teile des ›Lilienprinzen‹, zu drei verschiedenen Figuren gehören, also falsch zusammengesetzt sind!

4. Sarkophag von Agia Triada Dieser besterhaltene Kalksteinsarkophag ist durchweg bemalt und ist für unsere Kenntnis der minoischen Religion eine zentrale Quelle. Zwei

Friese auf den Längsseiten: 1. Priesterinnen opfern einen Stier. Im Hintergrund ist ein Mann zu sehen, der die Zeremonie mit Flötenspiel begleitet. 2. Links: Zwischen zwei Ständern mit Doppelaxt steht ein Gefäß, in das Frauen eine Opferflüssigkeit, vermutlich Öl, hineinschütten. Rechts: Drei Männer bringen zwei Tiere und ein Bootsmodell zu einer armlosen Gestalt, die vor einem Schrein steht. Die Gestalt dürfte Objekt eines Kultes sein. Handelt es sich um einen Totenkult, oder haben wir es mit einem Gott zu tun? – Fragen, deren Lösung noch offensteht.

5. ›Miniaturfresko‹ Rechts unterhalb der Bäume eine Gruppe von Frauen, die die Hände erhoben haben, um vermutlich eine religiöse Zeremonie zu zelebrieren. Vielleicht die Epiphanie einer Göttin?

Die Menschenmassen im Hintergrund jedenfalls sind ausschließlich Männer, die hier nur ›aus zweiter Reihe‹ assistieren bzw. lediglich zuschauen dürfen. Die Frauen sind eindeutig Trägerinnen der Handlung. Dieses Fresko wird von feministischen Forscherinnen gerne als Beleg für die Matriarchatsthese angeführt.

6. ›Fresko mit dreiteiligem Heiligtum‹ Dieses Fresko gilt als ein weiterer Beleg für die Matriarchatsthese. Gruppen von exponiert sitzenden Frauen; umringt werden sie von kleiner dargestellten Männern.

7. ›Kleine Pariserin‹ Diese Bezeichnung war die erste Assoziation von Arthur Evans. Beim Betrachten seines Neufundes kamen ihm auf Anhieb die charmanten Frauen vom Montmartre in den Sinn.

8. ›Krokospflücker‹ oder **›Blauer Affe‹** Ein Beispiel dafür, wie sich auch Archäologen irren können. Aus dem Evansschen Krokospflükker wurde durch Nikolaos Platons Neuanordnung der Bildfragmente ein blauer Affe.

9. Großes **Holzmodell** des Palastes von Knossos

Die **Säle XVII–XVIII** beherbergen zumeist Kleinfunde aus der Antike. Mein Rat: übergehen. Ein Saal soll demnächst mit den Funden der Menschenopferstätte Anemospilia bei Archanes neu eingerichtet werden (s. S. 104). Und noch ein Tip für Unermüdliche: die Antikenabteilung (griechisch-römische Funde Kretas) im Erdgeschoß: Saal XIX und XX, u. a. Funde aus Gortys, Genien (mit Flügeln).

Praktische Informationen

Ankunft in Iraklion mit dem Flugzeug: Flughafen 5 km östlich vom Zentrum. Die Flughafenhalle hat jeweils einen Trakt für Inlands- oder Auslandsflüge. Darin auch Post und Telefonamt OTE; Bank zum Geldwechseln bei den internationalen Ankünften.

Vom Flughafen nach Iraklion: a) mit dem Linienbus – die preiswerteste Möglichkeit. Alle 10–20 Min. verkehrt ein blauer Stadtbus ins Zentrum (Platia Eleftherias, Kalokairinou Str.) und weiter Richtung Strandhotels und Campingplatz im Westen Iraklions (evtl. an der Platia Eleftherias umsteigen, Linie 1).

Eine Fahrt kostet ca. 1 DM, Fahrscheine müssen an speziellen Kiosken gekauft werden, die an der Flughafenhaltestelle, aber auch an allen markanten Punkten Iraklions stehen.

b) mit dem Taxi; ins Zentrum von Iraklion ca. 6 – 8 DM, je nach Fahrgästen, Gepäck und Ziel. Fahrten zu den Busbahnhöfen und zum Hafen erfordern einen Zuschlag von ca. 1,80 DM. Nachts von 1 – 5 Uhr erhöht sich der Kilometertarif auf das Doppelte. Über dem Ausgang für Auslandsankünfte sind auf einer Tafel die Preise für Überland-Taxifahrten angeschlagen: nach Chania ca. 110 DM, nach Agios Nikolaos ca. 50 DM.

Weiterreise mit dem Flugzeug zu anderen Inseln und nach Athen: Olympic Airways fliegt mit kleinen Propellermaschinen nach Santorin, Mikonos und Rhodos (dreimal wö.). Ansonsten fünfmal täglich nach Athen und einmal wöchentlich nach Thessaloniki mit normalen Düsenmaschinen.

Schiff: Jeden Abend 18.30 Fähre der *Minoan Lines* und 19 Uhr Fähre der ANEK nach Piräus. Fahrzeit 12 Std. Billigstes Ticket (C-Klasse) ca. 30 DM, Platz in 4-Bett-Kabine ca. 50 DM. Die Tickets werden in jedem Reisebüro und auch am Schiff selbst verkauft.

Weitere Verbindungen: Im Hochsommer täglich oder ein paarmal die Woche mit Tragflächenboot nach Santorin und manchmal weiter nach Ios, Paros, Naxos. Diese Route und weiter nach Piräus fährt auch ein großes Fährschiff von April bis Oktober ca. zweimal die Woche, ebenso nach Karpathos und Rhodos. Einmal wö. außerdem über verschiedene Kykladen- und manchmal auch Sporadeninseln nach Thessaloniki und einmal wö. nach Zypern, Haifa und Alexandria.

Busverkehr: Weiterreise mit den (grünen) Überlandbussen der KTEL. Es gibt zwei Busbahnhöfe:

Busbahnhof A *(Harbour)* liegt 400 m östlich vom alten Hafen und besteht aus zwei Gebäuden links und rechts der Straße. Auf der Stadtseite der Straße fahren die Busse nach Ostkreta ab, auf der Meerseite die nach Rethimnon (›alte‹ und ›neue Straße‹) und Chania.

Busbahnhof B *(Chanion Porta)* befindet sich an der Stadtmauer außerhalb des Chania-Tors und bedient Anogia, Rodia und Fodele sowie die Orte im Süden Iraklions. Die beiden Busgesellschaften Kretas, die KTEL Irakliou – Lassithiou (Busbhf. A + B) und die KTEL Chanion – Rethimnis (nur Busbhf. A) verteilen Fahrplan-Handzettel mit den wichtigsten Linien.

Harbour: nach Agios Nikolaos stündlich, viermal weiter nach Sitia, sechsmal nach Ierapetra, dreimal auf die Lassithi-Ebene, nach Archanes jede volle Stunde, nach Rethimnon und Chania stündlich (einige Busse fahren auch die ›old road‹ über Perama nach Rethimnon).

Chanion Porta: nach Phaistos und Agia Galini sechsmal täglich, nach Matala viermal, nach Anogia sechsmal.

Unterkunft: Das Hauptproblem ist, ein ruhiges Hotel zu finden. Ich empfehle in der gehobenen Mittelklasse das *Irini* (B-Klasse), ziemlich neu und ruhig oberhalb des Hafens (Idomeneou 4, DZ ca. 65 DM, ✆ 0 81–22 65 61). In der Nähe (Epimenidou Str.) auch mehrere gute C-Klasse-Hotels, z. B. das *Lato* (DZ ca. 55 DM, ✆ 0 81–22 50 01). In dieser Preislage und Qualität auch das *Domenico* (✆ 0 81–22 87 03) am El-Greco-Park und das *Dädalus* (✆ 0 81–22 43 91) in der Dedalou (Fußgängerzone).

Preiswertere Hotels sind in Iraklions Zentrum meistens etwas heruntergekommen und laut. Empfehlenswert: Das *Creta Sun* am Ende der Marktgasse (✆ 0 81–24 37 94) und das *Lena* in der Vironos 10 (Seitenstraße, in der Nähe des Löwenbrunnens, ✆ 0 81–24 28 26). In beiden Hotels ruhige Zimmer nach hinten verlangen! DZ um 30 DM.

Essen und Trinken: In der Altstadt jede Menge Tavernen im Umkreis vom El-Greco-Park, Morosini-Brunnen und Platia Eleftherias sowie am Hafen. Preiswert und gut: das traditionell bewirtschaftete *Ionia* an der Evans-Str. Schräg gegenüber in der schmalen Verbindungsgasse zur Marktstraße außerdem mehrere Tavernen, wo man auch im Freien sitzen kann. Etwas teurer das *Knossos* am Morosini-Brunnen, gute Küche trotz Lage mitten im Touristengebiet. Will man so richtig schick essen gehen, ist das *Kyriakos* an der Ausfallstraße nach Knossos (Dimokratias 45, ziemlich am Anfang linker Hand) zu empfehlen. Raffinierte kretische Küche, aber teuer.

Nachtleben: Cafés, Bars, Diskotheken zuhauf im Zentrum und an der Ausfallstraße nach Knossos, *Kritika Kentra* mit Lyra-Livemusik im *Kastro*, unterhalb des Arch. Museums an der Straße zum Hafen, und im *Lyra* an der Ikariou Richtung Flughafen (200 m außerhalb der Stadtmauer). Diese großen Tanzlokale füllen sich allerdings erst ab 23 Uhr. Szene-Lokale sind zur Zeit die Clubs *Trapeza* an der Beaufort oberhalb des Hafens und *Apokalipsi* an der Ausfallstraße nach Knossos. In der Epimenidou liegen zwei andere beliebte Musikbars: das *Itar* in einem venezianischen Palazzo und das 1992 eröffnete *Veneto*.

Touristeninformation:
EOT gegenüber Arch. Museum, ✆ 0 81–22 82 25.

Telefon:
OTE am El-Greco-Park.

Post: Platia Daskalojannis, Nähe Platia Eleftherias. Postkioske auch am El-Greco-Park und am Busbhf. A.

Krankenhaus: Moderne Uni-Klinik an der Ausfallstraße nach Phaistos außerhalb Iraklions. Bestes Krankenhaus Kretas.

Einkaufen: EOMMECH-Laden (Ausstellung kunsthandwerklicher Objekte) in der Zografou; Volkskunstgalerie *Grimm* am Morosini-Brunnen. Ikonenmalwerkstatt in der Odos Chandakos 22, deutsche Buchhandlung in der Idomeneou 2. Sa größter Volksmarkt Kretas am Hafen, ca. 1000 Stände.

Feste: Am 10./11. November feiert man den Tag des Stadtheiligen von Iraklion, des hl. Minas. In die Urlaubszeit fällt der Tag des hl. Titus, 24./25. August.

Knossos

Knossos liegt 7 km südöstlich vom Zentrum Iraklions und ist heute schon fast ein Vorort. Knossos war der größte aller minoischen Paläste und Sitz des sagenhaften König Minos. Die Attraktivität dieser Palastanlage liegt darin, daß hier mit Beton, Eisen und bunter Farbe versucht wurde, ein authentisches Bild von Palastleben und Wohnkultur im Kreta des 2. Jt. v. Chr. zu vermitteln. Ein Besuch in Knossos hilft, die Funde im Archäologischen Museum besser zu verstehen.

Zur Geschichte der Entdeckung und Ausgrabung Knossos': Einem kretischen ›Hobby-Archäologen‹, dem reichen Kaufmann und Juristen Minos Kalokairinos, der mit Ölen und Seifen sein Geld verdiente, gelang 1878 die Entdeckung des Palastes. Er grub zwei Magazinräume aus und förderte 10 Vorratsgefäße und verschiedene Kultgegenstände ans Licht.

1886 besuchten der Troja-Gräber Heinrich Schliemann und der Bauforscher und Archäologe Wilhelm Dörpfeld das Terrain von Knossos. Eine großangelegte Grabung unter Führung des Deutschen Archäologischen Instituts (dessen Direktor in Athen Dörpfeld ein Jahr später wurde) kam jedoch nicht zustande; die türkischen Behörden verlangten einen Kaufpreis, den zu

Diener-Fresko in den Südpropyläen

zahlen die Deutschen nicht bereit waren.

1894 kam dann der spätere Ausgräber, der damals 43jährige Museumsdirektor, Ethnologe und Zeitungskorrespondent Arthur Evans zum ersten Mal nach Kreta. Er war eigentlich auf der Suche nach vorgriechischen Schriftzeugnissen, begeisterte sich aber schließlich für die neuentdeckte Kultur aus dem Kefala-Hügel. Doch die Ausgrabung mußte noch warten. Erst nachdem Kreta 1898 selbständig geworden war und von einem britenfreundlichen und westlich orientierten Hochkommissar verwaltet wurde, konnten die Ausgrabungen anfangen. Ungefähr gleichzeitig begannen die Grabungen auch in Zakros, Phaistos, Palekastro, Gournia, Lato und in der Zeus-Höhle von Psichro. Arthur Evans besaß genügend Geld, um als Hauptfinancier aufzutreten, mit von der Partie war außerdem die neugegründete Stiftung des Cretan exploration fund.

Die Ausgrabung begann zunächst mit 30 Arbeitern, später wurden es 200. In der Rekordgeschwindigkeit von nur drei Jahren, von 1900–1903, wurden 20 000 m^2 Palastareal freigelegt. Nach Maßstäben verantwortungsbewußter Archäologen viel zu schnell. Evans und seine Mitarbeiter ließen zum Beispiel mykenische Schichten einfach abtragen, um so schnell wie möglich zu den minoischen Funden vorzudringen. In der Eile wurde die Grabung nicht Schritt für Schritt dokumentiert, so daß heute manche Zweifel an der Rekonstruktion von Knossos bestehen. Kritisiert wird auch die vorschnelle Bezeichnung von Räumen wie z. B. »Badezimmer der Königin« oder »Karawanserei«. Dadurch werde eine Sicherheit im Befund suggeriert, die in Wahrheit gar nicht besteht. Selbst die Berechtigung der Bezeichnung »Palast« für das Gebilde von Knossos muß erst noch bewiesen werden (s. *Rätsel der minoischen Kultur*, S. 95 ff.).

Und dann die Betonrekonstruktionen! Heute käme kein Archäologe auf die Idee, frühgeschichtliche oder antike Ruinen mit Stahlbeton wieder aufzubauen und eine Art ›minoisches Disneyland‹ zu schaffen. Auf der anderen Seite muß man Evans im Kontext seiner Zeit sehen. Er stand in einer Tradition, die antike Ruinen im Geiste des philhellenischen Klassizismus wiederherzustellen suchte. Zugleich strebte Evans nicht danach, die gesamte Anlage zu rekonstruieren, sondern er ließ das architektonische Ensemble absichtlich unvollendet. Mit Gesimsen, die plötzlich malerisch abbrechen, mit hier und da aufgestellten Kulthörnern, Pithoi und Säulenbasen trug er den Stimmungen einer ›Ruinenromantik‹ Rechnung.

Allen Unkenrufen der Archäologen zum Trotz – die meisten Touristen sind Evans heute dankbar. In Knossos ist ein minoischer Palast so zu besichtigen, wie er im großen und ganzen ausgesehen haben könnte. Diese Anschaulichkeit hilft

Rätsel der minoischen Kultur

»Das kann doch kein Sarg sein, das sieht ja aus wie 'ne Badewanne«, staunen unbefangene Besucher im Archäologischen Museum in Iraklion. Die Verwunderung ist berechtigt: minoische Sarkophage weisen im Boden tatsächlich ›Abflußlöcher‹ auf. Dies ist aber nicht die einzige Merkwürdigkeit: Im Halbdunkel des tiefsten Stockwerks von Knossos präsentieren die Fremdenführer ein finsteres Loch im Boden als »Toilette der Königin«, das Gemach davor als ihren »Schminkraum«. – Der Ausgräber von Knossos, der Brite Sir Arthur Evans, soll bei dieser Entdeckung ausgerufen haben: »Jetzt bin ich der einzige auf dieser Insel, der ein Klo mit Wasserspülung besitzt.«

Anfang der 70er Jahre hat der Göttinger Geologe Hans Georg Wunderlich mit einer Neuinterpretation der Paläste für einiges Aufsehen gesorgt. Wunderlich hielt die Paläste für unbewohnte Stätten eines Totenkults. Daher die fehlenden Abflußlöcher in den Lustralbädern, daher die nicht abgenutzten Treppenstufen aus Alabaster. Sein Buch *Wohin der Stier Europa trug* ist seit 1972 in hohen Auflagen verkauft worden. Die Fachwissenschaft hat sich angesichts der Verbreitung der Wunderlichschen These öffentlich wehren müssen. »Ein paar Jahre lang war das Buch unter deutschen Kretabesuchern so populär, daß wir dauernd mit ihnen über Wunderlichs Theorien diskutieren mußten«, beschwert sich eine Reiseleiterin.

Dabei ist die Funktion der von Arthur Evans so genannten »Paläste« tatsächlich ein Problem. Nicht nur Wunderlich schlug in jüngster Zeit eine von der traditionellen Archäologie abweichende Interpretation vor, sondern auch der anerkannte französische Archäologe Paul Faure. Für Faure sind die »Paläste« ebenfalls keine Wohnstätten, sondern »Heiligtümer« und »wirtschaftlich-religiöse Gemeinschaften«. Die minoischen Könige oder Fürsten hätten nach Faure in den sogenannten »Kleinen Palästen« gelebt, die sich mal in näherer, mal in entfernterer Nachbarschaft zum Hauptpalast befinden. Evans hatte diese »Kleinen Paläste« als Sommerresidenzen der Könige und Fürsten interpretiert. Aber, so wirft Faure ein, »wer würde glauben, daß Minos, der König von Knossos, den Sommer 240 m von seiner gewöhnlichen Residenz verbrachte und Rhadamanthys, der König von Phaistos, 2 km von der seinigen? ... Das sind Vorstellungen moderner Bankiers oder Bürger.« Angesichts der unzureichenden Quellenlage spielen offenbar heutige Vorstellungen, ›Ideologie‹, bei der Interpretation der minoischen Überreste eine große Rolle. Die Textquellen im Linear-A sind bis heute nicht wirklich lesbar entziffert, und allein aus den archäologischen Quellen kann eine politische Geschichte der Minoer nicht geschrieben werden.

In der Forschung umstritten ist auch der Charakter des minoischen Handels. Manche benutzen für ihn Bezeichnungen wie »Handelsunternehmen« oder »Erschließung von Märkten« und suggerieren damit privatwirtschaftliche Verhältnisse. Faure vermutet, daß die minoischen Kaufleute die Märkte des Ägäischen Meeres, Vorderasiens und des Vorderen Orients nicht erobert hätten, »wenn sie nicht korrekte und ehrliche Geschäftsleute gewesen wären«. Der griechische Archäologe Alexiou hat dagegen darauf hingewiesen, daß die Quellen mehr für einen nicht-privaten, zentralisierten und staatlich organisierten Außenhandel sprechen.

Ein weiteres Rätsel der minoischen Kultur gibt die Rolle der Frauen auf. Knossos-Ausgräber Arthur Evans hat die von ihm am Anfang unseres Jahrhunderts erforschte Kultur »minoisch« und das Bauwerk von Knossos »Palast des Minos« genannt – ohne allerdings in den archäologischen Zeugnissen eine klare Spur des Minos zu finden. Evans kannte seinen Homer und darin die Stelle, wo vom König Minos und seiner Herrschaft über Kreta und die übrigen Ägäis-Inseln die Rede ist. Homer lebte aber im 8. Jh., mehrere hundert Jahre nach dem Untergang der minoischen Kultur am Ende des 2. Jt. Kann man ihn ungeprüft und ungefiltert als Quelle benutzen?

Sucht der Besucher von Knossos oder des Archäologischen Museums in Iraklion an Ort und Stelle nach Spuren des Minos, so wird er nicht fündig werden. Auf den Wandmalereien aus den Palästen findet er keinen König, sondern auffällig oft hübsche Frauen, optisch hervorgehoben: weißhäutig, in Kleingruppen beieinander, umgeben von rotbraun gefärbten, kleiner abgebildeten und im Hintergrund in Massen zusammenstehenden Männern.

Haben also feministische Historiker und Historikerinnen (z. B. Richard Fester und Heide Göttner-Abendroth) recht, wenn sie die von Evans so genannte minoische Kultur als Matriarchat oder Gynäkokratie (Frauenherrschaft) interpretieren? Oder hat die ›patriarchalische Wissenschaft‹ recht, die die minoischen Frauen nur als »natürlich sich gebende, freudige und anmutige Geschöpfe« sieht, wie es der angesehene Archäologe und Kretaforscher Friedrich Matz ausgedrückt hat.

Gesichert ist, daß die anderen Klassengesellschaften des 2. Jt., die den Minoern benachbart waren, die Hethiter in Anatolien, die Ägypter und die Stadtstaaten im Zweistromland, männliche Herrscher besaßen. Die Ausnahme waren lediglich einzelne Herrscherinnen, Königinnen wie Hatchepsut oder Nofretari in Ägypten oder wie Puduchepa bei den Hethitern. Die Feministinnen belegen ihre Matriarchatsthese mit den Frauendarstellungen bei den Minoern. Beliebtes Zeugnis ist die ›Schlangengöttin‹. Doch, um ein Beispiel zu konstruieren: Wird man aus einer ›Madonna mit dem Jesuskind‹ oder aus der New Yorker Freiheitsstatue Rückschlüsse auf eine herausragende oder auch nur gleichberechtigte Stellung der Frau in den jeweiligen Gesellschaften wagen dürfen?

Drei Hofdamen oder Tänzerinnen aus dem Palast von Knossos

Die Diskussion um das Matriarchat dreht sich seit Jahren im Kreis. Unterdessen pilgern Frauen aus aller Welt auf historischer Identitätssuche nach Kreta, Malta und Anatolien. Aus Kreta kehren viele mit einer silbernen Doppelaxt am Halsband wieder zurück. Diese Doppelaxt war sicher ein Symbol für die minoische Zivilisation – aber für ein Matriarchat? Vielleicht haben Frauen auch nur als Priesterinnen Führungspositionen inne gehabt. Aber warum lassen sich dann Minos und seine Vor- und Nachfahren nicht abbilden? So wie gleichzeitig die Pharaonen in Ägypten, die sich als Götter und Eroberer feiern ließen. – Eine wichtige Frage, die sich aus den vorhandenen Quellen vorerst nicht beantworten läßt. Sicher ist nur eins: die minoische Kultur wird auch künftig noch Wissenschaftlern wie Laien so manche Rätsel aufgeben.

dann, die spröden Grundmauern der anderen Paläste besser zu verstehen.

Der Palast lag unbefestigt auf dem Kefala-Hügel, im Tal floß der Fluß Kairatos vorbei ins Meer. Vielleicht war er zu minoischen Zeiten schiffbar? Dann wären Schiffe direkt bis zum Palast vorgefahren. Fest steht, daß Knossos zwei Seehäfen besaß, den einen bei Amnissos, den anderen an der Stelle des späteren Iraklion.

Unklar ist, welches Verhältnis Knossos zu den anderen Palästen hatte. Waren sie unabhängig, oder hatte Knossos die Oberherrschaft?

Der von antiken Schriftstellern überlieferte Mythos vom Minotaurus, der auf Kreta in einem Labyrinth lebte und von Theseus getötet wurde, wird von den meisten Archäologen heute in Knossos lokalisiert. Die Palastanlage selbst sei dieses Labyrinth gewesen, heißt es. ›Labyrinth‹ ist nämlich vorgriechisch und kommt von *labrys* (›Doppelaxt‹). Und die Doppelaxt konnte im Palast, auf Wände eingeritzt oder auf Dächern aufgestellt, eindeutig identifiziert werden. So hätte denn der Palast ursprünglich ›Haus der Doppelaxt‹ (›Labyrinth‹) geheißen. Wegen seiner verwirrenden und unregelmäßigen Architektur, die der späteren griechischen überhaupt nicht entspricht, sei aus ›Labyrinth‹ dann ein Synonym für ›Irrgarten‹ geworden. Eine abweichende Meinung vertritt der Archäologe und Höhlenforscher Paul Faure: er hält nicht Knossos, sondern die weitverzweigte Höhle bei Skoteino, dreieinhalb Wegstunden östlich von Knossos, für das sagenumwobene Labyrinth.

Rundgang

Im folgenden wird auf 19 Stationen der Zustand des Palastes zur Zeit der Jüngeren Palastzeit 1700 – 1450 v. Chr. beschrieben. Die ›königlichen Gemächer‹ (11–14) sind z. Zt. geschlossen.

1 Westhof Am Weg die Bronzebüste des 1911 in den Adelsstand erhobenen Arthur Evans, die 1935 in seinem Beisein aufgestellt wurde. In den Jahren zuvor, 1921–35, waren die vier Bände seiner Publikation *The Palace of Minos* erschienen. Evans war damals schon über 70 Jahre alt. 1941, im Jahr der deutschen Besetzung Kretas, starb er im Alter von 90 Jahren.

Auf dem Westhof sind die Prozessionswege und die runden Gruben zu beachten. Auf dem Grund der Gruben wurden die ältesten Gebäudereste von Knossos entdeckt; sie stammen noch aus dem Neolithikum. Später waren die Gruben Depots für Opfergaben und Tierknochen, danach hatte man sie zugeschüttet. An der Fassade des Palastes sind Brandspuren zu erkennen – Spuren seines Untergangs um 1450 v. Chr.?

2 Westeingang Interessant die Basis für eine mittig stehende Säule und die ›Betonkronen‹ auf den Resten des Polythyrons (Toranlage).

Links an der Wand war das ›Prozessionsfresko‹ (s. S. 89) angebracht.

Besucher folgen dem ›Prozessionskorridor‹ bis der Weg plötzlich abbricht. Die Minoer gingen an dieser Stelle weiter; da die Mauern hier jedoch weggebrochen sind, müssen die Besucher dem Weg über die Magazinmauern zum Südpropylon folgen.

3 Südpropylon Hier ist die Rekonstruktion einiger Gabenträger des ›Prozessionsfreskos‹ zu sehen. In der Nachpalastzeit wurde dieser Teil des Palastes als Vorratsraum benutzt, daher auch die herumstehenden Pithoi.

4 Treppe zum **›Piano Nobile‹** (Evanssche Bezeichnung in Analogie zum 1. Stock italienischer Renaissance-Palazzi).

5 Vom ›Piano nobile‹ guter **Blick auf die Magazine** im Erdgeschoß. In den Räumen sind jeweils Kammern zur Lagerung von Produkten (Lebensmittel?) in den Boden ein-

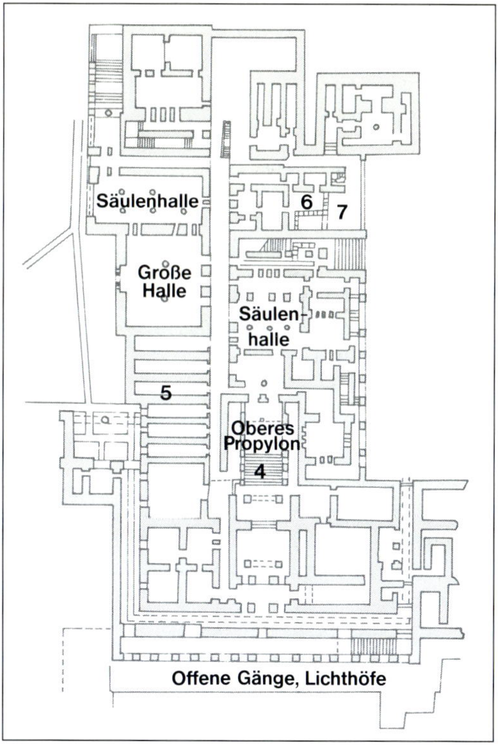

Knossos: ›Piano Nobile‹, Obergeschoß

gelassen. Um die Kammern herum haben die Ausgräber Pithoi aufgestellt. Im Längsgang steht ein Sokkel für ein Doppelaxtmonument, so wie es im Archäologischen Museum Iraklion rekonstruiert wurde (Saal VII).

6 Raum über dem Thronsaal mit Blick durch einen Lichtschacht in das Lustralbad. Hier Kopien aus dem Palast und dem ›Haus der Fresken‹.

7 Veranda Schöner Blick auf den Zentralhof.

8 Thronsaal (im Erdgeschoß) Rechts der von Bänken umgebene Thron, der auf das Lustralbad ausgerichtet ist. Der Thron stammt schon aus der Älteren Palastzeit. Danach wurde der Raum aber in mindestens vier Baustufen umgeformt. Die Greifen neben dem Thron sind mykenisch, also nach 1450 v. Chr.

Eine moderne Holzkopie des Thrones befindet sich im Vorraum des Thronsaals auf einem originalen Podest. Hier dürfen auch Besucher ›thronen‹. Eine weitere Kopie befindet sich übrigens beim Internationalen Gerichtshof in Den Haag – eine offensichtliche Reminiszenz an die griechische Mythologie: Minos und sein Bruder Rhadamanthys fungierten in der Unterwelt als Richter.

9 ›Dreiteiliges Heiligtum‹ Vergleiche das Fresko gleichen Namens im Archäologischen Museum

Knossos, Erdgeschoß

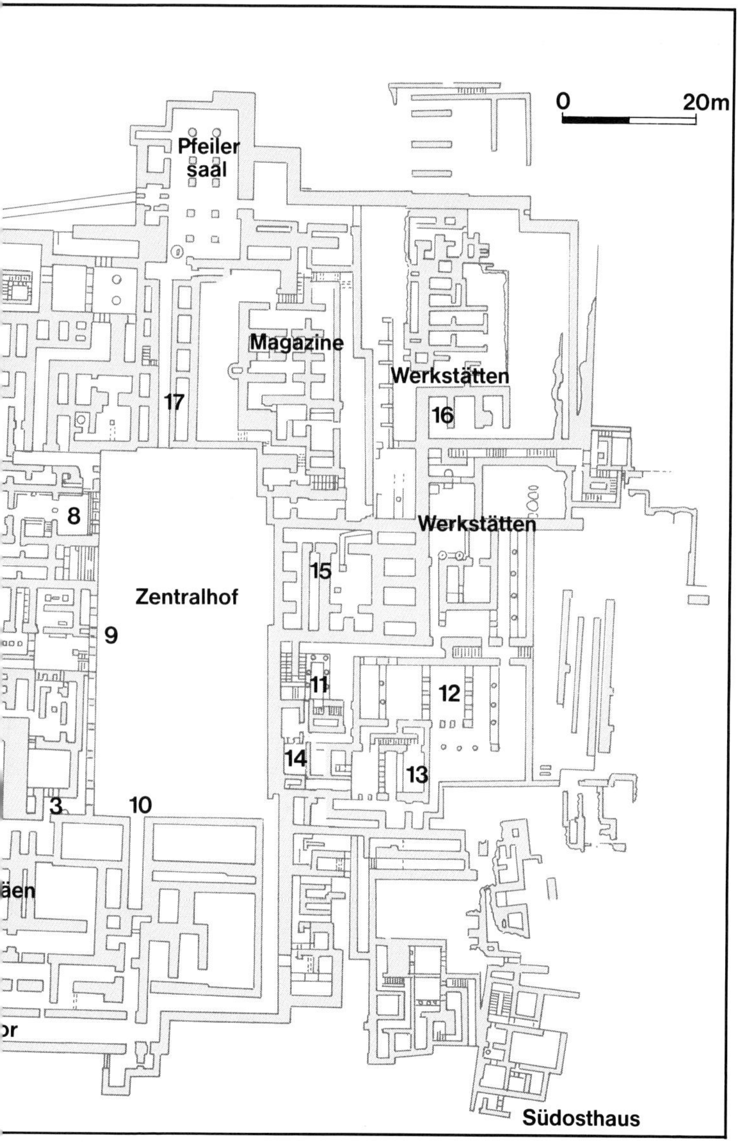
0
20m
Pfeiler saal
Magazine
Werkstätten
17
16
Werkstätten
8
15
Zentralhof
9
11
12
14
13
3
10
äen
or
Südosthaus

Der Thronsaal in Knossos

von Iraklion (s. S. 90). Dahinter die ›Pfeilerkrypta‹ und etwas rechts davon Gruben, die man ebenso wie die Gruben auf dem Westhof als Aufbewahrungsort für ausgemusterte Weihgeschenke gebrauchte; Fundort der ›Schlangengöttin‹.

10 Südkorridor Eingang von Süden in den Zentralhof. Hier die Kopie des ›Lilienprinzen‹.

11 Haupttreppenhaus An einem Lichtschacht entlang auf Treppen hinunter in den Wohntrakt.

12 ›Halle der Doppeläxte‹ So benannt nach den Ritzzeichnungen an der Westwand des Lichtschachts. Dahinter ›Megaron des Königs‹ mit Polythyron-Wänden und hölzerner Nachbildung eines Thrones.

13 ›Megaron der Königin‹ Hier sind Dekorationsrekonstruktionen aus Jüngerer Palastzeit (Delphinfresko, Tänzerin) und mykenischer Zeit (Laufspiralen und Rosetten) zu sehen.

Hinter einer Wand in Brusthöhe das vermeintliche ›Badezimmer der Königin‹. Die Badewanne wurde jedoch nicht dort, sondern in einem angrenzenden Raum gefunden.

14 ›Dressing Room‹ ›Toilettenraum der Königin‹ mit originalem Abort: Steinerne Seitenwände mit Aussparungen für den ›Donnerbalken‹, darunter ein Abflußkanal.

15 ›Magazin der Medaillon-Pithoi‹ Dahinter im Boden Tonröhren für die Druckwasserzufuhr. Daneben offener Kanal mit blinden Ecken (Schmutz-Senkkästen) zur Reinigung des Regenwassers. Unterhalb liegen in unmittelbarer Nähe zu den

Wohnräumen Werkstätten und Wirtschaftstrakte.

16 ›Magazin der Riesen-Pithoi‹

17 Nordzugang zum Zentralhof mit dem Relief eines angreifenden Stiers.

18 Rechteckiger Hof außerhalb des Palastes mit dem freistehenden Bau eines Lustralbades. In Evans Deutung die **›Initiatory Area‹**, ein Einweihungsareal für die Palastbesucher.

19 ›Theater‹ Eher eine Schautreppe. Endpunkt des erhöhten Weges (›Königliche Straße‹), der vom Kleinen Palast heranführt und zusammen mit dem Einweihungsareal Ort kultischer Handlungen.

Umgebung des Palastes Für das Verständnis von Knossos ist auch der architektonische Kontext wichtig. Der Palast lag ohne Ummauerung inmitten einer Stadt. Nur einige Gebäude sind bislang ausgegraben worden, so die ›Königliche Villa‹, der ›Kleine Palast‹, die ›Karawanserei‹ und das ›Tempelgrab‹. Diese interessanten Orte sind jedoch umzäunt und nur mit Sondergenehmigung zu besichtigen. Von außen kann man aber als Zaungast hinüberspähen.

Praktische Informationen

Busverkehr: Stadtbuslinie 2 verkehrt ca. halbstündig zwischen Iraklion und Knossos. Haltestelle in Iraklion: am Busbhf., Hafen oder vor dem El-Greco-Park an der 25. Avgoustou.

Im ›Magazin der Riesen-Pithoi‹

Essen und Trinken: Vorm Eingang ins Palastareal, längs der Asphaltstraße, ein Restaurant neben dem anderen. Tip: von Iraklion kommend, gleich das erste, zu dem auf der anderen Straßenseite ein kleiner, von Weinranken überwölbter Garten gehört.

Öffnungszeiten: Mo 8–12, Di–So 8–19 Uhr, im Winter etwas früher geschlossen. Achtung: Montags und gegen Abend können die angegebenen Öffnungszeiten abweichen (u.U. wegen Wärter-Streiks).

Ausflüge von Iraklion

Archanes

Archanes ist ein reiches Dorf, das seinen Wohlstand dem Weinanbau verdankt. Im Fabrikgebäude der Weinbauerngenossenschaft, gleich rechts am Ortseingang, verpacken die Frauen von Archanes im Sommer die Rosaki-Trauben in Holzkisten für den Export. Politisch gilt Archanes ebenso wie Kritsa oder Anogia als ›linkes‹ Dorf.

Bekannt geworden ist Archanes allerdings durch die neueren Ausgrabungen des Archäologen-Ehepaares Effi und Iannis Sakellarakis. Iannis Sakellarakis gilt zur Zeit als der erfolgreichste Ausgräber Griechenlands. Gerade mit dem Studium fertig, entdeckte er 1964 auf dem **Hügel Fourni** das erste unberührte ›Königsgrab‹ Kretas und fand im heutigen Dorf Archanes die Spuren eines Palastes, der hier schon seit längerer Zeit vermutet wurde. Die bisherige Krönung seines Ausgräberlebens war 1979 die Entdekkung des **Tempels von Anemospilia**, einer kultischen Opferstätte an den Hängen des Berges Jouchtas.

Bei der Freilegung des Tempels stieß Sakellarakis wider Erwarten nicht auf ein Tier-, sondern auf ein Menschenopfer. Ein etwa 18jähriger Jüngling lag, vermutlich gefesselt, auf einem Altar. Auf seiner Brust fand sich ein langes Messer. In demselben Raum wurden das Skelett eines etwa 37jährigen Mannes und das einer etwa 28jährigen Frau gefunden. Gerichtsmediziner bestätigten Sakellarakis Vermutung, daß die beiden von herabstürzenden Gebälkteilen erschlagen wurden. Als die Erde bereits bebte und den ersten Untergang der minoischen Kultur, um 1700, einleitete, wurde an dieser Stätte zur Besänftigung der Naturgewalten ein grausames Menschenopfer vollzogen. – Doch umsonst, das Opfer konnte die Naturkatastrophe nicht mehr aufhalten, und die Opfernden wurden selbst zu Opfern.

Minoische Villa Vathypetron 4 km Schotterstraße südlich von Archanes. Ein Landsitz aus der Jüngeren Palastzeit mit sehr gut erhaltener Weinpresse in einem überdachten Raum. Am Rande des Gebäudes, gegenüber dem heutigen Zugang, befindet sich außerdem eine Olivenpresse. Hier wurde ein Tonzuber gefunden, mit dem Restöl aus dem schon mehrmals gepreßten

Weinlese zwischen Archanes und Mirtia

Fruchtfleisch der Olive gewonnen werden konnte. Nach dem Aufguß mit kochendem Wasser stieg das Restöl an die Oberfläche, und durch eine Röhre am Boden des Tonzubers wurden dann Mark und Wasser von unten abgesaugt.

Mirtia Hier befindet sich im Vaterhaus des berühmten Schriftstellers das Nikos-Kazantzakis Museum. Auf zwei Stockwerken sind Dokumente seines Lebens und Schaffens ausgestellt. Zusätzlich gibt es eine interessante Fotosammlung über Jules Dassins Dreharbeiten zur *Griechischen Passion*. Für griechische Museumsverhältnisse ungewöhnlich ist eine Dia-Show, die recht informativ Kazantzakis einzelne Lebensstationen vorstellt. Leider ist sie nur griechisch vertont. Zum Ausgleich spricht aber eine der Wärterinnen deutsch.

Mirtia ist ein hübsches Weinbauerndorf mit gepflegten Häusern, vor denen Blumen in rostigen Olivenölkanistern stehen.

Praktische Informationen

Busverkehr: Busse nach Archanes jede volle Stunde vom Busbahnhof Harbour in Iraklion, Haltestelle auch an der 25. Avgoustou, direkt vor dem El-Greco-Park. Direkt nach Mirtia ist per Bus kein Tagesausflug möglich: Bus nach Kastelli nehmen, an der Abzweigung nach Mirtia aussteigen und dann 10 Min. zu Fuß gehen.

Essen und Trinken: Am Ortseingang von Archanes gegenüber der Kirche liegt die Taverne von Kostas: schöner Garten unter Weinranken. Es gibt unter anderem Schweinekoteletts aus eigener Mast, ›ohne Hormone‹, wie die Wirtsleute versichern. Ein ebenfalls empfehlenswertes Lokal liegt am anderen Ende des Ortes an der Straße nach Vathypetron: urige Atmosphäre.

Die Ausgrabungsstätten in und um Archanes sind umzäunt und abgeschlossen. Besucher müssen sich im Ort nach dem Schlüsselverwalter durchfragen, am besten in einer Taverne. Der Wärter kommt dann mit und erwartet dafür ein angemessenes Entgelt. Öffnungszeiten des Kazantzakis-Museums: 9–13; Mo, Mi, Sa, So auch 16–20 Uhr. Do geschl.

Feste: Am 5./6. August Prozession zur Verklärungskirche auf den Berg Jouchtas (jener Berg mit dem Profil des schlafenden Zeus). Erreichbar über eine Schotterpiste von Archanes her, phantastischer Ausblick auf Iola sowie das Dikti-Massiv. Mitte August wird in Archanes ein Traubenfest gefeiert.

Tilissos

Sehr ursprünglich gebliebenes Weinbauerndorf mit drei minoischen Villen im Ortsgebiet. Die Villen wurden auf früheren Grundmauern um 1600 v. Chr., in der Jüngeren Palastzeit also, erbaut und teilten dann 1450 v. Chr. das Schicksal der Zerstörung mit vielen anderen kretischen Bauten (s. S. 165). Man erkennt mühelos die typischen Merkmale minoischer Architektur und Hausausstattung: kleine ›labyrinthische‹ Räume, Lichthöfe, Polythyra, vereinzelt aufgestellte Pithoi.

In der Nachpalastzeit wurde Tilissos von Mykenern besiedelt, die hinter dem letzten der drei Häuser eine runde Zisterne anlegten. Über eine Treppe ist die Zisterne begehbar. Schließlich übernahmen Dorer den Ort, und so blieb auch der vorgriechische Name Tilissos bewahrt.

Da sich nach Tilissos kaum Touristen verirren, kann man an dem runden Dorfplatz in einem der Kafenia typisch kretischem Dorfleben zuschauen.

Ausgrabungsgelände in Tilissos: Reste drei minoischer Villen

Agenteneinsatz auf Kreta

Die Entführung des deutschen Generals Karl Kreipe durch ein britisch-kretisches Kommando

Während des Zweiten Weltkrieges bildete das britische Oberkommando in Kairo Agenten aus, die den Partisanenkampf in Griechenland unterstützen sollten. Zwei junge britische Offiziere, Stanley Moss und Patrick Leigh-Fermor, der perfekt deutsch und griechisch sprach, wurden ausgewählt, zusammen mit kretischen Partisanen den deutschen Befehlshaber von Kreta zu entführen. Sie wurden von zwei Kretern begleitet: Michalis Akoumianos aus Knossos und Manolis Patterakis aus Koustogerako, einem Dorf in den Weißen Bergen. Die beiden Kreter gehörten der britenfreundlichen kretischen EOK an.

Am Abend des 26. April 1944 spielte der kommandierende General der 22. deutschen Panzergrenadierdivision auf Kreta in seinem Stabsquartier in Archanes Skat. Anschließend machte er sich in seinem Dienstwagen, einem geräumigen Opel Kapitän, auf den Weg zu seiner Wohnung – der Villa Ariadne – in Knossos. Außer Kreipe saß noch sein Chauffeur im Wagen. Es dämmerte bereits, als an der Abzweigung der Straße nach Iraklion plötzlich Männer in Uniformen deutscher Feldgendarmen auftauchten und den Wagen mit einer Kelle stoppten. Das Auto hielt, und General Kreipe stieg aus.

Es war ein leichtes für die Engländer und Kreter, den General und seinen Fahrer zu überwältigen. Der Fahrer wurde von einem Teil der Gruppe mitgenommen und später erstochen. Kreipe, Patterakis und Akoumianos nahmen hinten im Auto des Generals Platz, Leigh-Fermor und Moss vorne. So fuhr der Wagen zur Villa Ariadne. Der Wachposten vor der Villa staunte zwar, als der Wagen nicht in die Einfahrt einbog und weiter nach Iraklion fuhr, dachte sich aber weiter nichts dabei und grüßte vorschriftsmäßig, als das schwere Auto mit dem Generalstander vorbeirauschte. Genauso salutierten die Posten bei der Einfahrt in die Altstadt von Iraklion und wieder bei der Ausfahrt Richtung Rethimnon. Plan der Entführer war, den General über das Ida-Massiv zur Südküste zu bringen. Beim Kloster Preveli sollte dann ein britisches Schiff warten, um den General nach Kairo zu entführen.

Kurz vor Rethimnon ließen die Entführer den Wagen stehen. Die Gruppe teilte sich. Die einen gingen nach Norden in Richtung Küste, um vorzutäuschen, daß der General von hier aus weggeschafft worden wäre. Ein Brief blieb im Wagen zurück, ein Bekennerschreiben, in dem

Vor der Entführung des deutschen Generals: Partisanen im Höhlenversteck

die Entführung als das alleinige Werk der Briten bezeichnet wurde, um eventuellen Rachemaßnahmen an der kretischen Zivilbevölkerung vorzubeugen. Der andere Teil der Entführer brach mit dem General ins Ida-Massiv auf. Inzwischen hatten die Deutschen Alarm geschlagen, 30 000 Soldaten durchkämmten das Gebirge, Flugzeugaufklärer wurden ausgeschickt. Zunächst hielten sich die Entführer versteckt, es ging nur bei Nacht und unter größter Vorsicht weiter Richtung Südküste. Immer wieder mußten sie in abgelegenen Höhlen Schutz suchen.

In der Nacht des 15. Mai 1944 konnte die Gruppe schließlich von einem britischen Schnellboot an der Südküste aufgenommen und in 24stündiger Fahrt nach Ägypten gebracht werden. Kreipe überstand die Entführung ebenso wie die britische und später die kanadische Gefangenschaft.

Anogia

Von hier stammen die berühmtesten Lyraspieler Kretas: der bereits verstorbene Nikos Xilouris, sein Bruder mit dem Künstlernamen *Psarandonis* (›Fischer-Anton‹) und Vassilis Skoulas. Mit dieser Musik-Tradition hängt es wohl auch zusammen, daß in Anogia regelmäßig Folklore-Abende für Touristen veranstaltet werden, an denen dann auch die

Als Rache- und Strafmaßnahme zerstörte die deutsche Wehrmacht mehrere Dörfer im Bezirk Amari. Am 15. August desselben Jahres befahl das Oberkommando schließlich die Vernichtung Anogias, eines großen Bergdorfs mit 2500 Einwohnern. Die Deutschen töteten alle Männer, derer sie im Umkreis von einem Kilometer habhaft werden konnten. Zwei Wochen später, am 28. August, wurden 63 Männer in Malathiros bei Kastelli erschossen, der älteste war 74, 13 die beiden jüngsten. Wie in Anogia erinnert auch hier ein Denkmal daran.

Die einheimische Bevölkerung mußte aber noch ein weiteres Mal für einen britischen ›Coup‹ bezahlen. Im September 1944 zogen die Deutschen aus Mittel- und Ostkreta ab. Allein in der ›Kernfestung‹ Chania, zwischen Soudabucht und Flugplatz Maleme, hielten sie noch bis Juni 1945, also einen Monat über Kriegsende hinaus, die Stellung. Wie war es angesichts des Sieges der Alliierten dazu gekommen?

Zuletzt kämpften die Deutschen im Auftrag der Engländer gegen kommunistische Partisanen! Beim Rückzug der deutschen Wehrmacht war das Land bereits zu 80 % unter der Kontrolle der kommunistischen EAM. Somit lag ein nicht-monarchistisches, demokratisches Griechenland in Reichweite. Für die Briten dagegen war die Abschaffung der Monarchie und eine Regierungsbeteiligung der Kommunisten ein Alptraum. Auf Kreta befürchteten sie, daß die Waffen der in der Kernfestung Chania eingeschlossenen Deutschen in die Hände kommunistischer Widerstandskämpfer fallen könnten. Kreter und Deutsche betrieben bereits mit Waffen und Munition einen lebhaften Tauschhandel, denn in der Kernfestung wurden die Nahrungsmittel knapp.

Spätestens im Dezember 1944 waren aus den einstigen Verbündeten, EAM und Briten, Todfeinde geworden. In Athen hatten damals britische Soldaten das Feuer auf friedliche Demonstranten eröffnet, die auf die Abhaltung von freien Wahlen drängten. So kam es zu der erstaunlichen Situation, daß die deutsche Wehrmacht noch im Juni 1945 Einsätze gegen kretische Widerstandskämpfer durchführen konnte. Der kalte Krieg hat also auf Kreta schon im Juni 1945 begonnen.

Webarbeiten angeboten werden, für die Anogia bekannt ist. Ansonsten werden die Webarbeiten an der unterhalb des Dorfes gelegenen Platia verkauft. Hier befindet sich auch das Geschäft des 1902 geborenen Laienkünstlers Alkibiades Skoulas. Skoulas, zeit seines Lebens einfacher Hirte, fing erst mit 65 an zu malen. Seine Bilder und Skulpturen sind heute als ›naive‹ Kunst weltweit bekannt.

Verkauf von Webarbeiten in Anogia

Ein Ereignis aus der deutschen Besatzungszeit trübt den Besuch Anogias. Deutsche Wehrmachtsoldaten brannten das Dorf am 15. 8. 1944 bis auf die Grundmauern nieder und erschossen alle männlichen Einwohner, derer sie habhaft werden konnten. Die Vernichtungsaktion wurde als Vergeltung für die Unterstützung der Entführung des Generals Kreipe durchgeführt (s. S. 107 ff.).

In Anogia war man schon immer stolz auf den Widerstandswillen seiner Bewohner. Kaum ein Kafenion, das nicht Fotos von schwarzgekleideten Rebellen zeigt, die sich mit ihren Flinten und Patronengürteln stolz und aufrecht der Kamera stellen. Das Dorf wählt mehrheitlich kommunistisch – ›Ikonen‹ kommunistischer Persönlichkeiten wie z. B. Lenin, Stalin, Che Guevara, Aris Velouchiotis (ein in Griechenland sehr bekannter Held des griechischen Widerstands im Zweiten Weltkrieg), Ernst Thälmann und Fidel Castro hängen in manchen Kafenia.

Die Tropfsteinhöhle **Sedoni Zonianon** gilt als die schönste Kretas. Sie liegt 7 km westlich von Anogia und ist touristisch noch nicht erschlossen. 15 Säle mit Stalagmiten und Stalaktiten reichen 145 m in den Berg hinein.

Der Eingang zur Höhle oberhalb der Straße Axos-Zoniana (Straßenschild) ist versperrt. Fragen Sie in Zoniana bei dem Bürgermeister *(dimarchos)* nach dem Schlüssel. Es wird Sie dann jemand zur Höhle

Auf dem Eleftherios-Venizelos-Platz

begleiten, der für seine Mühe selbstverständlich ein Entgelt erwartet. An rutschfestes Schuhwerk und Taschenlampe sollte unbedingt gedacht werden.

Nida-Hochebene

In 1370 m Höhe gelegen ist sie Ausgangspunkt für die **Besteigung des Psiloritis**, Kretas höchstem Berg; eine Wanderung,die hin und zurück in 8 Std. zu schaffen ist. Die Ebene ist über eine 20 km lange Schotterstraße von Anogia aus gut zu erreichen. Im Sommer wird hier oben ein Gästehaus mit einigen Betten bewirtschaftet.

Der Weg auf den Psiloritis ist mit roten Punkten und Steintürmchen markiert. Kurz nach dem Gästehaus den Berg hinauf zu einer Kapelle. 200 m danach beginnt an einer Steilkehre der Aufstieg. (Die Schotterstraße führt weiter zur Zeus-Höhle.) Zunächst etwa $^{1}/_{2}$ Std. Richtung Südwest, dann rechts abbiegen und einen Einschnitt entlang Richtung Nordwest. Auf diesem Kurs und unter Beachtung der Markierungen gelangt man über die Alm Kolita zum Gipfel. Der Aufstieg sollte nicht allein unternommen werden, und auf wetterfeste Kleidung, sicheres Schuhwerk sowie ausreichend Proviant und Wasser ist unbedingt zu achten.

Zeus-Höhle *(Ideon Andron)* Von 1982–86 hat Sakellarakis bisher undurchsuchte Schichten mit Förderbändern über 150 m aus einer

Tiefe von 13 m herausgeholt und sensationelle Funde gemacht. Die meisten sind bislang noch nicht veröffentlicht, denn sie warten noch auf ihre Auswertung. Von 1600 v. Chr. bis zum letzten heidnischen römischen Kaiser Julian Apostata im 4. Jh. n. Chr. diente die Grotte kultischen Zwecken.

Sakellarakis tat hier etwas, was früheren Archäologen vom Schlage Arthur Evans völlig unverständlich gewesen wäre – er hörte nämlich auf zu graben, obwohl noch 400 m^2 ungestörter antiker Schichten zu bergen waren. Seine Begründung: Schatzgräber gibt es schon genug. Sakellarakis möchte sich lieber dem Studium der Grabungsergebnisse widmen, anstatt immer Neues zutage zu fördern, was dann in den Magazinen der Museen jahrzehntelang der Auswertung und Veröffentlichung harrt.

Praktische Informationen

Busverkehr: Ca. sechsmal täglich Busse ab Iraklion, Busbahnhof *Chanion Porta* über Tilissos nach Anogia. Busse nach Anogia auch von Rethimnon.

Unterkunft: In Tilissos Übernachtungsmöglichkeit im Restaurant *Akropolis*. In Anogia gibt es einfache Hotels und Pensionen.

Öffnungszeiten des Ausgrabungsgeländes von Tilissos: täglich 9–15.30, So 10–15 Uhr.

Bank, Post und Telefonamt am Rathausplatz von Anogia.

Fest: In Anogia am 13./14. September Fest der Kreuzerhöhung.

Fodele

Kleines Dorf, 28 km westlich von Iraklion, mit einfachen, weißgekalkten Häusern, das an einem Flußlauf inmitten von Orangenplantagen liegt. Es gilt als Geburtsort El Grecos, der mit seinem bürgerlichen Namen Domenikos Theotokopoulos hieß. Auf der Platia steht eine Büste des Künstlers. Daneben ein Stein mit einer Inschrift auf spanisch: »Die geisteswissenschaftliche Fakultät der Universität Valladolid – Seele im Herzen Kastiliens – spendet Fodele diese Stele, gebrochen in Toledo, im Gedenken an den unsterblichen Ruhm des Domenikos Theotokopoulos. Im Juli 1934.«

Toledo war seit 1577 Wirkungsstätte des Meisters. Hier entstanden bis zu seinem Tode 1614 seine berühmtesten Werke. Von Aufträgen seitens der Kirche und des weltlichen Adels überhäuft, mußte El Greco einen umfangreichen Werkstattbetrieb einrichten, in dem seine Bilder arbeitsteilig fertiggestellt wurden. El Grecos Schaffenszeit fiel in jene Übergangszeit vom Manierismus zum Barock, die in Westeuropa vom Einsetzen der Gegenreformation geprägt war. Seine Kunst stellte sich in den Dienst der Gegenreformation, die in Spanien ihre festeste Stütze hatte. Entmaterialisierte Gestalten in ekstatischer

Bewegung und unnatürlich gelängten Proportionen verweisen sinnbildlich von der realen Welt auf das Geistige und Ewige.

Das vermutliche **Geburtshaus El Grecos** liegt 1 km außerhalb des Dorfkerns bei einer byzantinischen Kreuzkuppelkirche. Ein beschilderter Feldweg durch Orangenhaine führt dorthin. Im Haus ist eine Gedenkstätte eingerichtet.

Praktische Informationen

Busverkehr: Zweimal täglich, frühmorgens und am frühen Nachmittag ab Iraklion *(Chanion Porta)*.

Unterkunft: Übernachtungsmöglichkeit in Privatquartieren oder in der Pension *Louladakis* am Dorfeingang, ✆ 081-52 14 28. Luxuriöser wohnt man in der Hotelanlage *Fodele Beach* direkt am Meer, ✆ 081-52 12 51.

Strand: Sandstrand in einer Bucht an der Abzweigung Richtung Fodele. Verleih von Wassersportgeräten.

In Fodele reiche Auswahl an Webarbeiten. Geschäfte längs der Hauptstraße und auf der Platia. Im Herbst und Winter unbedingt auch die guten Orangen probieren.

In die Messara-Ebene

Die größte und fruchtbarste Tiefebene Kretas, 40 km lang und bis zu 20 km breit, ist wie ein Keil zwischen die Ausläufer des Ida-Massivs und die Asteroussia-Berge getrieben, daher auch ihr Name: *Messara* heißt soviel wie ›zwischen den Bergen‹. Treibhäuser, Olivenbäume und Getreideplantagen prägen diese uralte Kulturlandschaft.

Zur Zeit der älteren Paläste 2000–1700 v. Chr. war *Phaistos* beherrschendes Zentrum der Ebene, und in dieser Zeit sogar mächtiger als Knossos. Der Sage nach soll hier Rhadamanthys, der Bruder des Minos, residiert haben. Später machten die Römer *Gortys* zur Hauptstadt ihrer Provinz.

Heute ist **Mires** Zentrum der Messara. Samstags verkaufen die Messara-Bauern auf dem großen Markt ihr Obst und Gemüse. Fliegende Händler bieten Werkzeug, Schuhe, Kleidung, und Haushaltswaren an. Zwischen Mires und Timbaki lohnt das Volkskundemuseum in **Vori** einen Besuch. In modernen, ausgeleuchteten Vitrinen ist die reiche Bauern- und Handwerkskultur Kretas dokumentiert.

Zaros Schon in der Antike war dieser Ort für sein Quellwasser bekannt. Über einen Aquädukt wurde Gortys mit Wasser versorgt. An den Hängen des Ida-Massivs gelegen, ist es hier auch im Sommer noch angenehm kühl. Attraktionen von Zaros sind ein künstlicher See samt Ufertaverne und zwei Forellenrestaurants. Außerdem bietet Zaros gute Wandermöglichkeiten; ein gut gesicherter Pfad führt in die **Rouvas-Schlucht,** eine der beeindruckensten Wanderungen Kretas.

Messara-Ebene

Kamares-Höhle

10 km westlich von Zaros liegt das Dorf **Kamares,** ein guter Ausgangspunkt für eine zwar anstrengende, aber doch lohnende Wanderung zur Kamares-Höhle. In dieser minoischen Kulthöhle wurde bemalte Keramik der Älteren Palastzeit gefunden, die einer ganzen Keramikgattung ihren Namen gegeben hat (s. Archäologisches Museum Iraklion, Säle II und III). Das dunkle Eingangsloch der Höhle, 18 m hoch und 33 m breit, ist von Phaistos oder der Messara-Ebene aus (sofern

die Sonne nicht direkt hineinscheint) gut zu sehen.

Der Aufstieg zur Höhle vom Dorf Kamares ist sporadisch durch rote Wegmarkierungen gekennzeichnet und dauert ca. 4 Std. Der Weg führt an der Höhle vorbei weiter zum **Psiloritis** (8 Std.) mit Abzweig zur **Nida-Hochebene** (7 Std., s. S. 111).

Praktische Informationen

Busverkehr: In die Messara-Ebene nach Mires und zu den Ausgrabungsstätten stündlich ab Iraklion, *Chanion Porta.*

Nach Zaros und Kamares zweimal täglich, frühmorgens und am frühen Nachmittag ab Iraklion *(Chanion Porta).* Nachmittags gegen 14 Uhr verkehrt auch ein Bus nach Mires.

Unterkunft: Außerhalb von Zaros gutes C-Klasse-Hotel *Idi* mit Swimming-Pool (DZ ca. 50 DM, ✆ 08 94-3 13 02). In Zaros und Kamares werden auch Privatzimmer vermietet.

Essen und Trinken: In Zaros wird die einzige Forellenzucht Kretas betrieben. Zwei ausgezeichnete Fischtavernen bringen die Forellen *(pestrofa)* frisch auf den Tisch.

Gortys

Die Ruinen von Gortys liegen links und rechts verstreut an der Landstraße, die von Iraklion über **Agii Deka** nach **Mires** und weiter nach Phaistos und Matala führt.

Die Stadt erlebte zwei Blütezeiten. Die erste vom 5.–3. Jh. v. Chr.: Gortys war in dieser Zeit eine der mächtigsten Poleis Kretas. Sein Stadtrecht war Vorbild für andere Stadtstaaten in ganz Griechenland; später konnte Gortys im 3. Jh. Phaistos und seinen Hafen Matala unterwerfen und wurde zur mächtigsten Stadt der Messara-Ebene. Als dann die Römer 68–66 v. Chr. nach Kreta expandierten, kollaborierten die Herren von Gortys mit den Eroberern. Diese machten im Gegenzug Gortys zur Hauptstadt der römischen Provinz Kreta und Kyrenaika. So kam die Stadt zu ihrer zweiten Blütezeit, die bis zum Einfall der Araber 823 n. Chr. dauerte. Gortys wurde zerstört und dann von den Einwohnern verlassen.

Rundgang

1 Tituskirche Nur der Altarbereich dieser monumentalen frühchristlichen Bischofskirche aus dem 6. oder 7. Jh. steht noch (s. Abb. S. 117). Drei Längsschiffe sind deutlich zu erkennen, es handelt sich also um eine Kirche des Basilika-Typus. Über den mächtigen Vierungspfeilern wölbte sich eine Kuppel. Reichlich wurden Architekturfragmente von antiken Gebäuden verwendet. Auf dem Gelände der Basilika sind sie noch überall verstreut zu entdecken.

In frühchristlicher Zeit war Gortys Ausgangspunkt der Missionierung Kretas. Der Legende nach soll hier schon der hl. Titus residiert haben (s. S. 43).

2 Römisches Odeion mit Rechtsinschrift aus klassischer Zeit (5. Jh. v. Chr.). In der Wand, die einst rückseitig die Sitze des kleinen römischen Theaters stützte, haben römische Architekten zwölf Steinblöcke verbaut, in die das ältere ›Stadtrecht von Gortys‹ eingemeißelt ist. Ursprünglich waren die Gesetztafeln irgendwo auf der Agora zur allgemeinen Kenntnisnahme aufgestellt.

Daß das römische Theaterpublikum den Text lesen konnte, ist unwahrscheinlich, und warum die Römer die Blöcke als Spolien weiterverwendeten, ist bislang ungeklärt. Dank der römischen Materialverwertung ist aber immerhin einer der besterhaltenen öffentlichen Gesetzestexte der griechischen Antike überliefert worden.

Die **›Königin der griechischen Inschriften‹** besteht ausschließlich aus Großbuchstaben (Kleinbuchstaben kommen erst in byzantinischer Zeit auf), die in exakten Kolumnen untereinander stehen. Allerdings sind die einzelnen Wörter nicht durch Leerräume voneinander getrennt, so daß derartige Inschriften selbst für Archäologen schwer zu lesen sind. Der eigentliche Clou aber liegt darin, daß die Zeilen abwechselnd von rechts nach links und von links nach rechts verlaufen. Dieses Schriftbild nennt man *Boustrophedon* (›wie der Pflug die Richtung wechselnd‹). Es stammt aus der Frühzeit der griechischen Epigraphik und war in Griechenland weit verbreitet.

Inhalt der Inschrift sind staats- und privatrechtliche Bestimmungen. Großen Raum nimmt das Ehe- und Erbrecht ein. Ausführlich werden

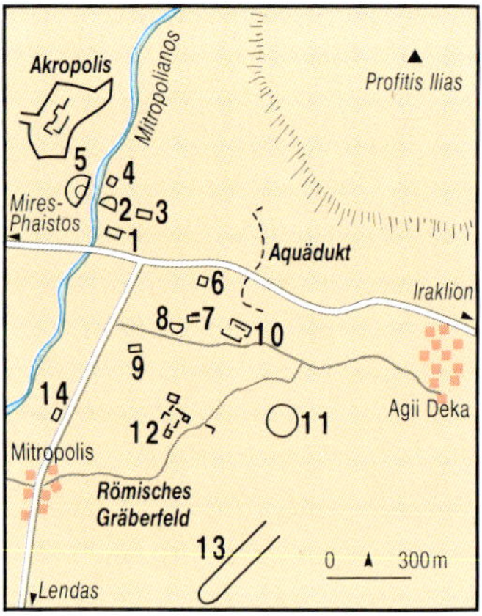

Gortys
1 Titus-Basilika
2 Odeion
3 Touristenpavillon
4 ›Immergrüne Platane‹
5 Theater
6 Isis- und Serapis-Heiligtum
7 Apollon Pythios-Tempel
8 Theater
9 Basilika
10 Römischer Statthalterpalast und Brunnenanlage
11 Amphitheater
12 Römische Thermen
13 Stadion
14 Kirche

Reste der Titus-Basilika in der antiken Stadt Gortys

zum Beispiel Heiraten zwischen Freien und Sklaven und die Rechtsfolgen eines Ehebruchs geregelt. Männliche Sklaven durften Kinder erst dann ihr eigen nennen, wenn ihre Frauen frei waren und sie sich zugleich in den Familienverband der Frau begaben. Wenn umgekehrt eine Freie aber »zum Sklaven zog«, dann waren die Kinder aus dieser Verbindung unfrei.

Die Bedeutung der Sippe wird auch in einem Zusammenhang deutlich, der immer wieder für Konfliktstoff sorgte: »Wenn einer aber im Ehebruch mit einer Freien im Hause ihres Vaters, ihres Bruders oder ihres Mannes ertappt wird (der Mann an letzter Stelle!, A. S.), so soll er 100 Statere bezahlen, wenn aber im Haus eines anderen, 50.« An erster Stelle wurde also nicht der Tatbestand des Ehebruchs bestraft, sondern die Verletzung der Ehre eines Sippenverbandes.

Gortys hat aber noch weit mehr zu bieten. Ein Streifzug zu den verstreut unter Olivenbäumen liegenden Ruinen lohnt sich unbedingt. Neben einem **Stadion (13)** finden Sie verschiedene Theater und Tempel sowie Reste einer **Thermenanlage (12).** Auf jeden Fall sollten Sie der **›Immergrünen Platane‹ (4)**, einem sagenumwobenen Ort, unweit des Odeions einen Besuch abstatten. Ein Schild weist auf die Bedeutung der Stätte hin: »Seltenes Exemplar einer Platane der immergrünen Art. Hier zeugte Zeus mit Europa den Minos … *Das Forstamt.*«

Praktische Informationen

Busverkehr: Busse in die Messara-Ebene stündlich ab Iraklion, *Chanion Porta.* Die Linie geht über Gortys, Mires, Phaistos nach Matala. Man kann also alle Stätten, genaues Timing vorausgesetzt, mit dem Linienbus aufsuchen. Nach Agia Triada fahren keine Busse.

Essen und Trinken: Touristenpavillon (3).

Öffnungszeiten: 8 – 19 Uhr, im Winter früher geschl.

Phaistos

Die italienischen Archäologen, die parallel zu Evans' Knossos-Unternehmung Phaistos ausgruben, verfielen nach heute gültigen Maßstäben der Archäologie nicht in den Fehler, die Palastanlage mit Eisenbeton und bunter Farbe wiederauf-

Kunst der Jüngeren Palastzeit

Schon auf die Besucher der Antike wirkten die Ruinen von Knossos ›labyrinthisch‹. Die Kennzeichen minoischer Palastarchitektur (1700 – 1450 v. Chr.) wie ineinander verschachtelte Räume, schmale, verwinkelte Gänge, unregelmäßig vor- und zurückspringende Fronten, allgemein: die fehlende Symmetrie waren der klassischen griechischen Architekturästhetik geradezu entgegengesetzt. Die minoischen Mauern waren völlig unregelmäßig gebaut. In den unteren Schichten lagen Kalksteinquader, darüber erhob sich ein Fachwerk aus Holz, Bruchstein und Lehmmörtel. Verkleidet waren sie mit Alabasterplatten oder einem Putz aus Lehm und Strohgehäcksel.
Außer diesen Grundzügen wiesen die minoischen Paläste folgende Gemeinsamkeiten auf:

- Einen **Zentralhof** und einen Westhof: hier fanden die politischen und religiösen Versammlungen oder auch die Stierspiele statt.
- Gegenüber dem Grundniveau leicht erhobene **Prozessionswege:** sie waren für die öffentliche Darbringung der Opfergaben gedacht.
- Eingetiefte, über Stufen zugängliche **Lustralbäder** für kultische Reinigungen und/oder als Heiligtum.
- Das **Polythyron,** eine Wand aus Türen und Fenstern zwischen Pfeilern, die man je nach Wetter und gewünschtem Innenklima ganz oder teilweise öffnen und schließen konnte.

zubauen und die Räumlichkeiten mit romantischen Bezeichnungen zu etikettieren (s. S. 93). Die Ausgräber Frederico Halbherr, Luigi Pernier und später Doro Levi haben zur Unterscheidung der Räume römische Buchstaben vorgezogen, die eine Interpretation zunächst offen lassen. Außerdem haben sie bei der Ausgrabung die zwei Palastphasen der Jüngeren und Älteren Palastzeit deutlich unterschieden.

Der Palast von Phaistos beeindruckt durch seine einzigartige landschaftliche Lage mit weitem Blick auf die Messara-Ebene. Der Zentralhof des Palastes ist auf zwei fast 2000 m hohe Bergspitzen des **Ida-Massivs** ausgerichtet, die durch ein Joch miteinander verbunden sind. Unter dem westlichen Gipfel ist ein dunkles Loch zu erkennen, die **Kamares-Höhle,** ein minoischer Kultort (s. S. 114).

- Neben den Versammlungshöfen sowie den Wohn- und Repräsentationsräumen lagen Kulträume, Magazine und Werkstätten. Die Paläste waren **Vielzweckbauten.**

Die **Wandmalereien** in den Palästen – sie sind im Original im 1. Stock des Archäologischen Museums in Iraklion zu sehen – können thematisch in drei Gruppen eingeteilt werden:

Malereien des ›kretischen Naturalismus‹, d. h. Motive aus der Flora und Fauna in dekorativer Absicht. So z. B. Darstellungen von Affen, Rebhühnern oder Blumen wie Lilien in angedeuteten Garten- und Parklandschaften. Die minoische Malerei ist reine Flächenkunst: Tiefendimension wird dadurch vermittelt, daß auf allen Seiten des Bildes Landschaftselemente eingefügt sind, die auf die Mitte des Bildes weisen.

Prozessions- und Kultbilder: Frauen und Männer beim Opfer oder bei einer Göttererscheinung. Die Prozessionsteilnehmer tragen meist Rhyta, das sind Spendgefäße mit einem Loch im Boden, das mit der Hand abgedeckt wurde.

Schließlich **Motive mit Einzelszenen und Porträts** wie der ›Prinz mit der Federkrone‹, das ›Stiersprungfresko‹ oder die ›Kleine Pariserin‹.

Die erhaltene minoische Kunst ist reine ›Palastkunst‹, d. h. sie ist von den Herrschenden in Auftrag gegeben worden und spiegelt den Alltag und das Selbstverständnis dieser Schicht wider. Auffällig ist, daß auf den minoischen Wandbildern keine Kriegs- oder Triumphszenen zu sehen sind. Darf daraus der Schluß gezogen werden, die Minoer seien besonders friedlich gewesen? Verträgt sich diese – unterstellte – Friedfertigkeit aber mit der nachweislich auf eine starke Flotte gestützten Seeherrschaft der Minoer?

Merkwürdig ist, daß der Palast keinen bildlichen Freskenschmuck aufweist, nur einige lineare Motive wurden entdeckt.

Rundgang

1 Westhof mit Freitreppe, Sitzbänke für zeremonielle Schauspiele, ähnlich dem ›Theater‹ in Knossos. Auf dem Hof Prozessionswege. Der Besucher, der vom Wärterhäuschen aus zum Westhof hinabsteigt, steht zunächst auf den Fundamenten des älteren Palastes und blickt auf den 1 m tiefer gelegenen Hof, der ebenfalls zur Älteren Palastzeit gehört. Nach der Zerstörung um 1700 v. Chr. wurde die Westwand des jüngeren Palastes, vor dessen Quader der Besucher steht, etwa 10 m nach Osten versetzt.

2 Blick unter eine moderne Betondecke in ein **Magazin** des älte-

Phaistos

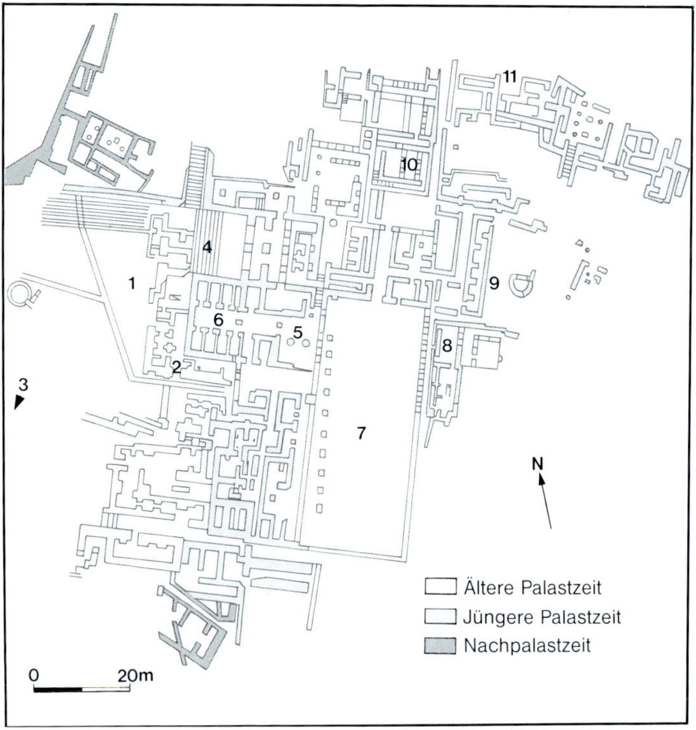

Freitreppe in Phaistos

ren Palastes: Pithoi und Auffangbecken für Flüssigkeiten.

3 Am Berghang liegt das **alte Stadtgebiet** von Phaistos. Dort, wo der Westhof abbricht, runde Silos, Depots für ›ausgemusterte‹ Opfergaben wie in Knossos und Malia.

4 Eine breite Treppe führt zum monumentalen **Eingangstor** mit Mittelsäule. Wir betreten jetzt das Areal der Jüngeren Palastzeit.

5 Raum mit anschließendem **Lustralbad.** Durchgang zu dahinterliegenden Magazinen. Entspricht nach Lage und Gestalt dem Thronraum in Knossos.

6 **Magazine** mit rätselhaften Zeichen an den vorstehenden Zwischenwänden. Im hinteren Raum rechts wiederaufgestellte Pithoi und im Boden ein Sammelbecken für Flüssigkeiten, vielleicht Öl oder Wein, die beim Abfüllen danebenlaufen konnten.

7 **Zentralhof** An der Westseite sind Vertiefungen zu erkennen, die das Niveau des älteren Palastes anzeigen. Im südlichen Teil wird der Hof von rätselhaften ›Karrenspuren‹ durchfurcht, die am Osthang abbrechen.

8 Vermutlich **Wohntrakt** mit Lustralbad.

9 Polythyron und Lichthof. Nordöstlich davon **Osthof** mit einem Bronze- oder Töpferofen (umzäunt). Auch hier also (wie in Knossos) in unmittelbarer Nähe der Wohntrakte Produktionsstätten mit Lärm und Ruß.

10 Repräsentativer Wohntrakt, die sogenannten **Königlichen Gemä-**

Flötenverkäufer bei Phaistos

cher, Verkleidung aus Alabasterplatten, des weiteren Bänke, Polythyron, Lichthof und ein Bad.

11 Kammern, ›**Archiv**‹ aus der Älteren Palastzeit, in dem die Linear A-Täfelchen und der **Diskos von Phaistos** gefunden wurden (s. Archäologisches Museum Iraklion, S. 86).

Praktische Informationen

Busverkehr: Jede Stunde ab Iraklion. Die Busse fahren über Phaistos entweder nach Matala oder über Timbaki nach Agia Galini.

Essen und Trinken: Auf einer Anhöhe des Ausgrabungsgeländes liegt ein Touristenpavillon, der einen sehr schönen Ausblick auf die Grabungen und das Ida-Gebirge gewährt. Speisen und Getränke in Selbstbedienung.

Öffnungszeiten: täglich 8–18 Uhr, im Winter früher geschl.

Agia Triada

Agia Triada heißt Heilige Trinität, die Stätte ist nach einer Kirche in der Nähe benannt worden. Den minoischen Namen kennen wir nicht.

Es ist nicht einfach, die Funktion dieser minoischen Siedlung in unmittelbarer Nachbarschaft von Phaistos zu bestimmen. Innerhalb der Forschung kursieren unterschiedliche Zuschreibungen: ›Königliche Villa‹, ›Landsitz‹, ›Palast‹, ›Herrenhaus‹, oder gar ›Heiligtum‹? Wie dem auch sei, die Funde von Agia Triada sind jedenfalls besonders prächtig und reichhaltig: ›Boxerrhyton‹, ›Schnittervase‹, ›Prinzenbecher‹ sowie der Sarkophag von Agia Triada wurden hier entdeckt.

Verglichen mit den anderen Palastanlagen weist Agia Triada folgende Besonderheiten auf: erstens fehlt der Zentralhof, zweitens ist der Ort erst in der Jüngeren Palastzeit bebaut worden und drittens haben die Mykener nach dem Untergang der minoischen Kultur auf den Ruinen des Palastes ganz neu gebaut: ein rechteckiges Megaron, dessen Fundamente noch ganz deutlich auf den tiefer liegenden minoischen Mauern zu sehen sind. Daneben errichteten die Mykener einen Platz mit Läden und Wohnhäusern, die sogenannte ›Agora‹.

Rundgang

1 Vom Wärterhaus hinabsteigend kommt man zum **Südhof,** den die italienischen Archäologen *Piazzale dei sacelli* (›Platz der Opfergaben‹) nannten. Um diesen Platz erstreckt sich U-förmig die ›Villa‹: östlich Wohn- und Kulträume, nördlich das mykenische Megaron, westlich, hinter der Kapelle des Agios Georgios, repräsentative und einfache Wohnräume der ›Villa‹.

2 Die Treppe hinab zur **›Rampa dal mare‹:** einer Pflasterstraße, die einst zum Meer führte.

3 Unter der mykenischen Überbauung Polythyronreste und Wandverputz, dies läßt auf ehemals minoische **Wohnräume** schließen.

4 Unter dem **Megaron** ebenfalls Magazinräume mit Pithoi. Hier wurden auch die 19 bronzenen Kupfertalente gefunden, die im Archäologischen Museum Iraklion, Saal VII, ausgestellt sind (s. S. 88).

5 Weiter nach Westen folgt ein **Wohntrakt,** der Repräsentationszwecken diente. Die Wände eines Raumes waren völlig mit Alabasterplatten ausgekleidet. Wer aber saß auf den umlaufenden Bänken? In einem Nebenraum ein niedriges Podest in der Größe eines Bettes.

Agia Triada

6 Die kleineren Räumlichkeiten südlich werden als ›**Dienerwohnungen**‹ interpretiert. Im Korridor wurde der ›Prinzenbecher‹ gefunden (Archäologisches Museum Iraklion, Saal VII, s. S. 88).
7 ›**Agora**‹, die nordwestlich von einer **Stadtsiedlung** begrenzt wird.
8 **Tholosgrab** Vom Wärterhäuschen am Zaun entlang zu erreichen. Fundort des bemalten Kalksteinsarkophag (s. Archäologisches Museum Iraklion, S. 89f.).

Praktische Informationen

Kein direkter Busverkehr: Fußweg von Phaistos aus etwa 1 Std. auf Asphaltstraße. **Tip:** Nicht dieselbe Strecke zurückgehen, sondern am Tholosgrab (8) vorbei auf einem Feldweg in die Ebene hinab zur Überlandstraße Timbaki – Iraklion und Bus anhalten (Buslinie Agia Galini – Mires – Iraklion, im Sommer etwa stündlich).

Essen und Trinken: Keine Gaststätte in Agia Triada, auf dem Parkplatz steht aber meist jemand, der neben Hirtenflöten auch Obst verkauft.

Öffnungszeiten: Mo–Sa 9–15, So 10–14.30 Uhr.

Matala

Einst ging hier Zeus mit Europa an Land, heute ist Matala ein vielbesuchter Badeort mit Sand/Kiesel-Strand zwischen mächtig aufragenden Sandsteinklippen. Nach der Besichtigung der Sehenswürdigkei-

Am Strand von Matala

Warum sich Kreter kleinmachen

Kreter heißen Theodorakis, Chatzidakis, Sartzetakis usw. Was ist all diesen Namen gemein? Die Endung auf *-akis;* sie verkleinert den Namen: Theodor*akis* heißt ›kleiner Theodor‹. So weit so gut.

Zur Erklärung dieser Endung werden in der Reiseführerliteratur aber oft unbewiesene und unwahrscheinliche Begründungen angeführt. So ist u. a. zu lesen, daß unter venezianischer und türkischer Herrschaft die Bewohner der Weißen Berge die einzigen waren, die ihre Freiheit behielten. Diese hätten dann ›die da unten‹ in den Ebenen, die mit den Besatzern oft kollaborierten, verächtlich als ›die Kleinen‹ bezeichnet. Später sei die zunächst negativ besetzte Endung auf *-akis* dann allgemein akzeptiert und als Zeichen kretischer Zusammengehörigkeit positiv gewertet worden.

Gegen diese Begründung ist einzuwenden, daß *-akis* in den Weißen Bergen genauso verbreitet ist wie im übrigen Kreta. In der Sprachwissenschaft nennt man eine derartige Endung patronymes Suffix, d. h. eine vom Namen des Vaters abgeleitete Endung. Bei der Benennung der Jungen war also offenbar die Herkunft, das Vaterhaus, immer mitgedacht. Auf Kreta ist dieses Sprachphänomen relativ jung, denn es läßt sich nur bis ins 18. Jh. zurückverfolgen.

Vergleichbare Namensgebungen tauchen auch in anderen Landschaften Griechenlands auf. Auf der Peloponnes enden viele Namen auf *-opoulos,* Stephan*opoulos* heißt z. B. ›Sohn des Stephanos‹. Auf Lesbos ist die Endung *-ellis* verbreitet, auf der Mani-Halbinsel *-akos* und auf den westlichen Inseln *-atos.* Alle diese Landschaften sind recht abgelegen und führten lange Zeit ein Eigenleben. Die Endung *-akis* ist also lediglich eine Besonderheit der kretischen Sprachentwicklung, gewissermaßen ein Dialekt.

Vielen Kretern sind die ursprünglichen Namen ohne Verkleinerung immer noch geläufig. Mein Freund Giorgos Tzobanakis nennt sich auch Tzobanas, und ein bekannter kretischer Philologe hat seine Dissertation als *Kapsomenakis,* seine späteren Veröffentlichungen aber als *Kapsomenos* verfaßt.

ten in der Messara-Ebene ist ein Bad in der Brandung von Matala ein erfrischendes Erlebnis.

An der Westseite des Strandes ist der Felsen wie ein Schweizer Käse gelöchert: neolithische (?) Wohnhöhlen, die in frühchristlicher Zeit als Gräber genutzt wurden. In den 60er und frühen 70er Jahren richteten sich hier Hippies aus ganz

Westeuropa ein. Ohne sanitäre Einrichtungen war dann allerdings nach kurzer Zeit viel vom Zauber Matalas verflogen. Seitdem die Höhlen von den kretischen Behörden zur archäologischen Zone erklärt wurden, sind die Hippies aus Matala verschwunden. Ihre Nachfahren pilgern nach Preveli und Elafonissi.

Praktische Informationen

Busverkehr: Stündlich ab Iraklion

Unterkunft: Mittelklasse-Hotels und Pensionen reichlich vorhanden. Einfach und preiswert ist die *Villa Dimitri,* 300 m vom Strand entfernt gelegen, ✆ 08 92-4 27 40.

Strände: Alternative zu Matala: Agia Galini, Lendas und die Strände bei Kommos. **Tip:** Mutige klettern die Terrassen der Höhlenfelswand hinauf. Oben erwartet sie eine imposante Felslandschaft, die rückseitig sanft zum Meer abfällt.

Wer einen dörflicheren Ort sucht, ist mit **Pitsidia,** 5 km vor Matala im Landesinneren, gut bedient. Rucksacktouristen, die in Privatzimmern unterkommen, bevölkern im Hochsommer zahlreiche Cafés und Tavernen; zum Baden geht es zu Fuß durch Olivenplantagen (3 km) zum schönen Sandstrand von Kommos, dort wo sich einst der minoische Hafen von Phaistos befand (Ausgrabungen).

Agia Galini

Was Paleochora im Südwesten auszeichnet, trifft auch auf Agia Galini in Mittelkreta zu: Es ist ein lebhafter und überschaubarer Touristenort, der vor allem junge Leute anzieht, die Beach- und Nightlife mögen.

Für kulturhistorisch Interessierte ist Agia Galini ein guter Standort für Ausflüge zu den archäologischen Stätten der Messara-Ebene oder für Wanderungen ins Ida-Gebirge.

Vor 20 Jahren war Agia Galini noch ein reiner Fischerort. Zuerst als Geheimtip gehandelt, strömten dann die Individual- und Rucksacktouristen in Mengen herbei. Nach und nach wuchsen Hotels

Agia Galini

und Pensionen den Hügel hinauf. Seine ursprüngliche Atmosphäre hat Agia Galini aber dank strenger baupolizeilicher Vorschriften bewahren können: ein kleiner Hafen, in dem bunte Fischerboote vertäut liegen, ein Hafenplatz mit Cafétischen unter bunten Markisen, darüber sich staffelnd die weißen Fassaden der Häuser.

Praktische Informationen

Busverkehr: Ab Iraklion im Sommer ca. achtmal, ab Rethimnon sechsmal täglich. Agia Galini ist Schnittstelle der beiden Busgesellschaften für West- und Mittel-/Ostkreta. Einmal täglich auch nach Chora Sfakion.

Unterkunft: Sehr große Auswahl, vorwiegend mittlere und untere Preisklasse. Bei Schwierigkeiten mit der Zimmersuche in der Hauptsaison wende man sich an die Reisebüros am Ort.

Essen und Trinken/Ausgehen: Überangebot an Tavernen am Hafen und in den Gassen. Leider gibt es inmitten des Urlaubertrubels nur noch ein traditionelles Kafenion, das *Synantisis* in der mittleren Gasse vom Hafen hinauf, in das sich die alten Männer Agia Galinis retten.

Strände: Reizvolle Wanderung zum Strand *Agios Georgios,* 6 km ohne Beschilderung nach Westen. Oberhalb des Strandes eine Taverne. Zu den Stränden von Preveli und Agios Pavlos verkehren Ausflugsboote.

Ostkreta

Strandtourismus an der Nordküste zwischen Iraklion und Agios Nikolaos

Ausflüge von Agios Nikolaos

Die Bergkulisse des malerischen Mirabellogolfs

Weißbespannte Windmühlen in der Lassithi-Ebene

Der wilde Osten Kretas: Von der alten Festungsstadt Sitia zum Palmenstrand von Vai

Der minoische Palast von Kato Zakros

Die Kirche der Panagia Kera bei Kritsa

Karge, aber schöne Landschaft im äußersten Osten Kretas • Der Palmenstrand von Vai • Minoisches Stadtleben in Kato Zakros und Gournia • Die Webarbeiten von Kritsa

An der Nordküste entlang nach Agios Nikolaos

Auf der Küstenstraße Iraklion-Malia fährt man durch eine der unattraktivsten Gegenden Kretas. Der gesamte Küstenstrich ist stark zersiedelt. Hier begann in den 60er Jahren der Pauschaltourismus zu boomen, und dessen Bausünden sind heute leider nicht einfach zu beheben. Ohne Entwicklungsplanung sind Großhotels, Apartmenthäuser, Diskos und Buden an die Straßen und zwischen die Agrarbetriebe gesetzt worden. Und immer wird noch mehr gebaut ...

Malia

Der drittgrößte der minoischen Paläste liegt ebenso wie der von Zakros nahe dem Meer in der Küstenebene. Daher auch sein Name: Malia kommt von griech. *omalós* (›eben‹). Ein nachminoischer Name also, den Orignalnamen kennen wir leider nicht.

Glücklicherweise dürfen kilometerweit rund um den Palast keine Hotels gebaut werden. So hat sich hier zwischen Küste und Palast ein Stück Natur erhalten, in dem Sie schöne Wanderungen unternehmen können, z. B. gen Osten bis nach **Sissi.**

Ein kurzer Spaziergang vom Palast in Richtung Küste führt zur minoischen Nekropole **Chryssolakkos** (›Goldgrube‹) aus der Älteren Palastzeit. In einer der Grabkammern sind hier die berühmten goldenen ›Bienen von Malia‹ gefunden worden, die als Schmuckstück einst den Hals einer minoischen Dame zierten und dieser dann später ins Grab nachfolgten.

1921 erwarb die Französische Schule für Archäologie das Recht, in Malia zu forschen. Mit Unterbrechung durch den Zweiten Weltkrieg haben die Franzosen bis heute jährlich in Malia gegraben. So konnte neben dem Palast eine große Wohnstadt freigelegt werden, die in naher Zukunft auch für Besucher freigegeben werden soll. Futuristisch anmutende, schirmartige Schutzdächer für die gegen Regen und Touristenfüße empfindlichen minoischen Hausruinen sind schon errichtet. Mit EG- und griechischen Staatsgeldern soll Malia touristisch gefördert werden.

Wie in Phaistos wurden in Malia keine figürlichen Wandbilder gefunden. Und wie bei fast allen minoischen Stätten zeigt die Grabung im wesentlichen den Zustand des

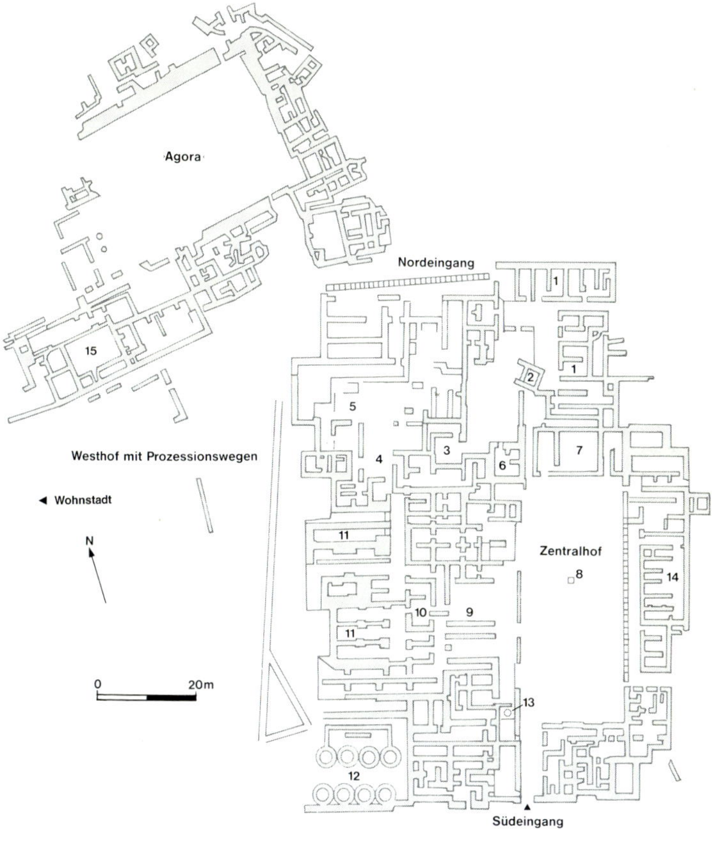

Malia

1 Wirtschaftsräume und Magazine
2 Schräg versetztes Gebäude aus mykenischer Zeit
3 Prophylon und Polythyron
4 Wohntrakt
5 Garten
6 ›Wachturm‹ am Korridor zum Zentralhof
7 Pfeilerhalle unbekannter Funktion
8 Brandopferaltar
9 ›Pfeilerkrypta‹, nördlich davon der Thronraum
10 ›Kultraum‹ mit Bank
11 Westmagazine
12 Acht Getreidesilos
13 Kalkstein (›Kernos‹)
14 Ostmagazine
15 Eingetiefter Versammlungsraum mit Bänken (›Crypte hypostyle‹)

BLUTRACHE

Tödliche Ehre

Zwei prominente Kreter schlossen 1985 nach über 40 Jahren Blutfehde Frieden

Politisch stehen sie sich nahe, der einstige Wunschkandidat der Linken für den Präsidentenstuhl und Areopag-Richter Christos Sartzetakis und der Abgeordnete der sozialistischen Partei PASOK Evangelos Pentaris, doch ihre weitverzweigten Sippen sind sich spinnefeind: eine ›Vendetta‹ oder wie die Kreter sagen eine ›Familiengeschichte‹, die bisher 50 Menschenleben kostete – zählt man die Toten des Bürgerkriegs hinzu, kommt man sogar auf 150 Opfer. Damals, 1946 bis 1949, unterstützten die Pentaris die Kommunisten, die Sartzetakis dagegen hielten es mit den Rechten.

Erst 20 Jahre nach dem letzten Mord – ein Pentaris tötete noch 1965 auf offener Straße einen Sartzetakis – konnten sich die beiden hochrangigen Politiker zu einer Versöhnungsgeste durchringen. Mit einem feierlichen Händedruck besiegelten der Staatspräsident und der Abgeordnete 1985 das Ende der 1942 begonnenen Fehde. Damals suchte ein entfernter Verwandter des Präsidenten, der 20jährige Evthymios Sartzetakis den 44jährigen Volksschullehrer Nikolaos Pentaris auf und bat ihn, in einem Streit zu vermitteln. Der Lehrer lehnte ab. Darauf entfernte sich Evthymios zornig, schlich sich aber später zur Schule zurück und tötete den Pädagogen mit einem Schuß in die Schläfe. So war die Mordserie entfesselt. Nicht einmal vor Minderjährigen machte die Blutrache halt: 1949 tötete ein Sartzetakis den 14jährigen Bruder des heutigen Abgeordneten Pentaris. Ein Jahr später erschoß ein Pentaris Evthymios Sartzetakis in einem Kafenion in Chania.

Auf Inseln wie Kreta, Korsika, Sardinien oder Sizilien hat die Blutrache eine jahrhundertelange Tradition. In geschlossenen, unzugänglichen, von Außeneinflüssen abgeschotteten Gesellschaften war der Arm der Staatsmacht stets weit entfernt. Die Bestrafung von Verbre-

Palastes zur Jüngeren Palastzeit (1700–1450). Im Grundriß stimmt die Anlage mit den Palästen in Knossos, Phaistos und Zakros weitgehend überein. Um den Zentralhof gruppieren sich die Magazine, die Wirtschaftsräume, die Repräsentations- und Wohntrakte. Auf dem

chern, die Verteidigung der Familie und ihrer Ehre oblag den Familien selbst. Bluträcher wie ihre Opfer waren in der Regel Männer.

Das Gefühl für die Familienehre ist übermächtig und bis heute nicht erloschen, ebensowenig wie der Glaube, daß Ehre nur mit Blut ›reingewaschen‹ werden kann. Motive für Blutrache sind in der Hauptsache Entführung und Verführung junger Mädchen, nicht eingelöste Eheversprechen, persönliche Kränkungen, seltener hingegen Viehdiebstahl und politische Differenzen. Die Strafe des Gesetzes erscheint den Insulanern dabei weniger wichtig als gesellschaftliche Sanktionen. Ein Bluträcher gilt bei den Seinen oder ihren Sympathisanten als »Adler«, so das höchste Lob, das die Männerwelt der kretischen Berge zu vergeben hat. Gerichte billigen ihnen mildernde Umstände zu, die verhängten Strafen werden meist nicht abgesessen.

Die moderne gesellschaftliche Entwicklung wirkt sich allerdings zunehmend korrigierend auf die bestehenden Verhaltensmuster aus. Touristen und zurückkehrende Gastarbeiter, Fernsehen und Radio tragen die Zivilisation der Industrieländer mit ihren unverbindlicheren Werten und Sitten in die geschlossenen Gesellschaften der Bergregionen Kretas.

Doch immer noch kann verletzte Ehre zu Mord führen. Im April 1991 war in einer griechischen Zeitung zu lesen, daß ein Vater aus dem kretischen Bergdorf Anogia den Freund seiner Tochter erschossen hatte. Ort des Geschehens war der Touristenort Malia. Das Mädchen aus Anogia lernte hier ihren Freund kennen, der aus Agrinio vom Festland gekommen war, um saisonweise in einem Hotel zu arbeiten. Als die Affäre ruchbar wurde, verlangte der Vater des Mädchens die Heirat. Da sich ihr Freund nicht mit der nötigen Klarheit dazu äußerte, reiste der beunruhigte Vater extra nach Agrinio, um vom Vater des Liebhabers ein Eheversprechen einzufordern. Doch dieser wollte mit den Affären seines Sohnes nichts zu tun haben. Doppelt gekränkt kehrte der Kreter nach Malia zurück und erschoß den jungen Mann.

Ein anderes Beispiel von tödlich verletzter Ehre weiß man von der Universität Rethimnon zu erzählen. 1990 erschoß ein Student dort zwei seiner Prüfer, weil er sich von ihnen ungerecht behandelt fühlte.

Westhof sieht man noch die etwas erhöhten Prozessionswege.

Eine Besonderheit von Malia stellt ein runder Stein mit 35 napfartigen Eintiefungen dar. Er befindet sich *in situ* (›am ursprünglichen Ort‹) im Durchgang zwischen Zentralhof und Getreidesilos **(13).** Ein zweiter, ganz ähnlicher Stein wurde in der Nekropole Chryssolakkos gefunden und ist auch dort noch *in situ* (in einem heute vergitterten Raum) zu sehen. Vermutlich waren diese Steine Opfersteine (›Kernoi‹); die Minoer legten in jede Eintiefung Erstlingsprodukte ihrer Agrarwirtschaft: verschiedene Samen, Wein, Öl, Brot oder auch Wolle. Eine Einrichtung für Opferhandlungen war wohl auch die Grube mit den vier Ziegelsteinpfeilern ungefähr in der Mitte des Zentralhofs. Auf den Pfeilern dürfte einst ein Rost gelegen haben, auf dem man Fleischstücke von Tieren verbrannte.

Eine weitere Besonderheit von Malia ist die Platzanlage unmittelbar nördlich des Palastes, die im Grundriß weitläufigen Marktplätzen hellenistischer und römischer Zeit ähnelt. Daher haben die Franzosen den Platz auch ›Agora‹ getauft. Wahrscheinlich fanden hier politische Versammlungen oder auch sportlich-kultische Wettkämpfe wie das Stiersprungspiel statt. Vergleiche die Darstellung auf dem gleichnamigen Fresko im Archäologischen Museum Iraklion (s. S. 89).

Praktische Informationen

Busverkehr: Buslinie Iraklion – Agios Nikolaos hält an der Abzweigung zum Palast. Dann noch ca. 1 km zu Fuß.

Unterkunft: Luxushotels, auf deren gepflegten Gartengrundstükken man von der Landschaftszerstörung ringsum nicht viel merkt. Z. B. das *Creta Maris* bei Chersonissos (✆ 08 97-2 21 15), das architektonisch einem kretischen Dorf nachempfunden wurde, und das *Lyttos Beach,* in dem der Robinson Club der TUI zu Hause ist.

Öffnungszeiten: 9 – 15 Uhr, keine Restauration, evtl. Imbißstand. Im Sommer führt Giorgos Pothos durch Malia, s. *Eine kretische Karriere,* S. 32f.

Strand: Schöner Sandstrand an der Ortschaft Malia und auch direkt vor dem Palast, wo sich ehemals der minoische Hafen befand. Vorsicht vor Strömungen!

Agios Nikolaos

In Reiseprospekten wird Agios Nikolaos immer noch gern als ehemaliger Fischerort angepriesen. Das trifft sachlich zwar zu, doch mit einem ursprünglichen Fischerort hat Agios Nikolaos *heute* nichts mehr zu tun. Neben **Malia** und **Cherssonissos** hat sich Agios Nikolaos zu *dem* touristischen Zentrum Kretas entwickelt. Lassen Sie sich aber dadurch nicht von einem Besuch abschrecken. Denn Agios Nikolaos liegt atemberaubend schön an der Mirabello-Bucht. Wen der Massentourismus nicht stört, findet hier einen Ferienort mit guten Bade- und Wassersportmöglichkeiten. Dank einer Kläranlage ist das Wasser sauber, und Badestellen gibt's vom Sandstrand bis zur felsigen Klippe. Das abendliche und nächtliche Leben ist ausgesprochen lebhaft und spielt sich rund um den **Voulismeni-See**

Agios Nikolaos: 1 Agia Triada 2 Provinzverwaltung 3 Hafenverwaltung 4 Archäologisches Museum 5 Krankenhaus 6 Strände 7 Bademöglichkeit (Klippen)

ab. Zudem eignet sich die Stadt auch gut als Standort für Exkursionen in Ostkreta.

In der Antike lag an der Stelle der heutigen Stadt die Hafenstadt *Kamara*, die zur Polis Lato gehörte. Auf alten Stichen kann man nachvollziehen, wie Agios Nikolaos zur Zeit der venezianischen Herrschaft aussah. Kern der Stadt war die Halbinsel, auf deren Spitze sich einst das **Kastell Mirabello** (ital. ›gute Sicht‹) erhob. Es wurde kurz nach 1204 von Genuesen errichtet, die den Venezianern die gerade erst errungene Herrschaft über Kreta streitig machten. (Zum historischen Zusammenhang s. S. 44.)

Nach dem Sieg der Venezianer wurde die Festung erweitert und in den Türkenkriegen schließlich geschleift. Auf einem solchen Stich aus dem 17. Jh. ist z. B. der ›Lago‹, der Süßwassersee von Agios Nikolaos zu sehen sowie die Kirche S. Niccolo, die der Stadt ihren Namen gab. Der See wurde 1867–1871 durch einen Kanal mit dem Meer verbunden und dient seitdem als weiteres Hafenbecken für Fischerboote, sofern sie unter der Hafenbrücke hindurchpassen.

Agios-Nikolaos-Kirche Die kleine Kirche vom Typus der Kuppelhalle befindet sich auf einer Halbinsel, wenig unterhalb des mondänen Hotels *Minos Palace,* das nicht nur so heißt, sondern absichtlich nach Art eines minoischen Palastes erbaut worden ist. Gegen Pfand wird der Kirchenschlüssel an der Rezeption des Hotels ausgehändigt.

Unter einer Malschicht des 14. Jh. mit figuralen Motiven verbirgt sich eine weitere Malschicht mit nichtfiguraler, ›an-ikonischer‹ Motivik. Diese ›an-ikonische‹ Malschicht dürfte auf das 10. Jh. zurückgehen. Bis 961 war Kreta noch von den Arabern besetzt. Die Malerei hielt sich weiterhin an die Vorgaben des staatlichen Bilderverbots von 726–780 und 815–843, das die figurale Darstellung von Heiligen untersagte. (Zum historischen Zusammenhang s. S. 43).

Archäologisches Museum (Öffnungszeiten: 8.45–15 Uhr, So 9.30–14.30 Uhr, Mo geschl.) Es liegt an der Odos Paläologou 68, der Aus-

Blick auf Agios Nikolaos

fallstraße nach Iraklion. Sein Bestand ist reichhaltiger als der der Museen von Sitia oder Ierapetra. In sieben Sälen werden Funde aus Ostkreta von der frühminoischen Zeit bis zur römischen Antike gezeigt. Besonders sehenswert ist ein Totenschädel in Saal 5, der mit einer Münze im Mund aufgefunden wurde. Ein Obolus für den Fährmann der Toten, Charon.

Praktische Informationen

Schiffsverbindung: Zweimal wöchentlich nach Karpathos und Rhodos über Sitia, bzw. in die andere Richtung über Santorin nach Piräus. Täglich werden außerdem Halbtagesausflüge zur Festung und ehemaligen Leprakolonie Spinalonga mit Bademöglichkeit angeboten. Preisgünstiger kann man jedoch von Elounda oder Plaka aus nach Spinalonga fahren.

Busverkehr: Busse mindestens jede Stunde nach Iraklion, Sitia, Ierapetra und Kritsa. Halbstündig nach Elounda, zweimal täglich auf die Lassithi-Ebene (Tagesausflug möglich).

Unterkunft: Die meisten Gäste buchen Pauschalreisen mit eingeschlossener Hotelübernachtung. Reiches Angebot an Hotels aller Kategorien. Individualurlauber finden in der Nähe des Busbahnhofs Privatzimmer und kleinere Hotels. Die EOT-Zentrale am Voulismeni-See vermittelt Zimmer: In der Hauptsaison ist dies unter Umständen der schnellste Weg, an eine Unterkunft nach Wunsch zu kommen. Preiswerte Pensionen sind rund um den Busbahnhof zu finden.

Essen und Trinken: Das Essen ist ganz auf Touristen eingestellt, wenig ursprüngliche kretische Küche. *Mediterraneo* und *Haris* am Hafenbekken sind zu empfehlen: gut und preiswert, aber meistens überfüllt. Weitere gute Tavernen am Stadtrand Richtung Elounda, 20 Min. Fußweg an der Strandpromenade entlang.

Strände: Bei Agios Nikolaos liegen drei kleine Strände (6), die jedoch im Sommer überfüllt sind. Schönere Badebuchten in Richtung Sitia (z. B. Strand am Hotel Istron oder bei Kalo Chorio) oder bei Plaka. In diesen Badebuchten findet man auch Getränkebuden, Tavernen sowie einen Boots- und Surfbrettverleih.

Ausflüge von Agios Nikolaos

Spinalonga und Elounda Vor Elounda liegt die langgestreckte Insel Spinalonga, die lediglich über einen begehbaren Damm mit dem Festland verbunden ist. *Spina lon-*

Wäschetrocknen bei Agios Nikolaos ▷

ga ist italienisch und heißt ›langer Dorn‹, der Inselname ist zugleich eine sprachliche Angleichung an das griechische *stin Elounda* (›bei Elounda‹).

Frühchristliches Mosaik von Olous Nach Überquerung des Dammes ist rechts hinter den Windmühlen eine Taverne zu sehen, dahinter stehen die Grundmauern einer frühchristlichen Basilika. In ihrem Hauptschiff beherbergt sie ein Fußbodenmosaik, das Delphine und andere Fische umrahmt von Blumen und Girlanden zeigt. Ein paar Schritte an der Taverne vorbei sieht man links im Wasser die Grundmauern von Olous, der antiken Vorläufersiedlung von Elounda und den Hafen von Dreros.

Infolge von Erdbewegungen (s. S. 16) sind östliche Teile Kretas allmählich im Meer versunken, während sich der Westteil der Insel bei Phalassarna erhoben hat. Ursprünglich war Spinalonga also eine Halbinsel und bildete mit der Festlandsküste einen hervorragenden und geräumigen Schutzhafen, der nur von Norden her zugänglich war.

Festung Spinalonga Auf einem kleinen, nördlich vorgelagerten Felseneiland erbauten die Venezianer die gewaltige Festung Spinalonga. Besonders gut hat sich die halbmondförmige Bastion der Oberburg erhalten, die einst den Eingang zum Schutzhafen überwachte. Die Bastion war so gut ausgebaut und befestigt, daß Spinalonga nie erobert wurde. Nachdem Kreta bereits 1669 an die Türken gefallen war, vermochte eine Wachmannschaft unter türkischer Duldung hier solange auszuharren, bis Venedig die Insel 1715 endgültig aufgab. In einem ›mare turcicum‹ war sie strategisch wertlos geworden.

In der Folgezeit siedelten sich Türken auf der Festungsinsel an. 1903 mußten jedoch auch sie Spinalonga verlassen, denn die griechische Regierung hatte beschlossen, hier ein Ghetto für Leprakranke einzurichten. Bis 1957 lebten die Kranken in einer Dorfgemeinschaft mit kompletter Infrastruktur: es gab eine Schule, eine Wäscherei, einen Lebensmittelladen, ja sogar eine Taverne. Die ›Aussätzigen‹ veranstalteten Tanzabende und Filmvorführungen und konnten von ihren Angehörigen besucht werden. An der Westseite von Spinalonga war die Anlegestelle des Fährbootes, das von Plaka herüberkam. Und hier war für Besucher auch ein Desinfektionsraum eingerichtet worden. Begraben wurden die Leprakranken in Betonsarkophagen auf der Ostseite der Insel nahe am heutigen Schiffsanleger. Vor einigen Jahren konnte man noch Knochen in den Betonkästen sehen. Inzwischen wurden sie von Souvenirjägern ›geplündert‹.

Praktische Informationen

Schiffe nach Spinalonga: Überfahrt von Elounda oder Plaka aus. Teurer ist ein organisierter Ausflug ab

Leprainsel Spinalonga

Agios Nikolaos. Hafenreisebüros geben Auskunft über Abfahrtszeiten und Fahrtzeit.

Busverkehr: Jede halbe Stunde Busverbindung Agios Nikolaos – Elounda.

Auf die Lassithi-Hochebene

Krasi – Rasten unter der größten Platane Kretas. Hinter **Gonies** zweigt nach 6 km Serpentinenfahrt links eine Straße nach Krasi ab. Nach 1 km kommen Sie in ein malerisches Dorf, auf dessen Platia unterhalb eines venezianischen Quellhauses die größte Platane Kretas steht. Ein Café unter den weitverzweigten Ästen des Baumriesen serviert außer den üblichen Getränken auch ausgezeichneten Raki.

Kloster Panagia Kera (Kardiotissa) In der Klosterkirche sehen Sie spätbyzantinische Wandmalereien aus dem 14. Jh., darunter den üblichen 12-Feste-Zyklus. Im Altarraum Szenen aus der Vita von Anna und Joachim (geöffnet bis Einbruch der Dunkelheit, Ruhezeit von 12–15 Uhr; vgl. die gleichnamige Kirche bei Kritsa, S. 150).

Im Mittelpunkt der Verehrung steht eine Marienikone, die mit einer dicken Kette ›geschmückt‹ ist. Damit hat es folgende Bewandtnis: der Legende nach wurde die Ikone dreimal nach Konstantinopel ent-

führt, ist aber jedes Mal wieder zurückgekehrt. Zuletzt hatte man sie in Konstantinopel an eine Säule gekettet. Doch auch von dort kehrte sie dann samt Säule und Kette heim ...

Im Kloster befand sich auch eine jener legendären ›Geheimschulen‹, in denen zu osmanischer Zeit die griechische Jugend illegal von Priestern unterrichtet und in nationalem Geiste und orthodoxer Religion erzogen wurde (vgl. die Geheimschule im Kloster Preveli, S. 180).

Berg Karfi Die bucklige Form des Karfi (griech. für ›Nagel‹) erkennen Sie links über der Zufahrtsstraße zur Lassithi-Ebene. Wegbeschreibung: 1 km hinter **Ano Kera** steht links oberhalb der Straße eine alleinstehende Villa mit einem Arkadenvorbau. Nachdem die Villa passiert ist, führt an einer Hausruine neben der Straße ein Pfad links den Hang hinauf. Man erreicht den Gartenzaun der Villa und umgeht – immer am Zaun entlang – das Villengrundstück an seiner Rückseite. Nach einer Viertelstunde ist die Kapelle **Ag. Georgios** erreicht. Dann muß man sich an die rote Wegmarkierung rechts hoch bis zu den Windmühlenstümpfen halten. Hinter diesen dann nach links abbiegen, direkt auf den Karfi zu. Im weiteren Verlauf geht es nur noch auf Ziegenpfaden weiter, die sich gar ab und zu im Gestrüpp verlieren, um schließlich wieder aufzutauchen.

Sind Sie mit dem Linienbus angereist, müssen Sie auf dem Rückweg nicht bis zur Villa zurück. Sie kehren bis zu den Windmühlenstümpfen zurück und laufen dann den Weg Richtung Lassithi-Ebene. **Tzermiadon** ist nach einer guten Stunde erreicht. Hier finden Sie eine schöne Platia und viele Angebote an Web- und Stickarbeiten.

Minoische Siedlung Karfi Die Grundrisse der einzelnen Häuser

sind noch gut auszumachen – die Ausgräber zählten insgesamt 150 Räume. Karfi war Rückzugsgebiet der letzten Minoer. Nach grober Schätzung hatten sich zwischen 1200 und 1100 v. Chr. etwa 3500 Menschen hier oben vor den Dorern versteckt. Besonders im Winter, bei Schnee und eisigen Winden, muß das Leben in dieser unwirtlichen Zuflucht hart gewesen sein.

Lassithi-Ebene Die fruchtbare Schwemmlandebene wird im Sommer durch mechanische Pumpen bewässert, die von segeltuchbespannten Windrädern angetrieben werden. Leider weichen die Windräder mehr und mehr der Motorpumpe: Was uns als ökologischer Rückschritt anmutet, ist für die Bauern hier oben lang ersehnter technischer Fortschritt. Die schönste Aussicht auf die Windräder der Lassithi-Ebene haben Sie übrigens vom Paß Seli Ambelou (s. Karte). Von hier genießen Sie einen weiten Rundblick über die fruchtbare Ebene bis hin zum Meer.

Blick auf die fruchtbare Lassithi-Hochebene, im Hintergrund das Dikti-Massiv

Der Mechanismus der Windräder ist recht einfach. Eine Pleuelstange überträgt die Kraft des Windrades auf einen Kolben, der sich in einem Rohr auf und nieder bewegt, das bis ins Grundwasser hinabreicht. Stoßweise drückt der Kolben das Grundwasser in ein Sammelbecken, von dem es über Kanäle und Schläuche auf die Felder geleitet wird. Vorwiegend werden Kartoffeln, Äpfel, Birnen und Pflaumen angebaut.

Früher waren die kretischen Hochebenen, zu denen keine Straßen führten, Rückzugsgebiete der Widerstandskämpfer. Zu Beginn der venezianischen Herrschaft, im 13. Jh., haben sich besonders die Bewohner der Lassithi-Ebene im Widerstand hervorgetan. Die Besatzer reagierten darauf rigoros: sie verboten 1263 jede Bewirtschaftung der Ebene. Doch als 200 Jahre später, im 15. Jh., Lebensmittelknappheit auf Kreta herrschte, ließen die Venezianer die Bewirtschaftung und Besiedlung der Lassithi-Ebene wieder zu. Ein Drittel des Ertrages mußte allerdings als Naturalrente an die Venezianer abgeführt werden.

Heute liegen 17 Dörfer am Rand der fast kreisrunden Hochebene. Der Innenkreis blieb unbesiedelt, damit kein kostbares Ackerland verschwendet wurde.

Zeus-Höhle von Psichro *(Dikteon Andron)* Der Sage nach (s. *Von Ariadne bis Zeus – Kretische Mythologie,* S. 147 ff.) war die Höhle Geburtsstätte von Zeus, dem Oberhaupt der olympischen Götter, 84 m tief geht die Tropfsteinhöhle in den Berg hinein, 20 m hoch sind die Hallen, in denen gewaltige Stalaktiten hängen – in ihren Ausmaßen eine der beeindruckendsten Höhlen Kretas.

Doch die Zeus-Höhle ist auch archäologisch bedeutsam. Zeitgleich zur Ausgrabung von Knossos wurde hier reiches Fundmaterial zutage gefördert. Im Neolithikum war die Höhle Wohnort, in frühminoischer Zeit Begräbnisstätte, ab dem Mittelminoikum Kultort. Nach den Minoern wurde die Höhle von den Dorern weiter genutzt, nun aber als Stätte für den Zeuskult: ein Beispiel dafür, wie ein matriarchaler von einem patriarchalen Kult abgelöst wurde.

Im Ida-Massiv gibt es aber noch eine andere von den Minoern kultisch genutzte Höhle, die in der Folgezeit ebenfalls zur Zeus-Höhle umfunktioniert worden war, auch sie angeblich ein Geburtsort des Zeus.

Das Problem der doppelten Zeushöhle auf Kreta ist von Fremdenführern wie folgt gelöst worden: so darf die diktäische Höhle *(Dikteon Andron)* eher den Titel der Geburtsstätte beanspruchen, während die idäische Grotte *(Ideon Andron,* s. S. 111 f.) als eine Art ›Kindertagesstätte‹ des Göttervaters gilt. Ein Zeus Diktaios wurde aber auch in

Getreidemühlen stehen auf windigen Graten: hier ein restauriertes Exemplar – die meisten sind nur noch als Ruinen erhalten

Palekastro verehrt, und auf dem griechischen Festland machte Arkadien den Rang Kretas als Herkunftsort des Zeus streitig.

Sozialgeschichtlich weist die Verbreitung des Zeuskults auf einen wichtigen Wirtschaftsfaktor hin: Ein dem Göttervater geweihtes Heiligtum bedeutete in der minoischen Zeit nicht nur Ehre und Weihgeschenke, sondern dank Pilgerfahrten brachte es auch Geld in die Kassen der Einheimischen.

Praktische Informationen

Busverkehr: Die Ebene läßt sich von Malia, Iraklion oder Agios Nikolaos gut auf einem Tagesausflug erschließen. Vorschlag: Frühbus nehmen, Besteigung des Karfi, Rückkehr am Nachmittag ca. 17 Uhr von Tzermiadon aus. Alternativ: anstelle der Bergbesteigung Besichtigung der Zeus-Höhle von Psichro und zweistündige Wanderung über Agios Georgios nach Tzermiadon. Der höchste Berg des Dikti-Massivs, der Dikti, läßt sich am besten von der Katharo-Hochebene aus (Anfahrt über Kritsa, s. S. 147ff.) ersteigen.

Unterkunft: Preiswerte Hotels in Tzermiadon, Agios Georgios und Psichro. Im Sommer ist ein längerer Aufenthalt auf der Hochebene des kühlen Klimas wegen angenehm.

Essen und Trinken: In Tzermiadon ist das *Kri-Kri* an der Durchgangsstraße empfehlenswert. Wirt Periklis bietet örtliche Spezialitäten vom Grill. Unbedingt auch die Kartoffeln und im Herbst die Äpfel und Birnen der Hochebene probieren. Am Parkplatz zur Zeus-Höhle erwartet den Besucher ein reiches Angebot an Tavernen und Cafés.

Besuch der Zeus-Höhle: Öffnungszeiten: tägl. 10.30-17 Uhr. Dem Touristenrummel kann man entgehen, wenn man die Höhle gleich nach 10.30 oder kurz vor 17 Uhr besucht. Festes Schuhwerk ist angebracht. Ab dem Parkplatz hinter Psichro 20 Min. Aufstieg zum Höhleneingang. Maultiere können für ca. 10 DM gemietet werden. Eintritt: 3 DM, Kerzen: ca. 0,50 DM, örtlicher Führer: ca. 5 DM. Am besten Taschenlampe mitbringen.

Kritsa und Panagia Kera

Mit ca. 3000 Einwohnern ist Kritsa schon fast eine kleine Stadt. Ihr architektonisches Ensemble breitet sich oberhalb der Küstenebene an einem steilen Berghang aus. Unterhalb des Ortes erstrecken sich weite Olivenhaine. Kritsa ist bekannt für seine Webarbeiten und als ›Einkaufsparadies‹ ein beliebtes Ziel für Ausflugsbusse aus den Hotelorten.

Kritsa und seine Bevölkerung gaben den Hintergrund für Jules Dassins Film *Celui qui doit mourir* ab. In Melina Mercouris Autobiographie *Ich bin als Griechin geboren* wird das Geschehen vor und hinter der Kamera höchst lebendig geschildert. Die Bauern von Kritsa

Von Ariadne bis Zeus

Kretische Mythologie

Die Menschen der Frühzeit, die sich die Welt noch nicht wissenschaftlich erklären konnten, versuchten sich Natur und gesellschaftliche Beziehungen durch Mythen begreifbar zu machen. Die Aufgabe einer Sozialgeschichte des Mythos liegt darin, von den Mythen auf ihre gesellschaftlichen Entstehungszusammenhänge zu schließen. Dies ist jedoch leichter gesagt als getan. Die vorliegenden Mythen sind erst ab Homer und anderen griechischen Autoren überliefert, etwa 400 Jahre nach dem Untergang der minoischen Kultur. Wann und unter welchen Bedingungen sind sie aber entstanden, von welchen Schichten oder Personen wurden sie geschaffen und übernommen? – Mehr Fragen als Antworten.

Allein der **Theseus-Ariadne-Mythos** ist leicht zu deuten. Theseus brach nach Kreta auf, um seine Landsleute, sieben athenische Jünglinge und Jungfrauen, die König Minos jährlich von Athen als Tribut forderte, zu befreien. Sie sollten dem Ungeheuer Minotaurus, halb Stier, halb Mensch, zum Fraße vorgeworfen werden. Mit Hilfe der Ariadne, der Tochter des Minos, kann Theseus ins Labyrinth eindringen, Minotaurus töten, die Opfer befreien und mit dem sprichwörtlichen Faden der Ariadne auch wieder aus dem Labyrinth herausfinden. Theseus, Ariadne und die befreiten Athener fliehen dann per Schiff Richtung Athen. Ariadne muß auf Naxos zurückbleiben, weil sie dem Dionysos versprochen ist. Theseus fährt allein weiter und vergißt, kurz vor Ankunft in Athen die Segel zu wechseln. Das Schiff trägt ein schwarzes Segel, er aber hatte versprochen, bei Gelingen seines Unternehmens ein weißes zu setzen. Als nun sein Vater Aigeus das schwarze Segel sieht, stürzt er sich im Glauben, sein Sohn sei tot, ins Meer. So heißt dieses Meer heute *Aigäisches* (›Ägäisches‹) Meer.

Sehen wir einmal von der märchenhaften Segel-Anekdote ab, die offenbar den Namen des Meeres erklären will, so spiegelt der Mythos die Abhängigkeit Athens von den Minoern, die Tributzahlungen und die Befreiung von dieser Abhängigkeit wider. Dies ist auch historisch belegt: Nach 1450 hatten die Minoer ihre Seeherrschaft eingebüßt, und Kreta konnte von den Mykenern erobert werden. – Den Sinn der anderen Mythen so schlüssig zu entziffern, ist leider nicht möglich. Jede Deutung muß daher mit Vorsicht genossen werden.

Zeus Er war Vater des Minos, und als sein Geburtsort gilt Kreta. Zeus' Vater, der Titan Kronos, verschlang alle seine Kinder, die ihm Rhea gebar, weil ihm von Uranos, seinem Vater, geweissagt worden war, daß ihn dereinst sein eigener Sohn enthaupten würde. Die enttäuschte Mutter Rhea ersann daraufhin eine List. Sie gab Kronos anstelle des kleinen Zeus einen in Windeln gewickelten Stein zu fressen. Zeus versteckte sie in einer Höhle, wo er von der Milch-Ziege Amaltheia großgezogen wurde. Die Kureten, Diener der Rhea, übertönten durch den Lärm ihrer Waffentänze das Schreien des kleinen Zeus. Erwachsen geworden, überreichte Zeus dem Vater ein Brechmittel. Kronos spuckte daraufhin alle seine Kinder aus – dies sollten dann die olympischen Götter werden. Zuvor mußten sie noch in einer gewaltigen Schlacht, der Titanomachie, den Kronos und seine Kumpane erschlagen.

Die im Kronos-Zeus-Mythos thematisierte Furcht des Vaters vor dem Sohn, der ihm die Herrschaft streitig macht, kommt auch in anderen griechischen Mythen vor. Auch Kronos' Vater, der Himmelsgott Uranos, fürchtete die Entmachtung durch seine Kinder und verbannte die Neugeborenen erneut in den Bauch der Erdgöttin Gaia. Zur Strafe entmannte Kronos seinen Vater und bemächtigte sich der Weltherrschaft.

Oder das Beispiel des Ödipus. Sein Vater Laios setzte ihn aus, um seinem Schicksal zu entgehen. Doch umsonst – bekanntlich tötete Ödipus den Vater und heiratete die eigene Mutter. In diesen Mythen wird ein Generationskonflikt verarbeitet, der offenbar ewig-menschlich ist: das Alte weicht oft nur unter Gewalt dem Neuen.

Europe Die Namensgeberin unseres Kontinents (lat. Europa), war eine phönizische Königstochter. Zeus entführte sie in Gestalt eines Stieres und trug sie über das Meer in seine Heimat Kreta. Unter einer Platane in Gortys, so die Legende, zeugten die beiden Minos, Rhadamanthys und Sarpedon, die mythischen Könige von Kreta.

Das Thema dieses Mythos dürfte der Kulturtransfer von Ost nach West sein. Die kulturellen Wurzeln Europas – ursprünglich ist damit nur ein Teil des antiken Griechenland gemeint – liegen im Orient.

Der Frevel des Minos Minos sollte einen prächtigen weißen Stier opfern, den Poseidon gesandt hatte. Er behielt den Stier jedoch lieber für sich und opferte einen anderen. Die Strafe für diesen Frevel – eine *Hybris,* wie die Alten sagten – war grausam. Minos' Frau Pasiphae (die ›Allscheinende‹) begehrte sexuellen Verkehr mit dem schönen Stier. **Dädalus,** Architekt von Knossos im Dienste des Minos, konstruierte ihr zu diesem Zweck eine hölzerne Kuh, in der sie sich dem Stier darbot. So wurde der Minotaurus gezeugt, den Minos dann im Labyrinth einsperren ließ.

An diesem Mythos ist psychologisch interessant, daß der Mann für einen Frevel mit der Untreue seiner Frau bestraft wird. Gesteigert wird die Strafe des Betrogenen noch dadurch, daß das Objekt der Lust ein Tier ist; diese Beziehung war ein absolutes Tabu.

Ikarus Sohn des Dädalus. Nachdem Dädalus zur Strafe für die Unterstützung der Ariadne ins Labyrinth eingesperrt worden war, bastelte er für sich und seinen Sohn Ikarus Flügel aus Federn und Wachs, um zu fliehen. Bekanntlich stürzte Ikarus ab, weil er die Warnung seines Vaters mißachtet hatte und der Sonne zu nahe gekommen war.

Dieser Mythos steht für die Gefahr, die sich durch eine unvorsichtige Anwendung von Technik ergibt, aber auch für die Utopie einer besseren Welt.

Idomeneus Enkel des Minos und Teilnehmer am Trojanischen Krieg. Er gelobte dem Poseidon, dasjenige zu opfern, was ihm bei seiner Rückkehr nach Kreta als erstes begegnet. Ihm kam sein eigener Sohn in einem Boot entgegengefahren ... Dies ist ein Beispiel einer tragischen Situation, wie sie im antiken Drama immer wieder geknüpft wird: der Held gerät völlig unverschuldet, oft mit guten Absichten, hinein.

waren als Laienschauspieler verpflichtet worden.

Von Kritsa aus lassen sich gut kleinere wie größere **Wanderungen** unternehmen, z. B. nach **Lato** und über Kroustas nach **Kalo Chorio,** oder aber auf den **Dikti.**

Dieser 2148 m hohe Berg erhebt sich über der **Katharo-Hochebene.** Die Auffahrt zum Ausgangspunkt der Wanderung sollte mit einem Mietfahrzeug von Kritsa aus unternommen werden. Nach 16 km Serpentinenfahrt auf einer nicht asphaltierten Straße erreicht man über einen Paß die Ebene. Gleich an der Zufahrt zur Ebene liegt links der Straße ein einfaches Kafenion, das aber nur im Sommer geöffnet hat. Auf der gegenüberliegenden Seite erscheint der Dikti und östlich von ihm ein Tal. Sie müssen die Ebene auf Feldwegen überqueren und dann das Fahrzeug stehenlassen. Die Wanderung beginnt in diesem Tal. Sie folgen einem Ziegenpfad, den Dikti zur Linken. Am Ende des Tales erwartet den Wanderer ein weiter Blick auf die Lassithi-Ebene. Jetzt links halten und ohne Weg über Felsplatten den Gipfel erklimmen. Die gesamte Wanderung dauert hin und zurück etwa 5 Std.

Panagia Kera Unterhalb von Kritsa liegt an der Straße nach Agios Nikolaos die spätbyzantinische Kirche der Panagia Kera (›Kera‹ von griech. *kyria,* die ›Herrin‹) mit den besterhaltenen byzantinischen Wandmalereien auf Kreta. Auch in qualitativer Hinsicht sind die Malereien von Kritsa herausragend. Am Außenbau der Kirche fallen Verstrebungen auf, sie gehören nicht zum ursprünglichen Bau und sind später hinzugefügt worden.

Im Innenraum der Kirche lassen sich drei Freskenzyklen, die jeweils drei verschiedenen Baustufen entsprechen, unterscheiden.

1. Baustufe: das überkuppelte Mittelschiff aus dem 13. Jh. Traditionelle, orthodoxe Malerei, lineare Zeichnung der Motive, hieratische Gestalten, wenig Bewegung, wenig Plastizität. Venezianischer Einfluß ist nur in der Auswahl der Heiligen spürbar: am nördlichen Mittelpfeiler ist zum Beispiel der katholische Franziskus von Assisi abgebildet (beschriftet mit: FRA-ZEC-KO).

2. Baustufe: Südschiff der hl. Anna aus der ersten Hälfte des 14. Jh. Plastischer, bewegter Stil, naturalistische Darstellung, Räumlichkeit.

3. Baustufe: Das Nordschiff, dem hl. Antonius geweiht, entstammt ebenfalls dem 14. Jh. Die Malereien stehen stilistisch den im Südschiff angebrachten näher als denen im Mittelschiff. Im Stil lassen sich besonders gut die jeweiligen Paradiesszenen im Nord- und im Mittelschiff vergleichen. Die Paradiesszene gehört zum Bildprogramm des ›Jüngsten Gerichts‹. Ihr Pendant sind die ›Höllenqualen‹. Das ›Jüngste Gericht‹ befindet sich in der Regel im Westen der Kirche, nahe dem Ausgang, quasi als letzte Mahnung an die Gläubigen, bevor sie wieder ihren alltäglichen Verrichtungen nachgehen (s. S. 192f.).

Fresko in der Kirche der Panagia Kera

Im Nordschiff sind auch die Kirchenstifter abgebildet: ein Mann, eine Frau und ein Kind vor hellem Hintergrund. Es handelt sich um einzigartige Porträts aus dem venezianischen Kreta des 14. Jh.

Wanderung von Panagia Kera nach Lato: parallel zur Asphaltstraße auf einem Maultierweg Richtung Kritsa. Dieser Weg kreuzt nach etwa 1 km die Straße nach Lato, weiter geht es auf Asphalt. 1 Std. Wanderzeit.

Lato Wer auf Kreta die Topographie einer antiken Polis in mustergültigem Zustand nachvollziehen will, darf Lato nicht versäumen. Der archäologische Rang Latos läßt sich schon daran ermessen, daß der berühmte Entdecker Trojas, Heinrich Schliemann, noch kurz vor seinem Tode 1890 die Ausgrabung von Lato unternehmen wollte. Auch Arthur Evans (s. S. 94) erforschte um 1895/96 die Gegend. Schließlich waren es jedoch Franzosen, die

Ausgrabungen in Lato: Eine antike dorische Bergstadt

1901 mit den Ausgrabungen begannen. Ans Tageslicht kam eine Gründung der Dorer aus dem 8. Jh. – die erhaltenen Bauten stammen allerdings alle aus der Archaik und der Klassik, also aus dem 6.–4. Jh. v. Chr.

Lato liegt auf einem Sattel zwischen zwei Akropolen. Besonders gut ist das Handwerkerviertel und die Agora erhalten, eine Seltenheit, wenn man bedenkt, wie rar städtebauliche Überreste der griechischen Antike sind.

In den nachchristlichen Jahrhunderten wurde die Bergstadt verlassen. Im Schoß des frühbyzantinischen Reiches drohte offenbar keine Gefahr mehr von außen, die ein Bleiben hoch über den zu bestellenden Feldern erfordert hätte. So zogen die Bewohner hinunter nach Kritsa.

Praktische Informationen

Busverkehr: Stündlich ab Busbahnhof Agios Nikolaos nach Kritsa. Von Agios Nikolaos ist ein Tagesausflug in folgender Reihenfolge sinnvoll: Kirche Panagia Kera – Wanderung nach Lato – auf dem Rückweg nach Kritsa, dort essen und dann zurück. Oder von der anderen Bergseite aus von

Lato hinunter nach Chamilo. Von dort gegen 15 Uhr Linienbus zurück nach Agios Nikolaos.

Essen und Trinken: Neben der Panagia Kera Gaststätten und ein Souvenirladen. Restaurant auch in Chamilo vorhanden. Im Mini-Markt an der Bushaltestelle in Kritsa verkauft die Frau des Pfarrers, Rinió Mprokakis, Wabenhonig und offenen Wein.

Öffnungszeiten der Panagia Kera: 9–15 Uhr, in den Sommermonaten bis 18 Uhr, sonntags 9–14 Uhr, Eintrittsgeld. **Lato**: Di–So bis 15 Uhr, freier Eintritt.

Über Gournia nach Ierapetra

Gournia Eine minoische ›Kleinstadt‹ gruppiert sich um ein ›Herrenhaus‹ mit Hof. Die Grundmauern der Häuser sind bis zu 1 m hoch und bestens erhalten, die Stadtstraßen bestehen aus original minoischem Pflaster. Mit Ausnahme von Gournia sind nur in Zakros und Palekastro noch weitere städtische Siedlungen der Minoer ausgegraben, und neben Gournia ist davon nur in Zakros noch etwas zu sehen.

Die Bezeichnung *Gournia* kommt vom griech. Wort für ›Tränke‹: in manchen Häusern waren solche Tränken für Haustiere in den Boden eingelassen. Der minoische Stadtname ist wiederum nicht überliefert. Ausgegraben wurde Gournia zu Anfang des Jahrhunderts unter der Leitung von Harriet Boyd-Hawes von der Pennsylvania-Universität/USA. Dies war eine Sensation, denn die Archäologie war und ist bis heute eine überwiegend männliche Domäne.

Gournia stammt aus der Jüngeren Palastzeit, also aus dem 17.–15. Jh. v. Chr. Wie alle minoischen Städte wurde es um 1450 in Schutt und Asche gelegt (s. S. 165). Aus den folgenden Jahrhunderten finden sich dann nur noch einige minoische und mykenische Spuren, bis Gournia um 1200 wie viele Städte des östlichen Mittelmeerraums endgültig zerstört und verlassen wurde. Das ›minoische Pompeji‹ war nach einem durchdachten Stadtplan angelegt worden. Einzelne Quartiere lassen sich nach den dortigen Funden und nach ihrer Mauerstruktur deutlich unterscheiden und voneinander abgrenzen: Wohnviertel, Handwerkerviertel, Magazinbereich, Palastbereich. Hohlräume und Einlassungen in den Wänden zeugen vom einstigen Fachwerkbau. Fachwerk, weil allein dies ausreichend resistent gegen Erschütterungen schien. Im übrigen können wir an dem Bild eines minoischen Stadtpanoramas, dem ›Stadtmosaik von Knossos‹ im Archäologischen Museum Iraklion nachvollziehen, wie minoische Stadthäuser ausgesehen haben mögen: kleine Sprossenfenster im Fachwerk gliederten die Fassade. Die Häuser waren zwei- bis dreigeschossig, manche verfügten sogar über einen kleinen Dachaufbau. Im Erdgeschoß waren die Vorratsräume und die Ställe, oben die ›belle étage‹.

Praktische Informationen

Busverkehr: Busse der Linie Agios Nikolaos nach Sitia oder Ierapetra und umgekehrt halten bei Gournia. Sie verkehren stündlich.

Essen und Trinken: In Gournia keine Gaststätte, zeitweilig wird ein Imbißstand betrieben. Sehr gute Fischtavernen 2 km weiter am Strand von Pachia Ammos.

Öffnungszeiten: 8.45–15 Uhr. Freier Eintritt.

Moslemischer Reinigungsbrunnen in der Altstadt von Ierapetra

Ierapetra (Hierapetra): Nach Iraklion, Chania und Rethimnon ist Ierapetra die viertgrößte Stadt Kretas. Sie liegt an der ›Wespentaille‹ der Insel, von hier sind es bis zur Nordküste nur 16 km. Ierapetra ist die sonnenreichste Stadt Kretas und die südlichste Europas. Sie besitzt vorwiegend moderne Bausubstanz, daneben aber auch ein kleines, ehemals türkisches Altstadtviertel mit Moschee und Reinigungsbrunnen.

Schön ist der Sandstrand inmitten der Stadt. Unter schattenspendenden Tamarisken reiht sich eine Taverne an die andere. Der Strand wird nicht nur von Badelustigen genutzt, sondern auch von Fischern, die hier ihre Boote aufpallen und ihre Netze flicken.

Ein kleines **archäologisches Museum** birgt als römische Kopie eines hellenistischen Originals eine Demeter-Statue, die 1984 von einem Bauern gefunden wurde. Die Statue ist bislang das einzige Überbleibsel der antiken Polis Hierapytna, die aus Inschriften zwar lange schon bekannt ist, bis heute allerdings noch nicht ausgegraben wurde. Im Museum ist außerdem ein minoischer Kastensarkophag aus Episkopi wegen seiner rätselhaften Motivik beachtenswert.

Eine weitere historische Sehenswürdigkeit Ierapetras ist die **Festung**, die im 13. Jh. gleich zu Beginn der venezianischen Herrschaft errichtet wurde. Sie diente wie Frangokastello im Westen dem Schutz der Südküste.

Praktische Informationen

Busverkehr: Busstation in der Lasthenous Str. Etwa zehnmal täglich über Agios Nikolaos nach Iraklion, zweimal auch über die Nebenstrecke südlich der Lassithi-Ebene über Ano Vianos. Sechs- bis siebenmal täglich auch zu den Strandorten westlich und östlich von Ierapetra.

Unterkunft: Große Auswahl an Hotels und Pensionen aller Kategorien, auch außerhalb von Ierapetra an den Stränden (z. B. in Koutsounari die ›Traditionel-Cottages‹, Ferienwohnungen der A-Kat., 70 DM/Tag, ✆ 08 42-6 12 91). Vermutlich gibt es selbst in der Hauptsaison keine Schwierigkeiten bei der Zimmersuche. Schön und preiswert das *Four Seasons* in restaurierter Villa in der Oplarchigou Lakerda.

Essen und Trinken: Gutes kretisches Essen im *Napoleon* an der Uferpromenade.

Informationsbüro an der Platia Emm. Kothri, hier liegt auch die Post.

Strände: Östlich von Ierapetra der Kiesstrand von Galini zwischen Ferma und Koutsouras (Taverne vorhanden) und noch weiter östlich der kilometerlange Sandstrand von Makrigialos (Taverne und Privatzimmer).

Von Ierapetra und Makrigialos aus werden per Schiff Ausflüge zu den Inseln Koufonissi und Chrissi angeboten, unbewohnte Eilande, mit versteckten Sandstränden, Zedernhainen und kristallklarem Wasser.

Mirtos In den letzten Jahren hat sich Mirtos zu einem beliebten Badeort für Alternativtouristen entwickelt. Das Dorf liegt 12 km westlich von Ierapetra, am Ausgang eines Tals – links und rechts von Felsen flankiert. Am Strand gibt es keinen Schatten; ›Rückzugsmöglichkeit‹ bieten nur die Tavernen.

Etwa 2 km östlich von Mirtos liegt auf dem Hügel **Fournou Korifi** eine frühminoische Siedlung (Vorpalastzeit!): über 90 Räume, die miteinander durch Gänge verbunden sind. Der ganze Komplex war ummauert. Einzel- oder ›Herrenhäuser‹ wurden nicht entdeckt. Deshalb wird vermutet, daß hier ein Sippenverband, vielleicht 150–200 Leute, gelebt hat.

Praktische Informationen

Busverkehr: Stündlich ab Ierapetra.

Unterkunft: Hotels und Privatzimmer leicht zu finden. Gut und sauber ist das C-Hotel *Esperides*, das beste am Ort. DZ 45–50 DM, ✆ 08 42-5 12 07.

Essen und Trinken: Beliebter Treffpunkt ist das Restaurant *Beach-Café* direkt am Strand. Trotz allen Trubels freundliche Bedienung, gute Küche und bester Raki.

Arvi liegt versteckt am Ausgang einer Schlucht inmitten von Bananenplantagen und Treibhäusern und besitzt einen schönen Kieselstrand. Ebenso schön auch der Strand von **Keratokambos** – ein friedliches, tou-

An der Südküste bei Mirtos

ristisch bisher kaum entwickeltes Fischerdorf. Beide Orte sind bevorzugte Ziele von Rucksacktouristen. Unterkunft meist in Privatzimmern; Arvi hat auch ein C-Hotel, das *Ariadni*, und mehrere Pensionen, z. B. *Gorgona* (EOT-Mitglied, DZ ca. 50 DM).

Von Sitia nach Vai

Sitia

Das Erscheinungsbild dieser Hafenstadt mit etwa 9000 Einwohnern wird noch nicht völlig vom Tourismus bestimmt. Die weißen Häuser liegen hübsch gestaffelt am Berghang. Zentrum Sitias ist der kleine Hafen, der nur selten von Linienschiffen angelaufen wird und in dem buntbemalte, hölzerne Fischerboote ruhig und friedlich vor sich hin dümpeln.

Die Geschichte Sitias ist die Geschichte seiner Festung. Das Kastell umschloß einst die ganze Stadt, die auch Sitz eines orthodoxen Bischofs war. Von der alten Befestigung sind heute nur noch Teile der Oberburg erhalten. Die Festung wurde in den letzten Jahren der byzantinischen Herrschaft vor der Übernahme Kretas durch die Kreuzfahrer 1204 erbaut. Unter venezianischer Herrschaft wurde sie dann so erweitert, wie sie auf Stichen des 16. und 17. Jh. abgebildet ist. Angesichts des drohenden türkischen Angriffs haben die Venezianer selbst große Teile der Festung abgetragen. Die mittelalterlichen Befestigungen waren der neuesten Artillerietechnik nicht mehr gewachsen, und bei Beschuß hätten sie die

Verteidiger mehr gefährdet als beschützt (s. *Venezianischer Festungsbau auf Kreta*, S. 172 f.).

Erhalten geblieben ist das *Kazarma* genannte Fort, von ital. *Casa di arma* (›Waffenhaus‹). Seine Wände sind von Schießscharten durchbrochen. Ein zweites Stockwerk war eingezogen, wie man an den Balkenlöchern längs der Wände und an den Steinbasen, die hölzerne Stützpfeiler getragen hatten, ablesen kann.

In und bei Sitia lebten auch Teile der weitverzweigten, einst italienischen, später hellenisierten Familie der Cornaro, griech. *Kornaros*, die sich von Karpathos herkommend hier angesiedelt hatte. Der berühmteste Familienspross war im 17. Jh. der Dichter Vitsenzos Kornaros (s. S. 64).

An der westlichen Hafenpromenade von Sitia, unterhalb des Zollamtes findet der aufmerksame Besucher merkwürdige, in den Felsen gemeißelte Kammern, die durch Kanäle miteinander verbunden sind. Es sind ehemalige **Fischbecken**, in denen die Römer ihren Seefisch nach dem Fang bis zum Verzehr schwimmen ließen.

Des weiteren hat Sitia zwei Museen zu bieten. Ein **Volkskundemuseum** in der Odos Therissou 13 stellt wertvolle Webarbeiten, Trachten, Möbel, Kirchengeräte, keramische Arbeiten und einige Ikonen aus. Ein archäologisches Museum (Ausfahrt nach Piskokefalo) verwahrt Exponate bedeutender Ausgrabungen in Ostkreta.

Praktische Informationen

Flugzeug: Einmal wöchentlich nach Karpathos und Kassos mit Umsteigemöglichkeit nach Rhodos. Zweimal wöchentlich nach Athen. Olympic-Airways-Büro: Venizelou 56.

Schiff: Zweimal wöchentlich macht hier die Fähre von Piräus nach Karpathos und Rhodos Zwischenstopp.

Busverkehr: Busbahnhof an der Uferpromenade, Itanou Str.; Busse nach Agios Nikolaos und Iraklion stündlich, nach Palekastro und (im Sommer) zum Palmenstrand von Vai sechsmal täglich, nach Zakros (im Sommer auch nach Kato Zakros) frühmorgens und frühnachmittags, nach Ierapetra sechsmal täglich.

Unterkunft: Jede Menge C-Klasse-Hotels, Pensionen und Privatzimmer in der Altstadt und am Hafen. Ruhig liegt das preiswerte 15-Zimmer-Hotel *El Greco*, ✆ 08 43-2 31 33.

Essen und Trinken: Gemütliche Tavernen mit vorwiegend guter kretischer Küche, z. B. *Michos* in der Hauptgeschäftsstraße. An Wochenendabenden bietet das *Paradise Spring*, 15 km außerhalb Sitias (Richtung Ierapetra), Lyramusik.

Telefon: OTE an der Kapetan Sifi Str. 22 gegenüber Crystal Hotel.

Post: an der Platia Ethnikis Antistasis und in einem Kiosk hinter dem Stadtpark.

Informationsbüro: EOT beim Taxistand an der Platia Iroon Polytechniou.

Strände: Am Strand östlich von Sitia neben der Straße auf schmalem Sandstreifen. Bessere Bademöglichkeiten in Palekastro oder Vai.

An die Ostküste Fährt man von Sitia weiter in den Osten Kretas, so erscheint die Gegend zunächst als Mondlandschaft: ein ausgetrocknetes, leicht hügeliges Land mit nur einigen vom Wind geduckten, buckligen und stachligen Büschen zwischen dem steinigen Einerlei. Erst auf den zweiten Blick entdeckt man Aufforstungen und in manchen Tälern Oliven- und Gemüseanbau. Die Straße von Palekastro nach Zakros ist erst vor gut 20 Jahren gebaut worden. In den Dörfern, durch die heute Busse und Mietwagen auf dem Weg zum minoischen Palast von Kato Zakros rauschen, hat sich eine archaisch anmutende Landwirtschaft erhalten. Die halb-

Ostkreta

verfallenen Häuser deuten jedoch auf Landflucht und Armut hin. Allein Palekastro und Zakros sind aufgrund ausreichenden Wasservorkommens relativ belebte und reiche Dörfer geblieben.

Palekastro Von diesem recht wohlhabenden Dorf aus lassen sich sehr gut kulturhistorische Wanderungen und Ausflüge in die Umgebung unternehmen. Das imposante Kloster Toplou, aber auch der berühmte Palmenstrand von Vai liegen nicht weit. Zudem ist hier die höchste Konzentration minoischer Gipfelheiligtümer zu finden. Davon ist zwar heute nicht mehr viel zu sehen, doch lohnt ein Aufstieg auf den Modi (539 m), den Petsofas (250 m) und den charakteristischen Tafelberg Kastri (90 m) allein schon wegen der schönen Aussicht in das Umland.

Auf dem Tafelberg Kastri, dem ›Wahrzeichen‹ der Region, errichteten die Venezianer ein Kastell, das heute völlig verfallen ist und das dem Ort seinen Namen gegeben hat: *palaio kastro* (›altes Kastell‹).

Am Fuße des Kastri (Richtung Angathia zum Strand von Chionia, auf Schild achten) liegt das Ausgrabungsgelände **Roussolakkos**. Während Arthur Evans in Knossos grub, brachten seine britischen Archäologenkollegen hier eine ganze minoische Wohnstadt ans Tageslicht. Die meisten Hausruinen sind heute allerdings wieder zugeschüttet oder zugewuchert.

Kloster Toplou Wie eine trutzige Festung liegt das Kloster einsam in Meeresnähe im Osten Kretas. Es wurde erst durch die neue Asphaltstraße nach Vai verkehrstechnisch erschlossen. Toplou leitet sich von türk. *top* (›Kanone‹) her, also ›Platz mit der Kanone‹. Das Kloster war zu Zeiten der Fremdherrschaften immer wieder in Widerstandskämpfe verwickelt. 1704 zerstörten es die Türken (ab 1718 wieder aufgebaut), und im Zweiten Weltkrieg wurde es von deutschen Besatzungstruppen, die auf der Suche nach Partisanen waren, beraubt.

Die Klosterkirche der Panagia *Akroteriana* (›die vom Kap‹) wurde 1365, in venezianischer Zeit also, gegründet. An der Außenwand der Kirche, links am Eingang, wurde als Spolie eine hellenistische Inschrift (ca. 70 v. Chr.) verbaut, ein Schiedsspruch im Streit zwischen den Poleis Itanos und Hierapytna (dem späteren Ierapetra) um das Heiligtum des diktäischen Zeus, das sich in Palekastro befand.

In der Kirche selbst sind einige Wandmalereien recht gut erhalten. Besonders sehenswert ist allerdings nur eine Ikone des Johannes Kornaros von 1770, aus der Zeit der türkischen Herrschaft. Dieses schöne Beispiel byzantinischer Miniaturkunst heißt ›Allmächtig bist Du, Herr‹ *(Megas o kyrie)* und zeigt auf vier Ebenen die Universalität der christlichen Welt samt Vorgeschichte aus dem Alten Testament. Diese Ebenen sind von oben nach unten: Trinität, Taufe, Maria mit Adam und Eva sowie als orthodoxes Osterbildnis die Höllenfahrt.

Südseeatmosphäre am berühmten Palmenstrand von Vai

Rundum ›garniert‹ sind diese Zentralthemen mit zahlreichen Miniaturdarstellungen aus dem Alten und Neuen Testament, die nach dem Prinzip der ›kontinuierenden Darstellung‹ – ein beliebtes Stilmittel byzantinischer Malerei – ineinander übergehen. Bibelfeste Betrachter erkennen Jonas und den Walfisch, die Mosesgeschichte und zahlreiche Themen der Jesuspassion.

Oberhalb des Klosters steht seit neuestem Kretas erster Windrotorenpark zur alternativen Stromgewinnung.

Vai Ein dichter Palmenhain, der sich an einem weißen, flachen Sandstrand erstreckt, könnte den Besucher in die Südsee versetzen – wenn im Sommer nicht der tägliche Bade- und Schaulustigen-Rummel wäre! Dennoch, Vai ist einen Besuch wert: nur hier wächst die *Phoenix theophrasti*, eine ausschließlich auf Kreta beheimatete Palmenart.

Früher campierten Rucksacktouristen unter den Palmen, heute ist das verboten, denn Vai steht mittlerweile unter Naturschutz.

Praktische Informationen

Busverkehr: Nach Palekastro stündlich ab Sitia.

Unterkunft: In Palekastro Mittelklasse-Hotels und Pensionen. Außerhalb des Dorfes Richtung Strand liegt in einem Olivenhain das *Marina Village* (DZ ca. 50 DM, ✆ 08 43-6 12 84): In Vai sind Strandtavernen und ein Kiosk vorhanden, aber keine Zimmer.

Essen und Trinken: An den Stränden und in Palekastro gute Tavernen, wo es auch fangfrischen Fisch zu relativ günstigen Preisen gibt.

Öffnungszeit des Klosters Toplou: Täglich von Sonnenauf- bis Sonnenuntergang. Am Klostervorplatz werden Reproduktionen berühmter Ikonen verkauft. Daneben liegt ein Café.

Strände: Außer in Vai kann man gut rechts und links des Tafelberges baden, Tip: Strand von *Chionia*.

Kato Zakros

In dreierlei Hinsicht unterscheidet sich dieser Palast von seinen ›Brüdern‹ in Knossos, Phaistos und Malia. Erstens liegen hier die Ausgrabungen nicht in englischer, italienischer oder französischer Hand, sondern in griechischer. Zweitens wurde der Palast nie geplündert und in nachminoischen Zeiten auch nie überbaut. Drittens ist eine Wohnstadt in den Grundmauern erhalten, die ohne deutliche Zäsur bis an die Palastmauern heranreicht. Die bedeutendsten Funde aus Zakros sind das Bergkristallrhyton, das Stierkopfrhyton sowie das Rhyton mit dem Gipfelheiligtum und den Wildziegen. Sie alle sind im Zakros-Saal (VIII) des Archäologischen Museums Iraklion zu sehen (s. S. 88).

Der Palast von Zakros wurde erst in der Zweiten Palastzeit um 1600 errichtet. Siedlungsspuren konnten jedoch schon für frühere Zeiten nachgewiesen werden: im ›Tal der Toten‹ hatten die Minoer ihre Toten

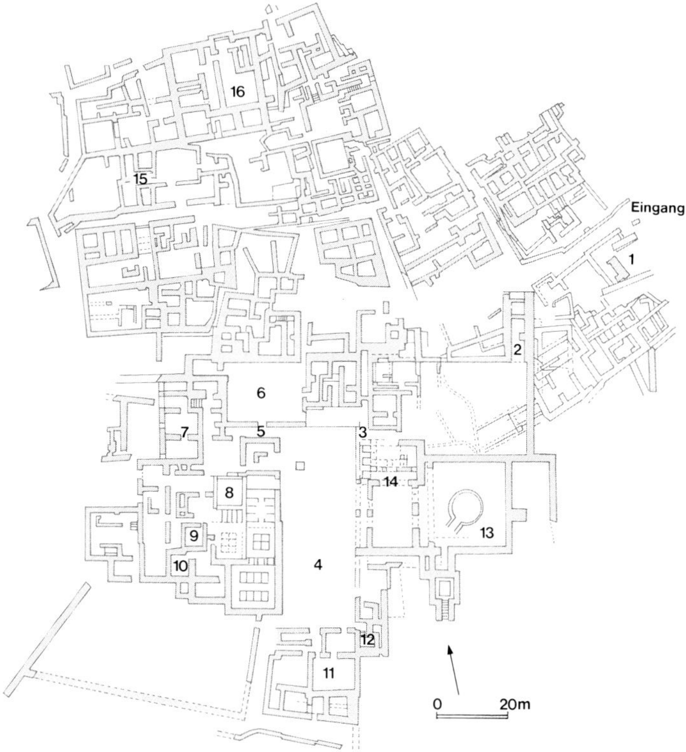

Kato Zakros

1 Bronzeschmelzofen
2 Haupteingang in den Palast zum Osthof
3 Korridor zum Zentralhof
4 Zentralhof mit Altar
5 Propylon, Zugang zu Magazin- und Wirtschaftsräumen
6 Pfeilerhalle (Küche?)
7 Magazine
8 Lichthof mit sich anschließenden Repräsentationsräumen
9 Bad
10 Schatzkammer mit eingebauten Depots aus Terrakotta
11 Werkstätten und Lagerräume
12 Wasserbecken
13 Hof mit rundem Becken (Zisterne?)
14 Königliche Gemächer, unterteilt von einem Polythyron
15 Im Bereich der Wohnstadt ein größeres Gebäude mit Innenhof (Heiligtum?)
16 Auf minoischen Ruinen errichteter Bau aus mykenischer Zeit

in Höhlen bestattet. Wie die anderen Paläste wurde auch Zakros um 1450 v. Chr. zerstört (s. S. 165).

Die Lage des Palastes am Ostende Kretas läßt vermuten, daß von hier aus die Handelsschiffe der Minoer nach ›Übersee‹, d. h. in die Ägäis, an die kleinasiatische Küste und nach Ägypten aufbrachen. Es waren wohl Segelboote mit Rudern, wie man sie auf Siegeln abgebildet findet.

Auf diesen Handelsreisen wurden bronzene Fertigwaren Kretas gegen Rohstoffe getauscht. Die Bestandteile von Bronze sind Kupfer und Zinn, Zinn kam vor allem aus Kleinasien – vermutlich ist Troja im 2. Jt. durch den Zinnhandel reich und mächtig geworden –, Kupfer aus Zypern. Eine Importware und Rohstoff für Elfenbeinschnitzerei waren wohl auch die riesigen Elefantenzähne, die im Zakros-Saal des Archäologischen Museums in Iraklion ausgestellt sind.

Eine Kuriosität von Kato Zakros stellt der Fund von über 3000 Jahre alten Oliven dar; ›eingelegt‹ in einem **Wasserbecken** des Palastes **(12)** haben sie sich hervorragend erhalten. Kreta verdankte seine wirtschaftliche Vormachtstellung nicht nur seinen Bronze- und Keramikexporten, sondern auch dem Olivenanbau. Der Ölbaum stammt aus Syrien oder von der Südküste Kleinasiens; die Minoer haben ihn eingeführt und veredelt. **Olivenöl** war nicht nur Nahrungsmittel, sondern diente auch zur Reinigung und zur Pflege der Haut, zum Schmieren von Arbeitsgeräten, als Brennstoff für Lampen, für kultische Salbungen, als Opferflüssigkeit sowie als Arzneimittel.

Eine weitere archäologische Seltenheit findet sich hier in Kato Zakros: der **Bronzeschmelzofen (1)** am Eingang zum Palastareal. In der Nähe befanden sich Werkstätten und Läden. Die zum Ofen laufenden Kanäle konnten abgedeckt werden, sie dienten der Steuerung der Luftzufuhr. Auf der gegenüberliegenden Seite ist noch das Ausgußloch für das geschmolzene Erz zu sehen.

›Tal der Toten‹ Eine lohnende Wanderung führt von *Pano*, dem ›oberen‹ hinunter nach *Kato*, dem ›unteren‹ **Zakros**. Einstieg in die Schlucht 2 km nach dem Ortsende von Zakros, dort, wo die Asphaltstraße nach rechts abbiegt. Links führt ein Ziegenpfad in einen Seitenarm der Schlucht hinein. Variante: die alte, nicht asphaltierte Straße am Schluchtrand entlang nehmen. Hier bietet sich dem Wanderer ein grandioses Schauspiel: über der Schlucht kreisen die Raubvögel.

Am Schluchtgrund angelangt, überquert man das Bachbett. Hier führt unter Oleanderbüschen ein rotmarkierter Weg nach Kato Zakros (ca. 1 Std.). Am Schluchtende trifft man auf Bananenplantagen, von hier aus links zum Palast und zum Strand abbiegen. Von der eintönigen Küstenlandschaft hebt sich bloß eine weiße Kapelle ab.

Weiße Kapelle in der unwirtlichen Landschaft bei Kato Zakros

Praktische Informationen

Busverkehr: Im Sommer zweimal täglich ab Sitia. Den Rest des Jahres nur nach Zakros, zweimal täglich. Von hier dann mit Dorftaxi oder zu Fuß weiter.

Unterkunft: Einige Restaurants vermieten auch Zimmer. Zakros ist ein idealer Standort für Wanderausflüge in den unberührten Südosten Kretas.

Essen und Trinken: Viele einfache Tavernen in Kato Zakros, die auf Tagesausflügler eingestellt sind.

Öffnungszeiten: Mo–Sa 9.30–15.45, So 9–14.30 Uhr

Strände: Feinsandiger, sauberer Strand. Nördlich und südlich von Kato Zakros liegen noch weitere einsame Badebuchten.

Die Katastrophe
von 1450 v. Chr.

Durch die populäre Kretaliteratur geistert bis heute ein Mythos: Der Vulkanausbruch von Santorin habe mit einer gigantischen Flutwelle, mit Aschen- und Glutregen das Ende der minoischen Zivilisation der Jüngeren Palastzeit herbeigeführt. So fänden die Zerstörungshorizonte um 1450 v. Chr., auf die die Ausgräber in den Palästen und anderswo gestoßen waren, eine einleuchtende Erklärung. Diese These wurde zuerst 1938 von Spyridon Marinatos aufgestellt, dem späteren Ausgräber der minoischen Stadt Akrotiri auf Santorin.

Kritiker verwiesen jedoch auf die chronologischen Unvereinbarkeiten. Die minoischen Paläste seien zwar um 1450 zerstört worden, der Vulkanausbruch könne aber nicht so weit herabdatiert werden. Denn, so die Begründung, auf Santorin habe sich die Keramik zum Beispiel nur bis zum Flora-Stil entwickelt, während auf Kreta von 1500 bis 1450 noch der darauffolgende Meeres-Stil produziert worden sei. Spätestens 1500, eher noch ca. 20 Jahre früher, sei Santorin somit in die Luft geflogen. Folglich könne höchstens die minoische Flotte, die an den Küsten Nordkretas lag, durch den Vulkanausbruch zerstört worden sein. Als See- und Handelsmacht geschwächt, sei Kreta dann eine leichte Beute für die expansionslüsternen Mykener vom Festland geworden.

Seit Ende der 80er Jahre wird allerdings eine neue These diskutiert. Groß angelegte, weltweite naturwissenschaftliche Untersuchungen (Auszählung von Jahresringen an Bäumen, Aschenablagerungen usw.) ergeben ein Datum von 1625 für die Explosion Santorins. Sollte sich diese These durchsetzen (und wie es scheint, *wird* sie sich durchsetzen), dürfte jeder Zusammenhang zwischen dem Vulkanausbruch und der Zerstörung der minoischen Paläste 175 Jahre später entfallen.

Für das Ende der minoischen Paläste um 1450 blieben dann nur noch zwei Erklärungen übrig: militärische Gewalt seitens der Mykener oder ein Erdbeben. Realistisch ist aber auch ein Zusammentreffen mehrerer Faktoren. Vielleicht waren die Minoer vor der mykenischen Eroberung bereits durch Naturkatastrophen und anschließende Mißernten geschwächt. Auch innere soziale Spannungen zwischen einer breiten, hart arbeitenden Unterschicht und einer verfeinerten, dekadent gewordenen Oberschicht können zum Untergang beigetragen haben.

Westkreta

Freiheit oder Tod –
Das kretische National-
heiligtum Kloster Arkadi

Die venezianischen Altstädte
von Chania und Rethimnon

Im Labyrinth
der Weißen Berge

Ein grandioses Naturwunder:
Der Nationalpark
Samaria-Schlucht

Alternative Szene in den
Fischerorten Südwestkretas

Die einsame Insel Gavdos

Blick auf die Altstadt von Rethimnon

Venezianische Aristokraten-Palazzi und die Häuser der Ärmeren in Chania und Rethimnon • Zu den Originalschauplätzen des Films *Alexis Sorbas* • Die schroffen Klippen und engen Schluchten der Südküste

Rethimnon

Mit ca. 20 000 Einwohnern ist Rethimnon die drittgrößte Stadt Kretas. Hauptattraktion ist die gut erhaltene Altstadt unterhalb der Festung, mit ihren engen Gassen und dem Wechselspiel venezianischer und türkischer Bauten. Der venezianische Hafen mit seinen Fischtavernen zählt zu den schönsten Kretas.

Unter den Kretern gilt Iraklion als wirtschaftliches, Chania als politisches, Rethimnon aber als geistiges Zentrum von Kreta. Letzteres nicht allein deshalb, da hier die geisteswissenschaftliche Fakultät der Universität von Kreta untergebracht ist, sondern weil hier schon zu Zeiten der ›kretischen Renaissance‹ humanistische Gelehrte und Künstler wirkten. Manche von ihnen sind nach Italien ausgewandert, wo sie für die Verbreitung griechischer Kultur Entscheidendes geleistet haben. Der Rethimniote Markos Moussouros, italienisiert: Marco Musuro (1470–1517) war Professor an den Universitäten von Rom, Padua und Venedig, persönlicher Freund von Papst Leo I., einem Förderer der Künste aus dem Hause Medici, sowie enger Mitarbeiter des Humanisten Erasmus von Rotterdam. Eine weitere Berühmtheit aus Rethimnon ist Zacharias Kallergis. Er gründete 1493 die erste griechische Druckerei in Venedig, die Texte der klassischen Griechen auf den Markt brachte. Ohne die Druckerei von Kallergis, so meinte damals der deutsche Humanist und Gräcist Johannes Reuchlin, könnte er in Deutschland kein Griechisch unterrichten.

Für Reisende, die eine urbane Umgebung einem ›romantischen Fischerort‹ vorziehen, ist Rethimnon eine ideale Stadt. Es bestehen gute Busverbindungen Richtung Iraklion und Chania sowie zu den Orten des Hinterlandes. Baden kann man am langen Stadtstrand oder an seiner Fortsetzung nach Osten. Abends gibt es reichlich Möglichkeiten zum Ausgehen. Kretische Lyra-Musik wird in den *Kentra* am Stadtrand gespielt oder auch in der Altstadt (auf die Plakatanschläge achten!).

Stadtrundgang

1 Zitadelle/*Fortezza* Die venezianischen Befestigungsanlagen von Rethimnon (Bau der Zitadelle 1573–

1587) unterscheiden sich insofern von denen in Chania und Iraklion, als Rethimnon zusätzlich über eine Zitadelle verfügt. Bei Gefahr konnten sich die Venezianer und die Bevölkerung in diese ›Festung in der Festung‹ zurückziehen. Aber auch in nachvenezianischen Zeiten war die Festung von strategischer Bedeutung. An der Stelle der venezianischen Kathedrale bauten die Türken 1646 die **Sultan-Ibrahim-Moschee (2)**, ein noch heute eindrucksvoller Kuppelbau. An seiner Westseite ist noch der Minarettstumpf erhalten – in der Zeit nach der Befreiung von den Türken ist das Minarett einfach gekappt worden. Schließlich nutzten im Zweiten Weltkrieg die deutschen Besatzer die Festung als Artilleriestützpunkt und Internierungslager. Die Deutschen sprengten auch einen Teil der venezianischen Wälle und entfernten türkische Bauten.

3 Archäologisches Museum (Öffnungszeiten: Di–Sa 8.45–15 Uhr, So 9.30–14.30, Mo geschl.) Das Museum ist in einem ehemaligen venezianischen Gefängnis direkt vor dem Eingang in die Festung untergebracht. Funde aus der Region.

4 Altstadt Einige venezianische Renaissance-Fassaden sind erhalten geblieben: etlichen Gebäuden wurden später türkische Holzerker vorgesetzt. Die eindrucksvollsten Häuser liegen im Carré zwischen den Straßen Arkadiou, Salaminas, Xanthoudidi und Paleologou. Als Musterbeispiel eines venezianischen Patrizierhauses ist der *Palazzo in via dello Zar* in der Straße Arkadiou 60

Sultan-Ibrahim-Moschee auf der Fortezza in Rethimnon

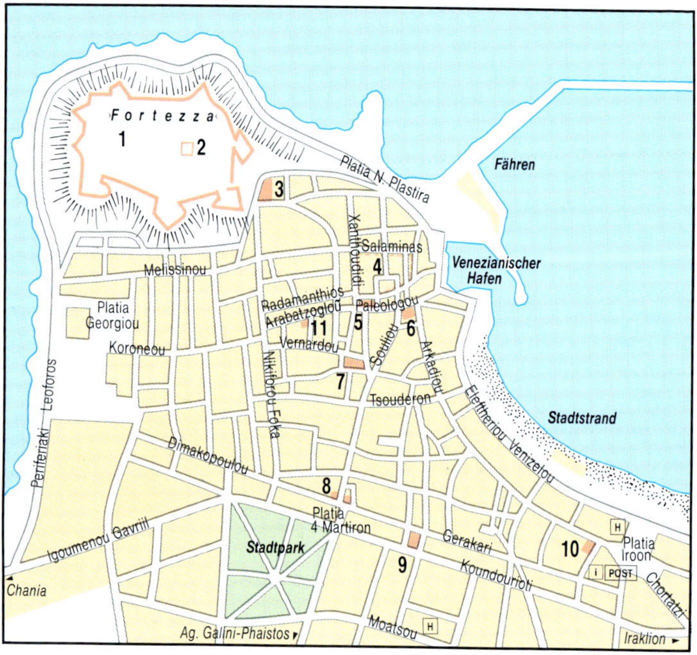

Rethimnon

zu empfehlen: regelmäßiges Mauerwerk, Aufteilung der Fassade in horizontale Schichten, Halbsäulen, Kapitelle, Gesimse. Ein venezianisches Haus schlichteren Zuschnitts ist z. B. in der Nikiphorou Phoka Nr. 104 zu finden: keine großartige Fassadengestaltung, Kamin und Schornstein sind an der Fassade nach außen abgesetzt.

5 Rimondi-Brunnen Benannt nach dem venezianischen Statthalter Alvise Rimondi. Vier schlanke Säulen mit korinthischen Kapitellen. Löwenköpfe mit Wasserspeiern in den Jochfeldern; gebaut 1629.

6 Venezianische Loggia Einst geselliger Treffpunkt der venezianischen Oberschicht (vgl. die Loggia in Iraklion). Bis vor kurzem beherbergte sie das Archäologische Museum, zur Zeit wird sie restauriert. Die Fassaden des Renaissancebaus sind durch Bögen gegliedert.

7 Venezianische Kirche S. Maria/Pascha-Nerazza-Moschee Wie so viele Kirchen wurde auch diese Klosterkirche aus dem 16. Jh. unter türkischer Herrschaft zu einer Moschee umfunktioniert. Heute wird die Moschee als Konzertsaal genutzt, daher auch ihr jetziger Name *Odeion*. Vielleicht hören Sie im Vorbeigehen gerade ein Orchester *Lyra* oder *Laouto* proben? Auf jeden Fall lohnt sich ein Aufstieg auf das Minarett: von hier oben hat man einen herrlichen Rundblick über Rethimnon, das Umland und das Meer (wegen Einsturzgefahr zur Zeit geschlossen!)

8 Megali Porta *(Porta Guora)* Einziger Überrest der alten Stadtmauer aus dem 16. Jh., die einst ganz Rethimnon umgab. Die alte Stadtmauer verlief entlang der Straßen Gerakari und Dimakopoulou. Das durch Pilaster gegliederte Stadttor ist noch heute Zugang zur Altstadt.

In unmittelbarer Nachbarschaft des Tores, auf der Platia Tesseron Martiron, findet heute der Markt statt.

9 Kirche der vier Märtyrer *(Tesseron Martiron)* Zusammen mit dem Denkmal des Konstantin Giamboudakis ist diese Kirche ein Symbol des Widerstands gegen die Türkenherrschaft. Der moderne Kirchenbau birgt die sterblichen Überreste dreier von vier Märtyrern, die zwar während der Türkenherrschaft offiziell zum Islam übergetreten waren, doch heimlich ihrem christlichen Glauben treu blieben. Als die türkische Obrigkeit von dieser ›doppelten Religionspraxis‹ erfuhr, bekannten sich die vier offen zum Christentum und wurden dafür gehängt. Die Reliquie des vierten liegt heute in St. Petersburg. (Zu Giamboudakis s. *Freiheit oder Tod*, S. 178).

Am Rimondi-Brunnen

Venezianischer Festungsbau auf Kreta

In der zweiten Hälfte des 16. Jh. ließen die Venezianer von der tribut- und fronarbeitspflichtigen griechischen Bevölkerung und von zusätzlich angeworbenen Arbeitskräften aus Westeuropa die gewaltigen Befestigungen bauen, die der Reisende in Iraklion, Rethimnon und Chania sowie auf der Inselfestung Spinalonga vor Augen hat.

Diese Bauwerke wurden zur Abwehr der osmanischen Expansion errichtet, die unter Selim I. zwischen 1512 und 1520 von neuem begann und unter Selim II., ›dem Prächtigen‹, ihren Höhepunkt erreichte. Um nur den europäischen Schauplatz zu skizzieren: 1521–29 fielen Ungarn und Rumänien in die Hand der Türken, 1522 die Johanniterfestung Rhodos, 1529 standen sie vor Wien. 1565 scheiterte ihr Angriff auf Malta, das neuer Stützpunkt des Johanniterordens geworden war. Dafür gelang es den Türken aber sechs Jahre später (1570/71) Nikosia und Famagusta und damit Zypern einzunehmen.

Die Kanonentechnologie wurde im 16. Jh. immens vorangetrieben. Die Türken waren in dieser Technik und ihrem taktischen Einsatz führend. Ein Jahrhundert zuvor, 1453, hatten sie zum ersten Mal eine Stadtfestung regelrecht zusammengeschossen, und zwar die Mauern von Konstantinopel, der Hauptstadt des Byzantinischen Reiches. In *Sternstunden der Menschheit* wurde dies von Stefan Zweig literarisch verarbeitet.

Dieses Ereignis war ein Fanal: fortan waren Festungsanlagen erforderlich, die der wahrhaft durchschlagenden Wirkung von Feuerwaffen standhalten konnten. Damit die Mauern unter der Wucht eines Kugelhagels nicht sofort wie ein Kartenhaus in sich zusammenstürzten, wurden die Mauern abgeschrägt: die Statik war dadurch erheblich ver-

10 Moussa-Pascha-Moschee Die Moschee aus dem 17. Jh. begrenzt die Altstadt nach Osten. Ein kleiner Garten lädt zum Verweilen ein.

Literaturtip: Pandelis Prevelakis erzählt in *Chronik einer Stadt* vom Leben der türkischen Oberschicht im 19. Jh.

11 Museum mit Webarbeiten und einer Muschelsammlung in einem venezianischen Patrizierhaus.

Praktische Informationen

Flug: Vom Olympic-Airways-Büro (Platia 4 Martiron, im Hotel *Jo-*

bessert und nahm dem Beschuß viel von seiner Wucht. Des weiteren wurden Bastionen angelegt, um jeden Abschnitt *(Kourtine)* der Umfassungsmauer im Visier zu haben. Ein Wassergraben sowie ein unbebautes, leicht abfallendes Vorland, das *Glacis*, sollten den Feind zusätzlich auf *Distance* halten. Zur besseren Sicherung des Vorgeländes wurden manchmal Außenwerke angelegt, so zum Beispiel das Forte di San Dimitri vor der Ostseite der Festung Iraklion. Manche Festungen bergen im Inneren noch eine Zitadelle als Innenbefestigung, falls es dem Feind schließlich doch gelingen sollte, die Hauptmauer zu überwinden. Besonders stark ausgebaut und eindrucksvoll ist die Zitadelle von Rethimnon, eine regelrechte ›Festung in der Festung‹.

Zum Vergleich der neueren Festungsarchitektur aus dem 16. Jh. mit der mittelalterlichen kann man sich in Chania die innerhalb des venezianischen Mauerrings noch erhaltenen Teile der älteren, byzantinisch-venezianischen Mauer ansehen. Sie stammt aus jener Zeit, als Mauern noch ›ritterlich‹ mit Steinschleudern, Leitern und Piken bestürmt und mit Pech, Pfeil und Bogen verteidigt wurden.

Geistiger Vater des venezianischen Festungsbaus auf Kreta war der Veroneser Architekt Michele Sanmicheli, der berühmteste und gesuchteste Festungsingenieur seiner Zeit. Im Dienste Venedigs rüstete er nicht nur die italienischen Festungen Venedigs (z. B. Bergamo, Brescia und Padua) nach, sondern auch die in der Ägäis. Sanmicheli konzipierte seine Bauwerke nicht allein zu Verteidigungszwecken, sondern auch zur Zierde der Stadt. Teilweise scheint die dekorative gegenüber der militärischen Funktion sogar zu dominieren. Der sternförmige Grundriß von Sanmichelis Festungen mit ihren vor- und zurückspringenden Fronten geht zurück auf Überlegungen zur Ideal-Befestigung, wie sie schon im 15. Jh. das Renaissance-Universalgenie Alberti (1404–72) angestellt hatte. Schöne Beispiele einer danach realisierten kreisrunden Ideal-Befestigung finden wir in Nikosia auf Zypern (erbaut 1565–70) und in Palmanova in Italien (1593–96).

An) verkehren Zubringerbusse zum Flughafen auf Akrotiri bei Chania. Von dort fünfmal täglich nach Athen und einmal wöchentlich nach Thessaloniki.

Schiffsverkehr: Das Fährschiff *Arkadi*, Eigentum einer rethimniotischen ›Volksreederei‹, fährt viermal wöchentlich abends nach Piräus und jeweils am nächsten Abend wieder zurück – eine reizvolle Alternative zu den Linien Piräus–Chania und Piräus–Iraklion. Generalagentur am Ende der Straße Arkadiou in Höhe des venezianischen Hafens. Fähranleger an der Mole nördlich des alten Hafens. Im Sommer Tragflächenboot *Nearchos* mit Tagestouren nach Santorin.

Busverkehr: stündlich nach Iraklion und Chania – Busbahnhof an der Moatsou-Str. Von hier auch Busse zu den Vor- und Badeorten östlich von Rethimnon und dreimal täglich nach Arkadi.

Gegenüber ein zweiter Busbahnhof für die Orte an der Südküste und das südliche Hinterland. Nach Plakias zumindest frühmorgens und frühnachmittags, im Hochsommer bis zu siebenmal täglich. Nach Agia Galini vier- bis sechsmal täglich mit Anschluß zu den Orten der Messara-Ebene.

Ein dritter Busbahnhof liegt an der Platia Iroon östlich der Altstadt in Strandnähe. Von hier frühmorgens und frühnachmittags nach Anogia und nach Axos, Perama, Chromonastiri und in den Amari-Bezirk.

Unterkunft: Östlich von Rethimnon das bekannte Luxushotel *Rethimna* mit Bungalows. Der hier anschließende Strandabschnitt ist in den letzten Jahren mit Hotels der gehobenen Klasse zugebaut worden. In der Altstadt selbst sind einige venezianische Herrenhäuser zu exklusiven Hotels mit Pool im Innenhof umgebaut worden: *Palazzo Rimondi,* Xanthoudidou 21, ✆ 08 31-5 10 13, oder *Mythos,* Platia Karaoli 12, ✆ 08 31-5 39 17. Preiswerter das *Vecchio* in der Daliani 4, ✆ 08 31-5 49 85. Darüber hinaus sind kleine Pensionen in der Altstadt reichlich vorhanden, z. T. mit Meerblick südlich der Arkadiou oder zwischen Hafen und Zitadelle.

Essen und Ausgehen: Trotz des Rummels romantisch, aber teuer ißt man am venezianischen Hafen: Kerzenlicht, an der Pier die Fischerboote. In Schaukästen Hummer, Garnelen und Edelfische. Je weiter man allerdings in die Altstadt vordringt, desto preisgünstiger werden die Tavernen. Lyramusik live in der Musikkneipe *Gounakis,* Odos Koronaiou 6, wo man auch relativ preiswert essen kann. Sehr gepflegt und teuer speist man im stilvollen *La Rentzo* in der Odos Radamanthous 9, preiswerter und uriger in der kleinen Fischertaverne vorm Hotel Vecchio (s.o.), Botzai 5.

Einkaufen: Die Altstadt ist das ›Einkaufsparadies‹ für Lederwaren. Ein vergleichbares Angebot findet man sonst nur in Chania. Geschäfte rund um den Hafen und in der Arkadiou. Einen Besuch wert ist der Kräuterladen *Kondogiannis* in der Souliou 58 in Nähe der Loggia. Hier werden kretische Gewürze und Kräuter wie der Diktamo, aber auch Thymian, Salbei und Oregano verkauft. Auf griechisch und in skurrilem Deutsch ist an der Fassade des kleinen Ladens ausgeschildert, welcher Tee für welche Gebrechen gut ist. In der schmalen Souliou befinden sich im übrigen fast ausschließlich die üblichen Souvenirgeschäfte mit Lederwaren und Keramik.

Touristeninformation: EOT-Pavillon an der Strandpromenade.

Telefon: OTE östlich vom Stadtpark in der Koundourioti 26.

Post: oberhalb des Stadtparks in der Moatsou.

Strände: Östlich von Rethimnon erstreckt sich ein kilometerlanger, breiter Sandstrand.

Fest: Berühmtes Weinfestival jedes Jahr im Juli, Ende Juli/Anfang August wird ein Renaissance-Festival veranstaltet.

Ausflüge in die Umgebung von Rethimnon

Georgioupolis An der Mündung eines Flusses mit klarem Gebirgswasser liegt Georgioupolis (sprich Jeorjúpoli), ein Ferienort mit dörflichem Charakter. Fast jedes Haus vermietet Zimmer, große Hotels gibt es nur außerhalb des Dorfes am kilometerlangen Sandstrand. Schön ist die große, schattige Platia mit ihren Eukalyptusbäumen, auf der sich das einheimische und zunehmend auch das touristische Leben abspielt.

Süßwassersee von Kournas 5 km entfernt von Georgioupolis, über die Straße oder die Küstenebene auch zu Fuß zu erreichen. Der einzige Süßwassersee der Insel. Das Seeufer ist unverbaut, es gibt unmittelbar am See nur eine Taverne,

In der Nähe von Georgioupolis: Am einzigen Süßwassersee Kretas

die aber auch Zimmer vermietet. Etwas oberhalb des Sees liegen zwei weitere Tavernen, die ebenfalls Unterkünfte anbieten. Im See darf geschwommen werden, und Tretboote können auch entliehen werden.
Abstecher nach **Argiroupolis** und **Miriokefala**: Argiroupolis, 27 km südöstlich von Rethimnon, ist ein Bergdorf mit viel Grün. Dies liegt an den nahegelegenen Wasserquellen, die nicht nur Zisternen füllen, sondern auch Wassermühlen antreiben. In Miriokefala, 10 km weiter, steht eine kunstgeschichtliche Sehenswürdigkeit. Die Panagia-Kirche enthält wertvolle Fresken aus dem 11. und 12. Jh., aus mittelbyzantinischer Zeit also. Am besten ist die ›Beweinung Christi‹ im nördlichen und der ›Einzug in Jerusalem‹ im südlichen Kreuzarm erhalten.

Praktische Informationen

Busverkehr: Nach Georgioupolis gute Verbindungen von Rethimnon per Bus Richtung Chania und umgekehrt. Nach Argiroupolis und Miriokefala verkehrt ca. zweimal täglich ein Dorfbus ab Rethimnon. Nach Kournas fährt gegen 14 Uhr ab Chania ein Dorfbus, der morgens in Kournas abgefahren ist.

Zum Süßwassersee wandert man besser von der Hauptstraße aus oder nimmt sich in Georgioupolis ein Taxi.

Unterkunft: Zimmer mit C-Hotel-Niveau im *Paradise*, Georgioupolis: von der Platia aus 50 m die Straße entlang.

Essen und Trinken: In Georgioupolis im *Paradise* und abends bei *Jorgo's*, direkt an der Hauptstraße. Außerhalb des Ortes und sehr schön liegt das Restaurant *Arkadi* mit Terrasse über dem Meer: zu erreichen über die Flußbrücke, dann links über die Wiese am Fluß entlang.

Nähere Ausflugsziele von Rethimnon sind die sehenswerten Ortschaften **Atsipopoulo** (5 km westlich) und **Maroulas** (9 km östlich): Beide Ortschaften zeichnen sich durch die Bewahrung ihrer traditionellen Architektur aus. Vor allem der venezianische Wohnturm von Maroulas ist einen Besuch wert.

In Maroulas werden alte venezianische Häuser als Ferienwohnungen vermietet. Die privaten Eigentümer wurden bei der Renovierung mit Regierungszuschüssen unterstützt. Im Gegenzug darf der Staat ihre Häuser fünf Jahre lang an Touristen vermieten. Auskunft bei der Touristeninformation EOT in Rethimnon.
Chromonastiri Bergdorf mit guten Wandermöglichkeiten (8 km südöstlich von Rethimnon), z. B. links vor dem Ortseingang die Schotterstraße hinunter in die Schlucht zur mittelbyzantinischen Agios-Eutichios-Kirche aus dem 10. Jh. mit einigen Freskenresten (1 Std. Wanderung).
Bali Kleiner Ort an einer Felsenbucht mit hübschem, tavernenumsäumten Hafen, 35 km östlich von Rethimnon gelegen. Kleiner Sand-

strand. Bessere Bademöglichkeiten jedoch in den Buchten nördlich und westlich von Bali.

Praktische Informationen

Busverkehr: Atsipopoulo und Maroulas: Busbahnhof an der Moatsoustr., Chromonastiri: Busbahnhof an der Platia Iroon (beide Rethimnon). Bali: sehr gute Verbindung auf der Schnellstraße, die etwa 500 m an Bali vorbeiführt, sowohl nach Iraklion als auch nach Rethimnon. Kurzer Fußweg über die Felder zur Haltestelle an der Shell-Tankstelle.

Unterkunft: Pension *Charlot* am Hafen von Bali, preiswert. Besser und teurer das C-Hotel *Bali Beach* mit einzelnen Apartments, die von Bougainvillea umrankt sind.

Kloster Arkadi

Das Kloster Arkadi liegt 23 km südöstlich von Rethimnon, einsam am Ende einer kurvenreichen Straße, die auf ein kleines, im Frühjahr blü-

Kloster Arkadi

Freiheit oder Tod

Der Massenselbstmord von Arkadi

Im November 1866 verschanzten sich 964 Kreter und Festlandsgriechen im Kloster Arkadi, ein Drittel unter ihnen junge, wehrfähige Männer, der Rest ältere Männer, Frauen und Kinder. Es war einer von zahlreichen Aufständen gegen die osmanische Herrschaft.

Ein halbes Jahr zuvor, im April 1866 hatte der Sultan in Istanbul eine Bittschrift der Kreter um mehr Rechte abgelehnt. So war es zu dieser Erhebung gekommen. Im September war ein Oberst der griechischen Armee auf Kreta gelandet, um die Aufständischen zu beraten. Der Offizier hielt allerdings Arkadi als Verteidigungsfeste für denkbar ungeeignet. Zunächst, so sein Rat, müßten Veränderungen vorgenommen werden: Frauen und Kinder seien zu evakuieren, die Ställe und die Mühle vor dem Kloster müßten abgerissen werden, um freies Schußfeld zu bekommen, schließlich sollten gar Bienenstöcke aufgestellt werden, damit stichwütige Bienen den Vormarsch der Türken aufhalten könnten. Diese Vorschläge wurden von den kretischen Widerstandskämpfern nicht angenommen, vermutlich hätten sie die Katastrophe auch nicht verhindert. Der Oberst rückte enttäuscht ab.

Zwei Monate später drangen 15 000 türkische Soldaten auf die Hochebene vor. Ein blutiger, ungleicher Kampf begann. Die ersten Türken waren schon in den Klosterhof eingedrungen, da schoß Konstantin Giamboudakis, einer der Verteidiger, in das auf dem Boden verstreute Schießpulver. Es fing an zu brennen, und die Flamme pflanzte sich rasch zu den Munitionsfässern fort. Eine gewaltige Explosion riß die meisten Verteidiger und viele der türkischen Angreifer in den Tod.

Dieser Massenselbstmord bewegte damals die Weltöffentlichkeit. Philhellenen forderten in den westeuropäischen Ländern ihre Regierungen auf, einzugreifen – doch alle Bemühungen waren vergeblich. ›Freiheit oder Tod‹ – die Aufständischen hatten den Tod gewählt. Es hätte jedoch einen taktisch klügeren, weniger verlustreichen Weg der Verteidigung gegeben.

tenübersätes Hochplateau führt. 1587, zur Zeit der ›kretischen Renaissance‹, wurde die Klosterkirche erbaut. Ihre Fassade ist nach westeuropäischer Art mit Halbsäulen und Gesimsen deutlich in horizontale und vertikale Abschnitte gegliedert. Das Kloster präsentiert sich als Festung mit hohen Außenmauern, die nur von kleinen Fenstern durchbrochen sind. Um 1700 war Arkadi ein reiches Kloster, ihm gehörten mehr als 300 Mönche an. Gründungszeit und -umstände des Klosters sind ungeklärt. Der Name leitet sich entweder vom byzantinischen Kaiser Arkadios (395–408) her – dieser wäre dann der Stifter – oder von einem Einsiedlermönch namens Arkadios. Vielleicht haben auch Emigranten aus Arkadien (Peloponnes) die Gründung betrieben.

Die Klosterkirche ist eine Zweiraumkapelle; das Nordschiff ist der Verklärung Christi, das Südschiff dem hl. Konstantin und der hl. Helena geweiht. Da bei der Katastrophe von 1866 fast alle Ikonen zerstört wurden, sind in der Kirche heute nur neuere Ikonen vom Beginn des 20. Jh. zu sehen. Auch die Ikonostase aus Olivenholz ist ›modern‹, d. h. von 1927. Im Museum erzählen Exponate vom Widerstandskampf des Jahres 1866 (s. *Freiheit oder Tod,* nebenstehend). Dem Kloster westlich vorgelagert steht eine ehemalige Windmühle, die 1910 in ein kleines, recht schauriges Mausoleum für die Gebeine der Freiheitskämpfer umgewandelt wurde. **Wandertip**: Von Arkadi über ein Hochplateau nach **Thronos** in ca. 2–3 Std. Nimmt man den Frühbus von Rethimnon, so kommt man mit dem Nachmittagsbus von Thronos zurück nach Rethimnon und hat vorher Zeit zum Mittagessen. Die Wanderung führt über eine sanfte Hügellandschaft, vorbei an Hainen aus Steineichen und üppiger Heidekrautvegetation.

In Thronos ist auf den Grundmauern einer frühchristlichen Basilika mit Mosaikfußboden eine Marienkapelle aus dem 14. Jh. mit Freskenresten (2 Serien) zu besichtigen. Der Name des Ortes, *Thronos* (›Thron‹), dürfte anzeigen, daß die Basilika einst eine Bischofskirche war.

Praktische Informationen

Busverkehr: Busse viermal täglich ab Rethimnon.

Essen und Trinken: Auf halber Strecke nach Rethimnon hinter Loutra gute Taverne mit Blick aufs Meer. Kretischer Faßwein und Raki aus eigener Produktion.

Über Armeni zum Kloster Preveli

Armeni 10 km südlich von Rethimnon liegt westlich der Straße (Hinweisschild) ein spätminoischer Friedhof mit 280 Kammergräbern, tief in den Erdboden eingelassen. Sarkophage aus den Grabkammern sind im archäologischen Museum von Rethimnon ausgestellt.

Eine Untersuchung der Skelette ergab, daß das Durchschnittsalter der Männer bei 30 und das der Frauen bei 23 lag. Viele Skelette wiesen beträchtliche Zahnschäden auf, ein Beleg dafür, daß sie alltäglich mit Schmerzen leben mußten. So verkürzten harte Arbeit und vermutlich auch eine Mangelernäh-

Altes Kloster von Preveli

rung vor rund 3200 Jahren das Leben.

Kloster Preveli Das Johanneskloster war wie die Klöster Gonia im Westen und Toplou im Osten in die Widerstandskämpfe gegen Türken und deutsche Besatzer verwickelt. Ein kleines Museum erinnert daran, daß die Mönche 1941 die Evakuierung der alliierten Truppen vom unterhalb des Klosters gelegenen Strand unterstützten (Gedenktafel an der Außenwand des Museums). Für diese Hilfeleistung wurde das Kloster von deutschen Truppen ausgeraubt und beschädigt.

Von der Rückseite des Klosters her betritt man einen Versammlungsraum, der zur Türkenzeit als ›Geheimschule‹ fungierte. Die Mönche engagierten sich damals als national gesinnte Pädagogen (vgl. die Geheimschule im Kloster Kera Kardiotissa, S. 142). Noch heute ist das Kloster Ziel von Pilgerfahrten, denn seiner Hauptikone wird eine heilende Wirkung bei Augenleiden zugeschrieben.

Strand von Preveli Einige hundert Meter unterhalb des Klosters liegt der gleichnamige Strand. Zusammen mit einem kleinen, palmenumstandenen Süßwassersee, der von einem Bergbach gespeist wird, ist dies ein herrlicher Platz zum Baden und Relaxen. Früher war diese Oase ein ›Geheimtip‹ unter Rucksackreisenden, die unter den Palmen ihre Zelte aufschlugen. In letzter Zeit hat der Andrang zugenommen, mit ihm leider auch die Verschmutzung.

Kloster und Strand sind nicht ganz leicht zu erreichen: Busse nach Plakias halten 1 km östlich von **Lefkogia** an einer Straßenkreuzung. Von hier führt ein Fahrweg ca. 5 km zum Kloster. Der Strand ist nur zu Fuß zu erreichen. Erste Möglichkeit: auf dem Fahrweg zum Kloster zweigt 2 km nach der Kreuzung bei einer venezianischen Brücke ein Fahrweg nach links ab und führt zu einer Nachbarbucht. Von hier sind es dann nur noch 15 Min. Fußweg (rot markiert) über Felsen zum Strand von Preveli. Zweite Möglichkeit: nach dem Besuch des Klosters den Fahrweg 1,5 km zurückverfolgen, dann rechts zu einem Hochplateau abbiegen. Von hier sind es dann 20 Min. Fußweg hinab zum Strand (festes Schuhwerk!).

Strand von Plakias 6 km westlich von Lefkogia erstreckt sich in einem Talkessel mit hochaufragenden Felswänden ein 1,5 km langer feiner Sandstrand. Oberhalb von Plakias ist das hübsch gelegene Bergdorf **Mirthios** einen Besuch wert. Früher war Plakias reiner Treffpunkt von Alternativtouristen, heute ist der Ort touristisch voll erschlossen und verfügt sogar über eine Kläranlage.

Auch **Spili** lohnt einen Besuch. Die Kleinstadt mit Bischofssitz und Priesterseminar liegt in üppig-grüner Umgebung; schmackhaftes Quellwasser sprudelt ganzjährig mit hohem Druck aus einer Brunnenanlage mit Löwenköpfen. Tavernen und Cafés unter schattenspendenden Platanen. Privatzimmer und einige einfache C-Hotels vorhanden, Vorreservierungen auch in der Hochsaison unnötig.

Praktische Informationen

Von Plakias aus unregelmäßige Schiffsausflüge nach Agia Galini. Angeboten werden auch Tagesausflüge nach Frangokastello und zum Strand von Preveli.

Busverkehr: Busse von Rethimnon im Sommer siebenmal täglich. Außerdem Anreise von Agia Galini her möglich: Linie nach Rethimnon, Umsteigen hinter Preveli. Morgens verkehrt ein Bus die Südküste entlang nach Chora Sfakion. Zum Kloster und Strand Preveli: Die Busse nach Plakias halten 1 km östlich von Lefkogia an einer Straßenkreuzung. Weiter geht es dann nur zu Fuß. Daher evtl. Anfahrt mit Mietfahrzeug.

Unterkunft: Hotels und Pensionen der mittleren und unteren Kategorie sind in Plakias in reicher Auswahl vorhanden, Tip: Jugendherberge bei Mirthios. Bei Lefkogia empfiehlt sich das völlig einsam gelegene C-Hotel *Skinaria Beach* mit kleinem Pool, ✆ 08 31-2 37 82 (Weg dorthin ab Lefkogia ausgeschildert).

Essen und Trinken: Am Strand von Preveli gibt es keinen Strom, daher auch keine Tavernen. Mittlerweile hat jedoch eine ›Café-Bar‹ aufgemacht, für die Nachschub mit Eseln herangeschafft wird.

Fest: Evangelist Johannes am 7./8. Mai am Kloster Preveli.

Chania

Mit rund 60 000 Einwohnern ist Chania nach Iraklion die zweitgrößte Stadt Kretas. Ebenso wie Rethimnon besitzt Chania eine gut erhaltene venezianische Altstadt samt Hafen. Einige Gebäude und Umbauten aus türkischer Zeit verleihen der Stadt zusätzlich ein orientalisches Flair. Zahlreiche Häuser wurden in den letzten Jahren vor dem Verfall gerettet und von der Denkmalpflege und in Privatinitiative restauriert. So präsentiert sich Chania heute mit einem relativ intakten mittelalterlichen Stadtbild, das einen längeren Aufenthalt lohnt.

Ganz im Gegensatz zur fast autofreien Altstadt erstickt die Neustadt im Verkehr; Chania hat pro 1000 Einwohner die größte Autodichte von ganz Griechenland!

Geschichte: Die Ursprünge Chanias liegen auf dem **Kastelli-Hügel** am Hafen. In minoischer Zeit stand hier ein Palast, dessen Überreste heute wieder freigelegt werden. In der Antike lag an dieser Stelle die Akropolis der Polis Kydonia, benannt nach Kydon, einem Sohn des Minos. Von den Venezianern wurde *Kydonia* zwar in *La Canea* umbenannt, doch der Kastelli-Hügel blieb Mittelpunkt der Besiedlung. Hier stand auch der Palast des venezianischen Statthalters. Erst ab Mitte des 16. Jh. wurden Caneas Vororte durch einen neuen Befestigungsring in die Stadtanlage der heutigen Altstadt miteinbezogen. Die neue, nach Plänen Sanmichelis errichtete Stadtmauer war jedoch 1645 dem ersten Ansturm der Türken nicht gewachsen. Vom frisch eroberten Stützpunkt Canea aus betrieben die Türken dann die weitere Eroberung Kretas. 1850 von den Türken zur Hauptstadt Kretas erklärt, blieb Chania dann bis 1972 politisches Zentrum der Insel.

Chanias Vergangenheit als Hauptstadt läßt sich leicht am Stadtbild ablesen. Östlich der Altstadt schließt sich das ehemalige Diplomatenviertel **Chalepa** mit seinen gepflegten Villen und Gärten an. Noch heute stellt es die vornehmste Wohngegend der Stadt dar. Rechtwinklig sich schneidende Straßen sind Ausdruck von neuzeitlicher Stadtplanung. Neoklassizistische Bauten der Jahrhundertwende zeugen vom repräsentativen Anspruch der Architektur.

Stadtrundgang

1 Stadtmauern Reste der mittelalterlich-venezianischen Mauern am Kastelli-Hügel. Ab 1538 dann der nach Plänen von Michele Sanmicheli erweiterte Befestigungsring mit Bastionen und schrägen Wällen (s. *Venezianischer Festungsbau auf Kreta*, S. 172f.).

2 Kirche San Nicolao Diese Klosterkirche wurde nach 1645 in eine Moschee verwandelt: aus dem venezianischen Campanile wurde ein Minarett. Auf dem Vorplatz steht eine Platane, an der 1821 der or-

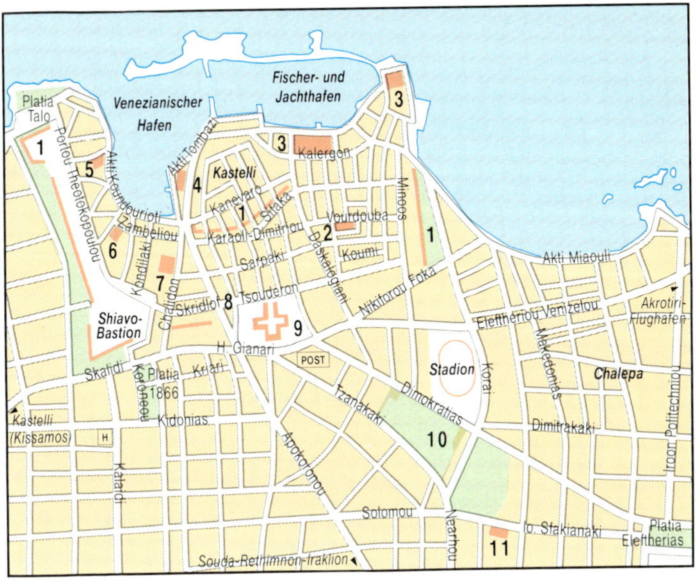

Chania

thodoxe Bischof von Chania, Melchisedek, von türkischen Sicherheitskräften gehängt wurde – eine Maßnahme zur Eindämmung des gerade ausgebrochenen Aufstandes gegen die Türken.

3 Venezianische Arsenale Von ursprünglich 17 sind heute nur noch sieben Lagerhallen erhalten. Sie werden restauriert und sowohl gewerblich (Fischer, Handwerker) als auch kommunal (z. B. als Ausstellungsräume) genutzt.

4 Ehemalige Janitscharenmoschee Das älteste türkische Bauwerk Chanias wurde gleich nach der Eroberung der Stadt errichtet. Leider ist es nicht zugänglich.

5 Nautisches Museum (Öffnungszeiten: Di–So 10–14 Uhr, Sa auch 19–21 Uhr) Schiffsmodelle aus der Geschichte der griechischen Seefahrt. Besonderer Akzent wurde auf die Rekonstruktion antiker Seeschlachten gelegt (u. a. Schlacht bei Salamis 480 v. Chr.). In Raum III gibt es eine beachtenswerte Muschelsammlung.

6 Venezianische Palazzi Fassaden und Portale aus venezianischer Zeit sind im nordwestlichen Altstadtviertel besonders gut erhalten: z. B. der Renieri-Palast in der schmalen Gasse Odos Moschon oder eine Loggia mit Wappen und Inschrift (*nulli parvus est census*

Chania, Kretas zweitgrößte Stadt

qui magnus est animus – ›Keiner ist gering geschätzt, der großherzig ist‹) in der Zambeliou 43–45.

7 Archäologisches Museum (Öffnungszeiten: Mi–Mo 8–15 Uhr, Di geschl.). Unabhängig von ihren Ausstellungsstücken, die Museumsanlage ist sehenswert: in ihrem Kern rührt sie von einer gotischen, einst katholischen Klosterkirche her, die nach Westen hin von den Türken zu einer Moschee ausgebaut wurde. Minarettbasis und Reinigungsbrunnen sind im Museumshof noch zu sehen. Im Unterschied zum Archäologischen Museum in Iraklion hat dieses Museum viel Atmosphäre.

Die ausgestellten Funde reichen vom Neolithikum über die Römerzeit bis hin zur Herrschaft der Venezianer und Türken. Besonders schön sind die römischen Fußbodenmosaike, außergewöhnlich das ›Master Impression-Siegel‹ (Mauer und Stadtansicht, auf einem Turm ein minoischer Mann mit Lanze) sowie andere Siegel und Kleinfunde in den Vitrinen 9, 11 und 13.

8 ›Ledergasse‹ (Skridlof) Hier können alle Arten von Lederwaren zu günstigen Preisen erworben werden. Gut und preiswert ist die Taverne *To Diporto*.

9 Markthalle (Agora) (Ladenöffnungszeiten: 8–13.30, Di, Do, Fr auch 17–20 Uhr) Mit ihrem Grundriß nach Form eines griechischen Kreuzes wurde sie 1908 in neoklassizistischem Stil nach dem Vorbild der Marseiller Markthalle gebaut.

10 Stadtpark mit einem kleinen Zoo, der auch *Agrimia* beherbergt.

11 Historisches Museum (Öffnungszeiten: Mo–Sa 9–13 Uhr) Untergebracht in einem neoklassizistischen Wohnhaus wird hier die jüngere Geschichte Griechenlands dokumentiert: Kretas Vereinigung mit dem Mutterland, Venizelos' politischer Werdegang, die deutsche Besatzungszeit.

Praktische Informationen

Flüge: Etwa fünfmal täglich Flüge nach Athen und einmal wöchentlich nach Thessaloniki. Olympic Airways-Busse verkehren vom Büro der Fluggesellschaft zum Flughafen auf Akrotiri je eine gute Stunde vor den Abflügen.

Schiffsverkehr: Jeden Abend 19 Uhr und meist auch 18.30 (im Sommer 1 Std. später) Fähren nach Athen (ANEK und *Minoan Lines* – in jedem Reisebüro oder auch auf der Fähre selbst buchen).

Busverkehr: Vom zentralen Busbahnhof in der Neustadt (schräg hinter der Platia 1866) stündlich Richtung Rethimnon und Iraklion sowie nach Kastelli. Mehrmals täglich nach Chora Sfakion und Paleochora an die Südküste. Im Sommer zweimal täglich Busverbindung zum ›Südseestrand‹ Elafonissi über das einsame Westküsten-Kloster Chrissoskalitissa. Von April bis Oktober auch frühmorgens zur Samaria-Schlucht. Stadtbusse, die an der Markthalle halten, verkehren den ganzen Tag über in Chanias Außenviertel sowie nach Souda zu den Fähren.

Unterkunft: Eine Besonderheit Chanias sind etliche stilvoll renovierte Pensionen in einstigen Altstadt-Palazzi. DZ mit Frühstück durchschnittlich 55–75 DM. *Contessa,* ✆ 08 21-2 39 66, Teophanou Str. 15, hinter der Hafenpromenade Akti Kountourioti. In nächster Nähe auch das *Amphora,* ✆ 08 21-4 29 98. Ein modernes, ruhiges C-Hotel gleich außerhalb an der östlichen Stadtmauer: *Irene,* Apostolidou 9, ✆ 08 21-9 46 67. Billiger das *El Greco,* Theotokopoulou 49, ✆ 08 21-9 18 29. Privatzimmer sind darüber hinaus leicht überall in der Altstadt zu finden.

Essen und Trinken: Auf Touristen eingestellt sind die Tavernen und Cafés am venezianischen Hafen. Hier findet auch die *Volta,* der allabendliche Spaziergang statt. Weniger überlaufen, preiswerter und ›authentischer‹ sind Tavernen am Yacht- und Fischerhafen. Gut ist das *Phaka* neben den venezianischen Arsenalen, urig die Gewölbetaverne *Tamam* in ehem. türkischem Bad (Sambelou 49). Das gemütliche *Anapulos* in der Sifaka 37 bietet zum Essen Lyra-Livemusik. Ein Oinomezedopoleion (offener Wein, Mezedes) ist in der Theotokopoulou 59, *To Adiexodo.*

Musik-Bars und Diskos jeder Couleur reihen sich längs der Hafenpromenade aneinander. Das *Fagotto,* eine Cocktail-Bar am Nautischen Museum, spielt klas-

In der Altstadt von Chania

sische Musik sowie Jazz und Blues. Die einheimische Jugend geht gern ins Rock Café *Berlin* in der Odos Rhadamanthous, hinter dem Hotel *Porto Veneziano.* Bouzukimusik bietet das *Ela,* Odos Kondilaki 45, wo man auch zu Abend essen kann. Ein Lyra-Lokal, das *Dilina,* befindet sich 5 km außerhalb des Zentrums Richtung Mournies. Es liegt an einer kleinen Nebenstraße und ist schwer zu finden: Einheimische fragen.

Auskünfte: EOT-Touristeninformation in der Kriari Str. 40, 4. Stock, Neustadt-Zentrum, ✆ 2 64 26; Kommunale Touristeninformation in der Sifaka 22; Olympic Airways: Tzanakaki 88, gegenüber Stadtpark.

Post und OTE: Tzanakaki 3 und 5. Postkiosk, außerdem vor der

Kathedrale am Archäologischen Museum.

Feste: Feierlichkeiten zur Erinnerung an die »Schlacht um Kreta« jedes Jahr vom 20.–27. Mai.

Strände: Sandstrand 15 Min. zu Fuß am westlichen Stadtrand im Viertel Nea Chora. Hier auch mehrere Hotels der C-Kategorie und viele Fischrestaurants, die meisten recht preiswert.

Auf die Halbinsel Akrotiri

Einen Besuch wert sind die Klöster Agia Triada und Gouverneto, die Venizelos-Grabstätte und der durch den Film *Alexis Sorbas* bekannt gewordene Küstenort Stavros.

Venizelos-Grabstätte Auf dem Hügel Profitis Elias, dort wo um 1905 zum ersten Mal die griechische Nationalflagge als Ausdruck der angestrebten Union mit dem Mutterland gehißt worden war, liegen Vater und Sohn Venizelos begraben. Der Vater, Eleftherios, war 1936 während der Metaxas-Diktatur im Exil gestorben, der Sohn, Sophoklis, der zwischen 1943 und 1963 mehrere Male griechischer Ministerpräsident war, starb 1964. Die mit Aleppokiefern als Park angelegte Gedenkstätte bietet einen herrlichen Blick auf Chania und das Meer (s. *Eleftherios Venizelos*, S. 48 f.).

Kloster Agia Triada Das Eingangsportal und die Fassade der Klosterkirche wurden im 17. Jh. mit den charakteristischen Stilmerkmalen der venezianischen Renaissance gestaltet: Halbsäulen, vorgeblendete Giebel und Gesimse. Der Innenraum der Kirche ist mit neuen, bunten, großflächigen Malereien verziert, die 1986 fertiggestellt waren.

Rechts vor der Kirche ist ein botanisches ›Wunder‹ zu sehen: die seltene Züchtung eines Obstbaumes, der gleichzeitig Mandarinen, Orangen, Zitronen und Limonen trägt.

Wandertip: Von Agia Triada 1 Std. Fußweg die (wenig befahrene) Straße entlang, hinauf zum Kloster Gouverneto. Von hier aus kann man in einer weiteren Stunde durch eine wildromantische Schlucht bis zum Meer herabwandern. Dieser Weg führt über die ›Bärenhöhle‹ und das Katholikon des Johannes.

Ikonensammlung im Kloster Gouverneto

Diktynnaion
Rodopos
Gramvousa
Tigani
Gramvousa
Kolpos Kissamou
Afrata
Rodopos
Gonia
Kolimvari
Kolpos Chanion
Maleme
Deutscher Friedhof
Spilia
Phalassarna
Kaliviani
Livadi
Kastelli
Gera
Kiparissos
Episkopi
Manoliopoulo
Platanos
Voukolies
Voulgaro
Vatolakos
Kalathenes
Topolia
Ag. Sofia
Sfinari
Kakopetros
Nea Roumata
Palea Roumata
Kambos
Vlatos
Floria
Strovles
Prases
Vathi
Elos
Agios Dikeos
1182 m
Omalos
Stomiou
Kandanos
Anisaraki
Chrissoskalitissa
Sklavopoula
Sarakina
Kampanos
Xiloska
Voutas
Temenia
Rodovani
Elafonissi
Azogires
Koustogerako
Sougia
Gialos
Anidri
Paleochora
Gavdos

0
N
10 km
Kretisches Meer
Stavros
Katholikon
Gouverneto
Chorafakia
Ag. Triada
Akrotiri
Chordaki
eodorii
Kounoupidiana
Venizelos-Grabstätte
Chania
Sternes
alatas
Souda
Perivolia
Chrissopigi
Nerokouros
Varipetro
Acra Drapanon
Malaxa
nos
Kalives
Kokkino Chorio
Kontopoula
Almirida
Fournes
Stilos
Loulos
Armeni
Samonas
Gavalochori
Neo Chori
Kefalas
Meskla
Therisso
Kiriakoselia
Vamos
Ramni
Zourva
Fres
Vrises
alos-
ebene
Georgioupoli
Rethimnon
Vafes
Kallergi
Alikampos
L e f k a O r i
Kournas-
See
Episkopi
g. Nikolaos
Kournas
Pachnes
2452 m
aria
Samaria-
Schlucht
Amoudari
Askifou
Askifou-
Hochebene
Asigonia
Argiroupoli
Aradena-Schlucht
Imbros-Schlucht
Imbros
Miriokefala
Agios
Ioannis
umeli
Asfendos
Ag. Pavlos
Anopoli
Loutro
Patsianos
Skaloti
Chora Sfakion
Plakias
Frangokastello

Kloster Gouverneto Das als Festung angelegte Kloster verwahrt eine interessante Ikonensammlung (Eintrittsgeld). Eine halbstündige Wanderung führt hinunter in eine Schlucht zur ›**Bärenhöhle**‹.

Die ›Bärenhöhle‹ war eine minoische Kulthöhle. Ihren Namen bezog sie von einem Stalagmiten, dessen Form an einen Bären erinnert. Von den Christen war dieser Kultort übernommen worden, dies bezeugt eine orthodoxe Kapelle am Eingang.

Katholikon des Eremiten Johannes Kurz vor der Klosterkirche befindet sich am unteren Absatz der Felsentreppe der Höhleneingang. Am besten Taschenlampe oder Kerzen mitnehmen, um den großen Höhlenraum aufzuhellen. Die Anlage wurde schon im 17. Jahrhundert verlassen, vermutlich aufgrund der vielen Piratenüberfälle. Erhalten geblieben ist ein architektonisches Glanzstück, eine gewagte Brückenkonstruktion über der Schlucht, die einen geräumigen Versammlungsplatz für das Heiligenfest am 6./7. Oktober geschaffen hat.

Stavros Der Badeort auf Akrotiri hat einen sehr flachen und feinsandigen Strand an einer zum Meer hin abgeschlossenen, fast kreisrunden Bucht – für Kinder ist hier völlig ungefährliches Baden möglich.

In Stavros ließ Regisseur M. Cacoyannis an einem Berghang die Seilbahn aufbauen, die im *Alexis Sorbas* so grandios zusammenkracht. Sie sollte Baumstämme vom Berg zum Meer befördern. In der Schlußszene des Films tanzen Alan Bates und Anthony Quinn dann den Sirtaki ... (s. *Alexis Sorbas – Der Sirtaki kommt aus Hollywood,* S. 66 f.).

Die anderen Drehorte des Films waren übrigens Ierapetra – hier lebte auch die authentische Madame Hortense, die Geliebte von Sorbas –, das Kloster Agia Triada und das malerische Dorf Kokkino Chorio am Ausgang der Soudabucht.

Praktische Informationen

Busse nach Agia Triada und Stavros ca. viermal täglich ab Chania, Stopp bei der Venizelos-Grabstätte. Zurück am besten mit dem Taxi, das von Agia Triada oder Gouverneto aus telefonisch bestellt werden kann (✆ 5 87 00, Fahrpreis ca. 20 DM).

Fest: Johannes der Eremit am 6./7. Oktober im Kloster Gouverneto.

Ausflüge östlich von Chania

Nikolaos-Kirche von Kiriakoselia Kreuzkuppelkirche mit nur angedeuteten Kreuzarmen und gut erhaltenem Freskenschmuck von 1230–36 (s. *Das byzantinische Bildprogramm* S. 192 f.) Katholischem Einfluß ist die Darstellung eines Papstes in der Laibung der Südostnische,

Zugang zum Katholikon
des Eremiten Johannes

Das byzantinische Bildprogramm

Die über 1000 Kirchen Kretas lassen sich nach Standort, Funktion sowie nach ihrer Architekturform gliedern. Es gibt einerseits Dorf- oder Stadtkirchen, die für die tägliche Liturgie gedacht sind. Andererseits sind auf dem Lande überall verstreut kleine Stifterkirchen zu finden, die auf Stiftungen von dort ansässigen Bauern, Großgrundbesitzern oder auf die Kaiser von Byzanz selbst zurückgehen. Sie werden nur am Namenstag ihres jeweiligen Heiligen für eine Liturgie genutzt. Früher standen sie Vorübergehenden für ein Gebet und das Anzünden einer Kerze offen. Infolge häufigen Opferstock- und Ikonendiebstahls sind die meisten allerdings heute verschlossen. Manchmal gehören einsame Kirchen auf dem Lande auch zu ehemaligen Klöstern, deren Wohn- und Wirtschaftsgebäude im Laufe der Zeit verfallen sind. Die meisten dieser Kirchen sind kleine, weiß getünchte Einraumkapellen; sie liegen in der Regel in reizvoller Landschaft.

Vom ›klassischen‹ Typus der Kreuzkuppelkirche gibt es auf Kreta 24 Exemplare, eines davon ist die Kirche des Agios Nikolaos bei Kiriakoselia am Fuße der Weißen Berge. Hier läßt sich das klassische Bildprogramm, wie es sich in mittelbyzantinischer Zeit (10.–12. Jh.) herausgebildet hat, exemplarisch studieren.

Die Ausmalung einer byzantinischen Kirche läßt sich nach einer vertikalen und horizontalen Hierarchie aufschlüsseln. In der vertikalen Hierarchie symbolisiert die Kuppel die himmlische Sphäre. Dort thront Christus als Alleinherrscher *(Pantokrator)*, dann folgen die obersten Engelhierarchien und im Tambour schließlich die Propheten. Die zweite Sphäre stellt den Übergang zum Irdischen dar. Tonnengewölbe und obere Wandzonen zeigen den Festezyklus des Jahres, angefangen mit der Verkündigung an der Südwand neben der Ikonostase, endend mit dem Marientod gegenüber an der Nordwand. Dazwischen reihen sich Geburt Jesu, Darstellung im Tempel, Taufe, Verklärung und Auferwekkung, Einzug in Jerusalem, Kreuzigung und Höllenfahrt, Himmelfahrt und Pfingstwunder – im ganzen zwölf Szenen aneinander, daher der Name Zwölffestezyklus. In der dritten und letzten, der irdischen Sphäre an den unteren Kirchenwänden sind die Heiligen und die Vertreter der kirchlichen Hierarchie abgebildet.

In der horizontalen Hierarchie steht die Apsis des Altarraums an erster Stelle. Hier findet man Maria in repräsentativer Haltung, mit Christus auf dem Arm zwischen den Erzengeln. Jesus ist immer schon jugendlich-erwachsen: in der einen Hand trägt er die Schriftrolle, mit der anderen segnet er. Die byzantinische Repräsentationskunst betont seine Gottnatur, deshalb ist seine Darstellung als unbeholfenes Kind wie im Westen für die Orthodoxie undenkbar. Der Altarraum, das Allerheiligste, wird durch eine Bilderwand, die Ikonostase, vom Gemeinderaum getrennt. Im Gemeinderaum *(Naos)* über dem Ausgang nach Westen befindet sich meist das ›Jüngste Gericht‹.

Diese festgefügte Ordnung läßt sich auch soziologisch deuten. der byzantinische Kaiser war oberster Kirchenherr. Er ließ sich als Verwalter *(Vicarius)* Gottes auf Erden verehren. Die kirchliche Kunst war somit auch Ideologieträgerin des Staates. Die feste Ordnung des Bildschmucks in den Kirchen sollte auch die Unumstößlichkeit des byzantinischen Staats- und Gesellschaftssystems propagieren. Jesus als Pantokrator in der Kuppel, die Engel als Adjutanten, die gesamte Kirchenhierarchie spiegelt zugleich die staatliche Hierarchie wieder. Der Verbreitungsgrad dieses ›Programmes‹ war hoch, wurde es doch über die Kirche noch in die entlegensten Winkel des Reiches getragen. Die Heiligen scheinen – besonders im Licht der Kerzen – den Gläubigen prüfend anzuschauen. Bevor er die Kirche verläßt, gibt ihm das ›Jüngste Gericht‹ mit seinen Höllenqualen auf drastische Weise noch die Mahnung mit, nicht gegen die Gesetze von Staat und Kirche zu verstoßen.

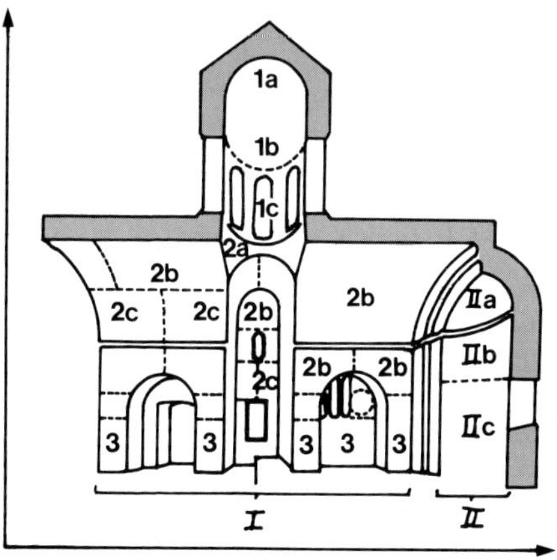

Vertikale Hierarchie
1. Himmlische Sphäre
a) Pantokrator
b) Engelhierarchien
c) Propheten

2. Übergangssphäre
a) Vier Evangelisten in den sphärischen Dreiecken zwischen Kuppel und Vierung
b) Jesus-, Marienleben und Passion Christi
c) Leben des hl. Nikolaos

3. Irdische Sphäre
Heilige und Vertreter der Kirchenhierarchie (Kirchenväter)

Horizontale Hierarchie I) Gemeinderaum II) Altarbereich a) Panagia (Muttergottes) b) Apostelkommunion c) Kirchenväter

nahe der Ikonostase zuzuschreiben. Die Malweise und die Komposition der Fresken sind ein Musterbeispiel des ›aristokratischen‹ Stils. Charakteristisch sind elegante, etwas in die Länge gezogene Figuren.

Einen Abstecher lohnen die kleinen Bergdörfer **Samonas** und **Ramni**. Besonders im Hochsommer kann man hier in einem der Dorfkafenia die angenehme Kühle genießen. Auf Feldwegen lassen sich herrliche Wanderungen in die Ausläufer der Weißen Berge *(Lefka Ori)* unternehmen.

Almirida Kleiner, vom Massentourismus noch weitgehend verschonter Ort mit Sandstrand und den Ruinen einer frühchristlichen Basilika an der Soudabucht. Abends kommen Chanioten hierher zum Essen.

Gavalochori Ein neues Dorfmuseum lohnt einen Abstecher.

Kokkino Chorio Malerisches Dorf am Ausgang der Soudabucht mit vielen traditionellen Natursteinhäusern und verwinkelten Eselsgassen. Viele Häuser weisen innen noch die *Kamara*, den Bogen, der den einzigen Großraum des kretischen Dorfhauses gliedert, auf. Vermutlich hat diese Architektursubstanz Cacoyannis bewogen, Kokkino Chorio als Kulisse für die Dorfszenen im *Alexis Sorbas* zu verwenden. Vor der Kirche wurde die Film-Witwe (Irini Papas) von den Dorfbewohnern gesteinigt.

Ca. 2 km oberhalb des Dorfes befand sich zur Zeit der deutschen Besatzung das für die Verteidigung der strategisch wichtigen **Soudabucht** verantwortliche Wehrmacht-Kommando. Stahlbeton-Basen für Geschütze und ein weitläufiger unterirdischer Bunker mit zwei Ausgängen sind noch zu sehen. Von hier wie vom Dorf hat man einen weiten Ausblick auf die Bucht und auf die Halbinsel Akrotiri.

Praktische Informationen

Busverkehr: Die Nikolaos-Kirche in Kiriakoselia ist am günstigsten mit einem Mietfahrzeug von Chania aus über Stilos und Samonas zu erreichen. Von Samonas sind es noch 3 km auf einem Feldweg. Almirida: nur zweimal täglich Bus ab Chania. Besser den öfters verkehrenden Bus nach Kalives nehmen und von dort ein Taxi nach Almirida oder Kokkino Chorio.

Unterkunft: Privatzimmer und das C-Hotel *Almirida-Bay*, ✆ 08 25-3 17 51. In Kokkino Chorio gibt es nur einige Kafenia und bisher noch keine Zimmervermietung.

Über Maleme an die Westküste

Fallschirmjägerdenkmal in Galatas

Auf einem Sockel mit eingraviertem Fallschirmjägeremblem thront ein herabstürzender Adler, der ein Hakenkreuz in seinen Klauen hält. Dieses Denkmal wurde von den deutschen Besatzern zur Erinnerung an die »Schlacht um Kreta« errichtet (s. *Unternehmen Merkur*, S. 195 f.).

Unternehmen Merkur

Die »Schlacht um Kreta« im Mai 1941

Etwas oberhalb des Meeres, am Küstenstreifen zwischen Chania und Kastelli, hat die deutsche Kriegsgräberfürsorge Ende der sechziger Jahre den Soldatenfriedhof Maleme angelegt. Hier fanden 4465 deutsche Soldaten, die während der deutschen Besatzungszeit auf Kreta umgekommen waren, ihre letzte Ruhestätte. Von den 23 500 Soldaten, die am *Unternehmen Merkur* beteiligt waren, sind mehr als ein Viertel, insgesamt 6580 gefallen. Auf den einfachen Grabplatten sind die Namen von je zwei Gefallenen verzeichnet. Als Todestag liest man meist den 20. oder 21. Mai 1941, als Geburtsjahr überwiegend 1920, 1921 oder 1922: die Toten waren 19 bis 21 Jahre alt.

Im April 1941 hatten die deutschen Truppen Griechenland eingenommen. Allein Kreta war noch unbesetzt, es war strategisch wichtig als Flugzeugbasis für militärische Operationen im östlichen Mittelmeer und Nordafrika. Die alliierten Truppen, neben Briten auch Neuseeländer und Australier, insgesamt ca. 30 000 Mann, dazu die griechischen Truppen mit 10 000 Mann erwarteten den deutschen Angriff. Auf alliierter Seite hatte der neuseeländische General Freyberg das Oberkommando, auf deutscher Seite der »General der Flieger« Kurt Student. Und was bei der deutschen Wehrmacht *Unternehmen Merkur* hieß, nannten die Briten *Creforce*.

Eine Landung von See her war wegen der überlegenen alliierten Seestreitkräfte nicht möglich. So blieb den Deutschen nur der Angriff aus der Luft. Nach dem Plan Students sollten nahezu 10 000 Fallschirmjäger abgesetzt werden. Die Deutschen hofften, so innerhalb eines einzigen Tages die von den Alliierten gehaltenen drei Flugplätze der Insel bei Maleme, Rethimnon und Iraklion erobern zu können. Die Invasion begann am Morgen des 20. Mai. Die erste Angriffswelle wurde von 330 Bombern geflogen. Ihnen folgten 180 Jäger, 500 Transportflugzeuge und etwa 80 Lastensegler, die von dreimotorigen Ju 52 gezogen wurden.

Das propagandistische Nazi-Blatt *Der Stürmer* reimte damals enthusiastisch:

»Gleich Adlern stürzen sie erdenwärts.
Im Sturz in die Tiefe, dem Feinde ins Herz,
Verkrallt, mit stählernen Fängen,
die Stellung des Gegners zu sprengen.«

Diese Verse bedürfen einer Erläuterung: Ein herabstürzender Adler war Wehrmachtsemblem der Fallschirmjäger und ist es bis auf den heutigen Tag in der Bundeswehr geblieben. Diesen Adler zeigt auch ein Denkmal, das die Deutschen dem *Unternehmen Merkur* bei Galatas an der Straße von Chania nach Kastelli gesetzt haben. Das faschistische Denkmal wurde in der Nachkriegszeit nicht abgerissen, mittlerweile soll es dem Verband der deutschen Fallschirmjäger gehören.

Die Deutschen hatten den Widerstandswillen der kretischen Zivilbevölkerung völlig unterschätzt. Mit Sicheln, Forken, Stöcken und Steinen ›begrüßten‹ Frauen, Kinder und Greise die deutschen Eindringlinge. Die deutsche Wehrmacht glaubte sich willkommen, zumindest toleriert. (So unglaublich das klingt, es ist doch durch Quellen verbürgt!) Und das alliierte Oberkommando versäumte, den zivilen Widerstand zu koordinieren.

Die deutschen Verluste des *Unternehmens Merkur* waren höher als die des gesamten Balkanfeldzuges (hier ›nur‹ ca. 1100 Tote). Auf alliierter Seite wurden Verluste in Höhe von 12–15 000 Soldaten angegeben, allerdings unter Einschluß der Verletzten. Das griechische Militärkontingent hatte ca. 1000 Tote zu beklagen.

Alles in allem war der Sieg der Deutschen ein Pyrrhus-Sieg. Griechische Historiker meinen, daß der hartnäckige alliierte Widerstand auf Kreta den deutschen Überfall auf die Sowjetunion verzögerte, und damit zur Niederlage bei Stalingrad beitrug. So sei die »Schlacht um Kreta« schließlich doch noch als Sieg der Griechen und ihrer Verbündeten zu feiern.

So ist es dann auch im Mai 1991 beim 50jährigen Jubiläum geschehen: Veteranen aus England, Australien und Neuseeland waren zu den Feierlichkeiten in Chania angereist. Bundeskanzler Kohl kam zu einer Kranzniederlegung auf den Soldatenfriedhof und zu einer Versöhnungsgeste mit dem damaligen Premierminister Griechenlands, Konstantin Mitsotakis, einem Kreter und ehemaligen Widerstandskämpfer.

Deutscher Soldatenfriedhof bei Maleme Der Soldatenfriedhof liegt oberhalb der Straße Chania – Kastelli in der Nähe eines griechischen Militärflughafens. Der Vorgänger dieses Flughafens war der in der »Schlacht um Kreta« 1941 hart umkämpfte Flugplatz. Der Friedhof wurde 1974 von der Kriegsgräberfürsorge eingeweiht; von insgesamt 15 000 deutschen Soldaten, die im Zweiten Weltkrieg auf griechischem Boden gefallen sind, liegen hier 4465 Tote. Der größte deutsche Soldatenfriedhof in Griechenland mit über 10 000 Gräbern liegt in der Nähe von Athen. Eine deutschsprachige Informationsbroschüre ist kostenlos am Eingangsgebäude zu erhalten. Dort befindet sich auch ein Café.

Kloster Gonia bei Kolimvari In der venezianischen Klosteranlage von 1634 werden bedeutende Ikonen verwahrt (sowohl in der Klosterkirche als auch in einem kleinen Ikonenmuseum). Zwei Ikonen in der Kirche sind besonders erwähnenswert. Auf dem großen Gemälde im Kirchenschiff links ist das Jüngste Gericht dargestellt. Im Paradies halten sich nicht nur die christlichen Heiligen, sondern auch einige Heiden auf: Kaiser und Könige nämlich, die als ›Vorläufer‹ des ersten christlichen Königs und Kaisers Konstantin nicht in der Unterwelt bleiben durften. Zu erkennen sind Augustus, Dareios und Alexander der Große. Auf einer weiteren Ikone rechts unten an der Ikonostase sind sehr plastisch und realistisch Asketen abgebildet: Eremiten, die in Höhlen leben, und ein Säulenheiliger.

Hinter dem Kloster liegt die ›Orthodoxe Akademie‹, eine Gründung des Bischofs von Kastelli.

Topolia-Schlucht Höhlenfans sollten sich auf keinen Fall die Agia-Sofia-Tropfsteinhöhle entgehen lassen.

Phalassarna Antike Hafenstadt mit einigen wenigen Ruinen von Hafenanlagen und Gebäuden. Außerdem Überreste antiker Steinbrüche. Seit der Antike hat sich die Küste hier um 6–7 m erhoben.

Halbinsel und Festung Gramvousa Bei der Provinz- und Bezirksverwaltung streitet man sich zur Zeit, ob die beiden bisher unbesiedelten Halbinseln Gramvousa und **Rodopos** erschlossen oder zu Naturschutzgebieten erklärt werden sollen. Eine Schotterstraße ist bereits im Bau, doch Naturschützer laufen Sturm gegen das Projekt.

Frauenkloster Chrissoskalitissa (›mit der goldenen Treppe‹) Der einsam gelegene Bau mit seiner blauen Kuppel erhebt sich festungsartig auf einem niedrigen Felsen über dem Meer. Es besitzt eine kleine Ikonensammlung. ›Frauenkloster‹ ist übertrieben – 1992 hielt nur noch eine Nonne die Stellung.

Strand und Insel Elafonissi Nach 5 km über eine Staubstraße, erreicht man den Traumstrand von Elafonissi: Der Kontrast zwischen weißem Sand und türkisfarbenem Meer schafft eine südseehafte Lagunenatmosphäre. Das Wasser ist hier so seicht, daß man zur vorgelagerten Insel durchwaten kann. Rucksacktouristen zelten in den Dünen.

Praktische Informationen

Busverkehr: Nach Galatas, Maleme, Kloster Gonia: stündlich ab Chania Richtung Kastelli. Busreisende können je in Galatas, Maleme (den Fahrer beim *jermanikó nekrotafío* halten

Bergkloster bei Kiparissos, im Hochland über Maleme ▷

lassen) aussteigen und auf derselben Strecke wieder zusteigen. Phalassarna: zwei- bis viermal täglich ab Chania. Die anderen Ziele sind am besten mit Mietfahrzeug zu erreichen. Elafonissi: Einmal täglich kommt im Sommer ein Bus aus Chania sowie gelegentlich ein Badeboot aus Paleochora. Kloster Chrissoskalitissa und Paleochora sind über eine schlechte Schotterstraße miteinander verbunden. Vorsicht bei Leihwagen!

Unterkunft: In Phalassarna und beim Kloster Chrissoskalitissa. In Elafonissi neue Pensionen, z. B. Elafonissi Rent rooms (✆ 08 22-6 11 23).

Strände: Neben dem Strand von Elafonissi ist an der Westküste der Strand von *Tigani* zu empfehlen: Eine Wanderung von Kaliviani bis zur Bucht gegenüber der venezianischen Festung dauert 6 Std. hin und zurück. Im Sommer ab Kastelli Bootsausflüge zu dieser ›Piratenbucht‹.

Fest: Am 28./29. August zweitägige Prozession zur Kapelle Johannes des Täufers auf der Halbinsel Rodopou. Am 14./15. August Mariä Himmelfahrt am Kloster Chrissoskalitissa.

Über Kandanos nach Paleochora

Kandanos Hauptstadt des Kreises Selinon. Der Ort wurde als einer der ersten auf Kreta von deutschen Truppen bis auf die Grundmauern zerstört. Einige Tage nach der »Schlacht um Kreta« Ende Mai 1941 zog ein deutscher Truppenverband Richtung Südküste, um das Land zu besetzen. Kretische Partisanen griffen die Deutschen an und töteten 25 Soldaten. Aus Rache ermordeten die Deutschen die Zivilbevölkerung und legten das Dorf am 3. Juni 1941 in Schutt und Asche. Auf der Platia hängt immer noch eine Tafel, die die Wehrmacht zur Mahnung angebracht hatte: »Hier stand Kandanos. Es wurde zerstört als Sühne für die Ermordung von 25 deutschen Soldaten.« Als Beitrag zur Wiedergutmachung hat die ›Aktion Sühnezeichen‹ 1963 in Kandanos ein Wasserwerk errichtet.

Die Umgebung von Kandanos gilt als unbedingtes ›Muß‹ für Freunde byzantinischer Kunst. In Anisaraki, Sarakina und Sklavopoula stehen viele kleine byzantinische Kapellen mit beachtenswerten Wandmalereien. Hier nur eine Auswahl:

Anisaraki: Agia Anna, Einraumkapelle mit steinerner Ikonostase und Marienleben von 1462 (Hinweisschild im Ort). Außerdem Panagia-Kirche mit Jüngstem Gericht an der Westwand aus dem 14. Jh. (Richtung Temenia, Hinweisschild).

Sarakina: Erzengel-Michael-Kirche von 1350. Fresken in einem harten, antiklassischen Stil.

Sklavopoula: Agios Georgios. Zwei Malschichten, datierbar auf das 13. und 14. Jh. Auf der älteren Malschicht, die die Kreuzigungsszene wiedergibt, tragen die römischen Soldaten venezianische Rüstungen. Sollte sich darin ein Protest gegen die venezianische Herrschaft ausdrücken oder kannte der Künstler keine anderen Rüstungen?

Netzflicker in Paleochora

Paleochora Das Hafenstädtchen ist ein beliebter Treffpunkt der Rucksack-Urlauber mit vielen Pensionen und stets überfüllten Tavernen an der breiten Hauptstraße. Beim Campingplatz (1 km außerhalb) gibt es eine Open-Air-Disko. Auf der Halbinsel vor der Stadt stehen die Reste eines venezianischen Kastells, davor erstreckt sich der sandige, fast nordseehafte Ortsstrand.

Ausflüge lohnen sich von hier in die Bergdörfer **Azogires** (Folkloreabende) und **Aniri** (Ag. Georgios-Kapelle aus dem 14. Jh.). Schiffe fahren zur Traumbucht von Elafonissi an der Ostküste und nach Gavdos, der südlichsten Insel Griechenlands.

Sougia Kleiner stimmungsvoller Ort mit Kieselstrand vor einem Berghang; nur eine Handvoll Häuser, die Zimmer vermieten. Bisher eine gute Alternative zu Paleochora, wenn Sie den Trubel dort nicht mögen. Dennoch: wie so viele Strandorte wird auch Sougia während der Hochsaison von einer Disko beschallt.

Insel Gavdos Rauhe, ca. 36 km große Felseninsel vor der Südküste Kretas. In der Antike und im Mittelalter hatte Gavdos mehrere Tausend Einwohner, heute sind es vielleicht nur noch 50.

Gavdos ist ideal für einen Eremitenurlaub fernab touristischer Infrastruktur. So karg die Vegetation der Insel ist – es gibt keine Quellen, das Wasser wird allein in Zisternen gesammelt –, so einfach ist auch das Leben auf Gavdos. Erst seit kurzem gibt es hier Strom und Telefon. Bis auf ein paar Transportfahrzeuge verkehren kaum Autos, Gavdos bietet sich für einsame Wanderungen geradezu an. Hier sind noch unberührte Strände zu entdecken!

Praktische Informationen

Schiff: Im Sommer täglich Verbindung Paleochora–Agia Roumeli am Ausgang der Samaria-Schlucht. Schiffe halten auch in Sougia. In Agia Roumeli Umsteigemöglichkeit nach Chora Sfakion. Von dort aus am selben Tag Busverbindung nach Agia Galini. Schiffsverbindungen nach Gavdos (Juni–September) von Paleochora (zwei- bis dreimal täglich, 3 Std.), von Sougia (zweimal wöchentlich) und von Chora Sfakion. Außerhalb der Saison wird Gavdos nur sporadisch, und wenn es die Wetterlage erlaubt, angelaufen.

Busverkehr: Linienbus ab Chania nach Kandanos/Paleochora ca. sechsmal täglich. Lange Fahrt durch das gebirgige Westkreta. Nach Sougia: ab Chania zweimal täglich, lange Fahrt auf Nebenstrecke.

Unterkunft: Das *Polydoros* (C-Klasse, DZ ca. 65 DM, ✆ 08 23-4 10 46) ist das beste Hotel in Paleochora. Außerdem preiswerte Pensionen und Privatzimmer. Reisebüros helfen bei der Suche. In Sougia und auf Gavdos werden Privatzimmer vermietet.

Essen und Ausgehen: Diskos, Cocktailbars, ein Billard-Salon und ein Freilichtkino, dies alles hat Paleochora zu bieten. Die hiesige, auf Touristen eingestellte Küche ist leider nur von mäßiger Qualität.

Samaria-Schlucht und Sfakia

Die schönsten Wanderungen lassen sich in Westkreta unternehmen, dem gebirgigsten, vom Tourismus unberührtesten und grünsten Teil der Insel. Die Weißen Berge *(Lefka Ori)* und ihre Ausläufer waren noch vor wenigen Jahrzehnten nur auf Maultierpfaden zugänglich und daher Rückzugsgebiete der Partisanen. Die ›klassische‹ Wanderung führt durch die Samaria-Schlucht.

Durch die Samaria-Schlucht nach Agia Roumeli Die 18 km lange Schlucht ist eine der großen Natursehenswürdigkeiten Europas. An ihrer engsten Stelle, den ›Eisernen Pforten‹, ist sie nur 6 m breit, bis zu 600 m steigen die Felsen fast senkrecht empor. Der Fluß aus Regen- und Schmelzwasser, der sich hier sein Bett gebahnt hat, versperrt im Winter von der Meerseite her jeden Zugang zur Schlucht. Die Samaria-Schlucht wurde 1962 zum Nationalpark erklärt, damals mußten die Bewohner des einzigen Dorfes der Schlucht ihre Heimat verlassen (s. *Samaria-Schlucht,* nebenstehend). Die in der Vergangenheit so schwer zugängliche Samaria-Schlucht hat sich eine einzigartige Vegetation bewahrt; Botaniker zählen über 450 verschiedene Pflanzenarten, davon ca. 70 endemische.

Am Zugang zur Schlucht muß Eintritt gezahlt werden: man erhält eine Informationsbroschüre, die neben einer Wegbeschreibung auch Angaben zu Flora und Fauna enthält. Vom Eingang **Xiloskalo** geht

Die Samaria-Schlucht

Aus der Sicht eines Naturschutzwärters

Vangelis Viglis war der erste Naturschutzwärter der Schlucht. Er ist in Samaria aufgewachsen. Heute ist er 75 und pensioniert, er wohnt in Alikianos, einem Dorf in der Nähe von Chania, und hilft seinem Sohn hin und wieder im Kafenion, das dieser betreibt. Vangelis kennt die Schlucht und ihre Besonderheiten wie kein zweiter. Die außer ihren steilen Wänden und Engpässen bekannteste Attraktion der Samaria-Schlucht ist die Bezoarziege *(Agrími)*, auch *Kri-kri* genannt. »Damals in den 60ern«, erzählt Viglis, »waren die Agrimia fast ausgestorben. Schon 1932 haben wir auf Anordnung des Forstamtes zwei weibliche und ein männliches Agrimi gefangen und auf die Insel Agii Theodori vor Chania gebracht. Die Tiere waren damals erst zwei bis drei Tage alt, wir konnten sie mit den Händen fangen. Sie wurden dann auf der unbewohnten Insel von einem Wärter gefüttert. Später besorgten sie sich ihr Futter selbst. Heute leben auf Agii Theodori ungefähr 100 Wildziegen und in den Weißen Bergen annähernd 1000.«

Vangelis Viglis hielt in Samaria zunächst als einziger Naturschützer die Stellung. In den 60ern verirrten sich nur wenige Touristen in die Schlucht. 1973 wurde ihm der erste Helfer zugeteilt, heute beschäftigt sein Nachfolger bereits sechs Gehilfen. »In meiner Amtszeit hat es viermal gebrannt. Dreimal haben Touristen aus Unachtsamkeit Feuer entfacht, einmal hat ein Blitz eingeschlagen. Wir konnten das Feuer jedesmal schnell löschen, denn wir haben von den zahlreichen Wasserläufen der Schlucht aus überallhin Wasserschläuche verlegt und auch einige Schuppen mit Löschgerät eingerichtet. Dreizehnmal mußte ich über Funk einen Hubschrauber holen, jedesmal Herzflattern oder Hitzschlag«, sagt Vangelis. Er warnt auch vor Steinschlag. Die Schlucht ist an der schmalsten Stelle nur 3,50 m breit, senkrecht streben die Felswände in die Höhe. »Vor einigen Jahren ist bei den ›Eisernen Pforten‹ ein deutscher Arzt ums Leben gekommen, er wurde von einem herabstürzenden Stein getroffen.«

Laut Vangelis Viglis wirken sich die täglichen Menschenmassen nicht negativ auf Flora und Fauna aus. »Die Wildziegen haben sich an die Wanderer gewöhnt. Sie sind nicht mehr so scheu wie früher. Morgens kommen sie sogar bis auf 50 m heran.« Man muß aber genau hinschauen, denn das Agrimi hat ein gelb-grau gestreiftes und geflecktes Fell, so daß es kaum vor dem Hintergrund der Felsen zu erkennen ist.

Flußüberquerung in der Samaria-Schlucht

es zunächst über einen Serpentinenweg ca. 2 km steil bergab bis auf den Schluchtgrund. Von jetzt an wandert man auf bequemen Wegen weiter. Im Frühjahr muß der Fluß immer wieder überquert werden; dazu haben die Wärter große Steine ausgelegt. Wasser mitzunehmen ist unnötig, denn immer wieder fließen Quellen mit bestem Trinkwasser am Wegesrand.

Auf halbem Wege erreicht man das verlassene Dorf **Samaria**. Hier ist die Station des Naturschutzwärters eingerichtet, und hier steht auch eine Toilette sowie ein Telefon für Notfälle zur Verfügung. An Holztischen kann der mitgebrachte Proviant verzehrt werden. Weiter geht es dann durch die ›Eisernen Pforten‹ bis einem das strahlendblaue Libysche Meer entgegenleuchtet. Sofern man nicht an einer organisierten Tour teilgenommen hat, sollte man sich vor dem lang ersehnten Bad allerdings Tickets für das Schiff nach Chora Sfakion sichern. Wenn Sie Gepäck für ein bis zwei Tage mitnehmen, können Sie die Wanderung auch abseits des Andranges der Tagesausflügler unternehmen (nach 15 Uhr darf die Schlucht aber nur noch ca. 2 km weit betreten werden). Übernachtungsmöglichkeiten bestehen sowohl am Schluchteingang wie in Agia Roumeli.

Ein längerer Bade- und Wanderaufenthalt in **Agia Roumeli** lohnt sich: der Ort ist nur zwischen Mittag und 18 Uhr überfüllt, wenn

Selbstversorger in den Weißen Bergen

Aus dem Alltag der Viehzüchterfamilie Sartzetakis

Areviti ist eine Ansammlung von wenigen Häusern und Ställen, das letzte Dorf an einer löchrigen Schotterstraße, die sich von Vafes aus die Hänge der Weißen Berge hinaufwindet. Hier oben leben sechs Familien, allesamt Viehzüchter. Erst Ende der 70er Jahre wurde Strom verlegt. Für einen Telefonanschluß verlangt die Telefongesellschaft OTE umgerechnet 6000 Mark pro Familie – zuviel für Andreas Sartzetakis.

Sartzetakis versorgt zusammen mit seinen vier Brüdern und den Söhnen ca. 1000 Schafe und 800 Ziegen. Damit sind die Sartzetakis, im übrigen entfernte Verwandte des griechischen Staatspräsidenten Christos Sartzetakis (1985–1990), die größten Viehzüchter der Weißen Berge. Andreas' Frau Argyro hat zwischen 1975 und 1990 zehn Kinder zur Welt gebracht. Jeden Morgen kommt der Schulbus von Vafes heraufgefahren, um die Jüngeren – kostenlos – zur Schule zu bringen. Die Älteren haben die Schule vorzeitig nach sechs Jahren Grundstufe verlassen, die Jungen helfen bei der Schafzucht, die Mädchen im Haushalt.

Die Sartzetakis sind Selbstversorger. »Außer Schafen und Ziegen haben wir Schweine, Hühner und Puten, bauen im Garten Tomaten, Gurken, Salat, Artischocken, Kartoffeln und Auberginen an, wir haben Weinstöcke und Olivenbäume, außerdem Bienenkästen.« Nur Mehl, Schuhe und Kleider müssen sie kaufen. Brot backen sie selbst in einem gewaltigen tönernen Ofen im Garten. Wasser beziehen sie allein aus Zisternen, im Winter versorgen sie sich direkt mit Regenwasser. »Unser Leben ist hart, und endlos die Arbeit. Im Winter ist es sehr kalt hier oben, wir hocken dann alle zusammen um den Kamin.«

In den Wintermonaten, wenn Schnee die Weißen Berge bedeckt, sind Schafe und Ziegen im Tal in Ställen untergebracht. »Wir müssen dann 500 Kilo Mais im Wert von 30 000 Drachmen pro Tag verfüttern, (200 DM). Die Agrarbank gibt uns das Futter als Kredit, zinslos.« Trotzdem ist Andreas Sartzetakis nicht gut auf die Bank zu sprechen. »Sie verkauft uns Futter für 80 Drachmen pro Kilo, zahlt selbst dafür aber nur 40.« Naht Ostern, werden Hunderte Lämmer und Zicklein geschlachtet. Aus Athen und Iraklion kommen dann die Fleischgroßhändler mit ihren Kühlwagen vorbei und kaufen die geschlachteten und enthäuteten Tiere. Acht Mark pro Kilo zahlt der Großhandel zur Zeit, beim Einzelhändler kostet das Kilo dann 15 Mark. Seit einigen Jahren erhält Andreas Sartzetakis aus der EU-Subventionskasse jährlich 10 DM pro Schaf oder Ziege. Für ein geschlachtetes Tier gibt es zusätzlich 20 DM, aber nur bis zu 200 Tieren.

Im Mai oder Juni, wenn es auf den Bergen wärmer wird und der Schnee zurückgewichen ist, ziehen die Sartzetakis mit ihren Herden in die Berge. Die Viehzüchter leben dann monatelang in einfachen Hütten aus geschichteten Steinen, den *Mitata. Mitata* sind Käseproduktions- und Schlafstätten in einem. In angrenzenden Kammern werden die Käselaibe gelagert. Zu jedem *Mitato* gehört ein Pferch, die *Mandra,* in den die Schafe und Ziegen zum Melken hineingetrieben werden. »Wir schaffen es einfach nicht, alle Tiere zu melken, wir nehmen dann nur die Schafe«, sagt Andreas Sartzetakis. »Für den *Anthotiro* (ein weißer, weicher Quarkkäse) muß die Milch auf 45–47 Grad erhitzt werden, für den *Graviera* (ein fester, gelber Käse, dem Gruyère vergleichbar) auf 50 Grad, genau mit dem Thermometer. Dann schütten wir Lab in die Milch und rühren eine Stunde lang um. Die Milch gerinnt, wir schöpfen den Käseteig heraus und drücken mit hölzernen Pressen die Molke heraus. Dann muß der Käse 40 Tage lang ruhen und zur Konservierung eingesalzen werden.«

Anders als beim Fleisch versucht Andreas Sartzetakis beim Käseabsatz den Großhandel zu umgehen. »Wir verkaufen die Laibe direkt an den Einzelhändler oder den Konsumenten, das nützt schließlich beiden Seiten.« Er verkauft das Kilo für 10 DM und ist stolz darauf, daß alle seine Lebensmittel »ohne Hormone« und ohne chemische Zusätze hergestellt sind. Die minderwertigen Lebensmittel aus den Geschäften im Tal ißt er nicht. Kummer macht ihm allerdings seine jüngste Tochter – die mag nämlich nur Kondensmilch aus der Dose.

die Samaria-Exkursionen durchgeschleust und nach Chora Sfakion eingeschifft werden. Zum Baden lädt ein dunkelgrauer Kieselstrand und glasklares Wasser ein. Wandern kann man längs der Südküste entweder nach **Loutro** (5 Std. Wanderung, nachmittags gegen 17 Uhr mit dem Schiff nach Chora Sfakion) oder über Ag. Ioannis und die wilde **Aradena-Schlucht** (Brücke!) nach **Anopolis** (6 Std. Wanderung, von Anopolis nach Chora Sfakion ca. 1–2 Std. eine Asphaltstraße bergab). Für beide Routen gilt: bei Tagesanbruch aufbrechen, um bereits vor der Mittagshitze am Ziel zu sein. Wichtig: Kopfbedeckung und große Wasserflasche nicht vergessen, der Weg ist schattenlos.

Loutro Der kleine Fischerort an einer Felsenbucht ist besonders bei Rucksacktouristen beliebt. Die weißen Häuser Loutros gruppieren sich einladend rund ums Hafenbecken, fast überall werden Zimmer vermietet. Eine Straße nach Loutro wird z. Zt. gebaut. Schiffe der Linie Chora Sfakion – Agia Roumeli machen hier einen Zwischenstopp.

Chora Sfakion Hauptstadt der Sfakia, jener Bergregion, die in Griechenland wegen ihres Widerstandswillens bekannt und berühmt ist. Unter osmanischer Herrschaft war die Sfakia eine Enklave der Freiheit mit eigenen Gesetzen. Ehrverletzungen wurden mit Blutrache gesühnt. Von hier nahm der Aufstand des Jahres 1770/71 unter Leitung des Kaufmanns Jannis Vláchos, genannt *Daskalojannis* (Jannis ›der Lehrer‹, da er der einzige war, der schreiben und lesen konnte) seinen Ausgang.

Heutzutage arbeiten die stolzen, hochgewachsenen, manchmal blauäugigen Männer mehr und mehr im Tourismus, denn Chora Sfakion hat sich zur obligatorischen Durchgangsstation für die Ausflügler aus der Samaria-Schlucht entwickelt. Chora Sfakion eignet sich als Standquartier für Abstecher nach Fran-

Küste bei Chora Sfakion

33 Jahre Widerstand

Während der Juntazeit, von 1967–74, als Touristen die Strände Kretas schon massenhaft bevölkerten, wurden in den Bergen der Insel noch Partisanen gejagt. Zwei Widerstandskämpfer, Giorgos Tzobanakis und Spiros Blazakis, hatten sich nach dem Ende des Bürgerkriegs und der Zerschlagung der linksgerichteten ›Demokratischen Armee Griechenlands‹ 1948/49 nicht ergeben, sondern setzten den Kampf gegen die Restauration der Monarchie und die Diktatur bis zum Ende der Juntazeit 1974 fort. Dann wurden sie amnestiert.

1947 hatte der griechische Bürgerkrieg auch Kreta erfaßt. Giorgos Tzobanakis erinnert sich: »Der Befreiungskrieg (gegen die deutsche Wehrmacht, A. S.) war hart, aber härter noch war der Bürgerkrieg. Der Vater tötete den Sohn und der Sohn den Vater.« Im heißen Sommer 1948 fand in der Samaria-Schlucht, die heute von Touristen in Turnschuhen eilig durchwandert wird, eine der blutigsten Schlachten des ganzen Bürgerkriegs statt. 200 Partisanen wurden von Regierungstruppen eingekesselt und zusammengeschossen. Nur etwa 35 konnten bei Nacht über steile Felswände, die sonst nur von Wildziegen erklommen werden, entkommen.

Zwei von jenen 35 kehrten erst im Februar 1975 in die Zivilisation zurück, nachdem der griechische Ministerpräsident Konstantin Karamanlis die Amnestieurkunde unterschrieben hatte. Besonders hart seien die Jahre der Junta gewesen. Die letzten aktiven kretischen Partisanen hatten nach dem Militärputsch im April 1967 erneut zu den Waffen gegriffen. Mit Dynamit kappten sie Strommasten und unterbrachen so die Stromzufuhr des Raketenstützpunktes der Nato auf Akrotiri. »Die Junta war ein Kind der Nato«, rechtfertigt Giorgos Tzobanakis sein Tun. Ein Sprengstoffanschlag auf die Basis selbst scheiterte. Giorgos konnte den Wachen entkommen und durchschwamm nachts die Soudabucht zum Kap Drapanon, insgesamt 20 km. Als am nächsten Morgen die Suche nach den Attentätern auch hier anlief, schwamm Giorgos in der Folgenacht die Strecke wieder zurück.

Die Militärjunta setzte auf die Köpfe der beiden Partisanen umgerechnet je 400 000 DM aus, angesichts des griechischen Lohn- und Preisniveaus eine immense Summe. Die beiden Partisanen mußten fortan täglich fürchten, verraten zu werden. Nur eine Handvoll zuverlässiger Freunde und Genossen hielt zu ihnen Kontakt und versorgte sie mit Lebensmitteln und Munition. Auch das war schon schwierig ge-

Giorgos Tzobanakis, einer der beiden letzten kretischen Partisanen

nug. Auf den Kämmen der Weißen Berge lauerten Polizisten und Soldaten mit Ferngläsern und Hunden. Hubschrauber wurden eingesetzt. »Zwei Jahre lang haben wir das Tageslicht nicht gesehen«, erzählt Giorgos. In labyrinthischen Höhlen, von denen es im verkarsteten Kalkstein Kretas über 3000 gibt, hatten sie sich versteckt. Oft kannten nur Bauern und Hirten die Zugänge, Hunde trauten sich hier nicht hinein. Waren die Lebensmittel knapp, haben sich die beiden Einzelkämpfer von Gräsern und Beeren ernährt und auch schon mal ein Schaf oder eine Ziege mit dem Messer getötet – lautlos. Ihre Schußwunden behandelten sie entweder mit Urin oder, sofern verfügbar, mit Zitronensaft.

Nach ihrer Rückkehr ans ›Tageslicht‹ der Öffentlichkeit wurden die Partisanen am Athener Flughafen von 15 000 Menschen begeistert empfangen. Ein erster Tavernenbesuch geriet den beiden allerdings zur Qual. Sie mußten ihn wegen der verqualmten Luft vorzeitig abbrechen. »Wir waren auch das Parfüm der Frauen nicht gewohnt.« Außerdem machte ihnen das gechlorte Trinkwasser und die verpestete Luft der griechischen Hauptstadt zu schaffen. »Das alles war zuviel für mich. Ich bin dann lieber in mein kretisches Heimatdorf zurückgekehrt.«

Hier besaß Giorgos' Familie noch Land, doch das Elternhaus war bereits im Bürgerkrieg zerstört worden. Freunde und Verwandte steuerten Geld und tätige Hilfe bei, dem verdienten Partisanen ein neues Heim zu bauen. Zum Dank und zum Gedenken an diese Solidarität hat Giorgos auf das Dach seines Hauses ein Leuchtschild aufgestellt mit der Aufschrift: »Es brannte für die Freiheit, und es wurde wieder aufgebaut mit Hilfe des Volkes.«

gokastello, in die Imbros-Schlucht und die Weißen Berge.

Frangokastello Die gut erhaltene venezianische Festung von 1371 diente einerseits dem Schutz der Küste vor Piratenüberfällen, andererseits war sie aber auch ein Bollwerk gegen die aufständischen Sfakioten.

1828, bei einem Aufstand im Zuge des griechischen Unabhängigkeitskampfes, eroberten Sfakioten die von den Türken gehaltene Festung. Anschließend wurden die Aufständischen von 8000 türkischen Soldaten belagert. Die 400 Sfakioten konnten die Festung schließlich nicht mehr halten und wurden allesamt getötet. Daran erinnert ein Denkmal östlich der Festung.

Wandern in den Weißen Bergen Die Weißen Berge *(Lefka Ori)* und ihre Ausläufer sind eine phantastische Landschaft für Wanderungen: die landschaftlichen Gegensätze zwischen Hochebenen, schneebedeckten Gipfeln und Schluchten, zwischen fruchtbaren Ausläufern nach Norden und kargen nach Süden sind nirgendwo auf Kreta größer. Drei mittelschwere Erkundungsrouten seien hier vorgeschlagen.

1. Umgebung von Chania: Von Therisso über Zourva nach Meskla, ca. 4 Std., An- und Abreise mit Taxi von Chania, beide Fahrten zus. ca. 22 DM. Variante: Gepäck für eine Zwischenübernachtung mitnehmen. Von Meskla aus geht die Wanderung über Serpentinen, dann in das oberhalb gelegene Lakki abzweigen. Hier übernachten und morgens in den Bus zur Samaria-Schlucht einsteigen.

2. Weiße Berge: Von der Omalos-Ebene über die Kallergi-Hütte am Schluchtrand entlang in die Weißen Berge. Der Weg wird mit einem herrlichen Panorama über die Samaria-Schlucht belohnt. Nachmittags 15 Uhr mit Linienbus ab Omalos zurück nach Chania.

3. Durch die Imbros-Schlucht: Von Imbros auf der Askifou-Hochebene (Bus nach Chora Sfakion nehmen) hinunter an die Südküste. Vor Fertigstellung der Asphaltstraße war dies der reguläre Weg zur Südküste. Mit dem Bus von Chora Sfakion zurück nach Chania.

◁ Frangokastello

Praktische Informationen

Schiffsverkehr: Zwischen Paleochora und Chora Sfakion sowie zwischen Agia Roumeli, Loutro und Chora Sfakion bestehen regelmäßige Schiffsverbindungen. Von Chora Sfakion auch nach Gavdos.

Busse: Zur Samaria-Schlucht verkehren von den Städten der Nordküste frühmorgens Busse der KTEL, Rückfahrt spätnachmittags ab Chora Sfakion (ca. 15 DM hin und zurück). Ungefähr doppelt so teuer sind die organisierten Busausflüge, die in den Reisebüros gebucht werden können.

Chora Sfakion ist mehrmals täglich von Chania erreichbar; nachmittags ab Chora Sfakion auch nach Rethimnon,

Iraklion und Agia Galini (Südküstenstrecke, dort Anschluß an die KTEL Mittelkretas).

Unterkunft: Für Wanderungen in den Weißen Bergen empfiehlt sich eine Zwischenübernachtung auf der Omalos-Ebene (zahlreiche kleine Pensionen). Der griechische Bergsteigerverband EOS unterhält in den Weißen Bergen vier Hütten, von denen zwei im Sommer ständig besetzt sind (Informationen beim EOS in Chania in der Tzanakaki, abends 20.30-22 Uhr, ✆ 08 21-4 46 47). Die Kallergi-Hütte liegt atemberaubend hoch über der Samaria-Schlucht, die Katsiveli-Hütte dient als ›Basislager‹ für die Besteigung des Pachnes (2452 m). Auch eine Durchquerung der Berge von Omalos bis Askifou ist möglich. In Agia Roumeli, Chora Sfakion sowie Loutro etliche Pensionen und Privatzimmer.

Essen: Auf der Omalos-Ebene unbedingt mal Tsangaliastó, gekochtes Ziegenfleisch, probieren: sehr gut in der *Taverna Gingilos*.

Literaturtips

Wandern auf Kreta

W. Hautumm, Kretische Wanderungen, Ikarus Verlag 1988. Der Autor, promovierter Archäologe, hat im eigenen Verlag einige wenige Wanderwege auf Kreta in größter Ausführlichkeit beschrieben und historisch-archäologisch kommentiert. Eingefügt sind längere Zitate aus älteren Reiseberichten.

W. Kopp, Kreta, Nelles-Verlag 1987, und G. Hirner/J. Murböck, Wanderungen auf Kreta, Bruckmann Verlag 1988. Letzteres auch in Lizenzausgabe in Griechenland erschienen (Efstathiades Verlag) und für ca. 18 DM auf Kreta zu kaufen – billiger als in Deutschland. Beides traditionell aufgemachte Wanderführer.

Pflanzen

G. Sfikas, Die wilden Blumen Kretas, Efstathiades Verlag, Athen 1989, auf Kreta für etwa 17 DM zu kaufen. Dickes, reichhaltiges Taschenbuch mit vielen Farbphotos.

Land und Leute

Merian Monatshefte, Heft Kreta von 1990, bunte Mischung mit außergewöhnlichen Farbphotos. Renommierte Autoren.

ADAC-Special Kreta von 1992, viele praktische Tips zu einzelnen Badeorten.

J. Gaitanides/S. L. Worms, Kreta, Rhodos, Zypern, Fischer TB 1983. Der inzwischen verstorbene Gaitanides, Verfasser des Kreta-Abschnitts, ist der ›große alte Mann‹ des Griechenland-Journalismus, unerreicht kenntnisreich besonders über die nachklassischen Epochen Griechenlands und die Moderne.

Minoische Kultur

P. Faure, Das Leben im Reich des Minos, Reclam TB Stuttgart 1987. Eigenwillige ›Soziologie‹ der minoischen Kultur eines bekannten Archäologen und Höhlenforschers. Sehr profund, populärwissenschaftlich verfaßt. Kann aber wegen der vielen Verweise wohl nur gelesen werden, wenn man schon einiges über Kreta weiß.

Guide to cretan antiquities des griechischen Archäologen K. Davaras (in einfachem Englisch). Gebundene Ausgabe auf Kreta für ca. 25 DM zu kaufen. Sehr vollständig, lexikonartig aufgebaut und knapp, bezieht auch die nachklassischen Epochen ein.

J. Sakellaris, Archanes, 1991[1]. Dieser Bildband ist für ca. 20 DM nur auf Kreta erhältlich.

Nachklassische Epochen

K. Gallas / K. Borboudakis / K. Wessel, Byzantinisches Kreta, Hirmer-Verlag München 1983. Auflistung und Kommentierung sämtlicher byzantinischer Kirchen der Insel. Außerdem historischer Abriß der nachklassischen Epochen. Alle drei Autoren sind Byzantinisten; entsprechend wissenschaftlich ist das Werk abgefaßt.

Neuere, deutsch geschriebene Monographien über das venezianische, türkische und moderne Kreta stehen noch aus. Siehe hierzu am besten K. Gallas, Kunst-Reiseführer Kreta, DuMont.

Zum Thema Dorfarchitektur auf Kreta gibt es in kretischen Buchhandlungen einen Bildband für ca. 20 DM zu kaufen. Verlag Melissa, 1985.

Belletristik

Siehe hierzu die Literaturangaben im Abschnitt Kretische Literatur, S. 68ff.

Fachausdrücke (Glossar)

AMI: Archäologisches Museum Iraklion

Apsis: Nische, Altarnische

Agora: Wirtschaftlicher und politischer Versammlungsplatz der antiken Stadt

Arabeske: Ornament aus Blatt- und Rankenwerk. Kennzeichen islamischer Architektur

Basilika: Frühchristlicher Kirchenbautypus. Im Unterschied zum Zentralbau gestreckte Form mit Hauptschiff und 2–6 Seitenschiffen

Enosis: ›Union‹, Forderung der Kreter nach Vereinigung mit dem Mutterland

Epiphanie: ›Erscheinung‹ einer Gottheit

Exedra: Nische, Sitznische der antiken Architektur

hypostyl: mit Säulen versehen

Ideogramm: Schriftzeichen, das einen ganzen Begriff darstellt

Ikone: ›Abbild‹, in der orthodoxen Kirche werden die Heiligen mittels der Ikone verehrt

Ikonostase: Bilderwand der orthodoxen Kirche, die den Altarraum vom Gemeinderaum trennt

Katholikon: Klosterkirche

Lichtgaden: Fensterreihe oben am Mittelschiff der Basilika

Linear A: Minoische Silbenschrift, wahrscheinlich aus dem Semitischen. Bisher nicht entziffert

Linear B: Mykenische Silbenschrift. Frühes Griechisch, hinreichend entziffert

Lustralbad: Im Boden eingetieftes, über eine Treppe zugängliches ›Bad‹ für kultische Reinigungen, Bestandteil minoischer Architektur. Ausdruck stammt vom Knossos-Ausgräber Arthur Evans

Loggia: Von ital. ›Laube‹. Offene Bogenhalle oder öffentliches Gebäude

italienischer Renaissancearchitektur
Mykenische Kultur: Hochkultur des 2. Jahrtausends v. Chr. mit Zentrum auf der Peloponnes. Benannt nach dem Hauptort Mykene. Ab 1450 finden sich Spuren mykenischer Herrschaft auch auf Kreta
Naos: Hauptraum des antiken Tempels, der orthodoxen Kirche, dort der Gemeinderaum
Narthex: Schmale Vorhalle der orthodoxen Basilika
Nekropole: Minoischer oder antiker Friedhof
Nymphäum: Römisches Nymphenheiligtum
Panagia: ›Allheilige‹; wie *Theotókos* (›Gottesgebärerin‹) ein repräsentativer Titel für Maria. Ähnlich wie ›Gottesmutter‹
Pantokrator: ›Allherrscher‹; repräsentativer Titel für Jesus Christus und Darstellungstypus der byzantinischen Kunst (Herrscherantlitz, Segensgestus mit der Rechten, aufgeschlagenes Buch in der linken Hand)
Philhellenen: Politische und literarische Bewegung der ersten Hälfte des 19. Jh., die den griechischen Freiheitskampf gegen die osmanische Herrschaft unterstützte (z. B. Lord Byron)
Pithos, Plural Pithoi: Großes minoisches Vorratsgefäß
Polythyron, Plural Polythyra: ›Vieltor‹; Wand aus Türen in minoischer Architektur
Propylon: Monumentaler Eingang in minoischer und antiker Architektur
Rhyton, Plural Rhyta: Kultisches Spendgefäß mit Loch im Boden zum Austreten der Opferflüssigkeit (z. B. Öl). Meist konisches Gefäß, kann aber auch in Form eines Stierkopfes auftreten
Spolien: Wiederverwendete Architekturteile früherer Kunstepochen
Stalaktitgewölbe: Gewölbeform der islamischen Architektur
Tambour: Zylindrischer Unterbau einer Kuppel
Tiara: Weiße Kopfbedeckung des Papstes; ab dem 14. Jahrhundert mit drei Kronen übereinander

Tips und Adressen

Reisevorbereitung

Auskunftsstellen

Die Griechische Zentrale für Fremdenverkehr (GZF) verschickt Kreta-Prospekte, darunter einen Hotelnachweis. Fragen Sie auch nach Unterlagen zu speziellen Urlaubsformen wie Wandern und Bergsteigen, Landurlaub, Camping, Jachturlaub oder Urlaub in der Ferienwohnung.

Deutschland
60311 Frankfurt
Neue Mainzer Str. 22
✆ 0 69/23 65 61–63.
Reichhaltiges Prospektmaterial

10789 Berlin
Wittenbergplatz 3a
✆ 0 30/2 17 62 62–63

20149 Hamburg
Abteistr. 33
✆ 0 40/45 44 98

80333 München
Pacellistr. 2
✆ 0 89/22 20 35–36

Österreich
1015 Wien
Opernring 8
✆ 02 22/5 12 53 17
(nur innerösterreichisch)

Schweiz
8001 Zürich
Löwenstr. 25
✆ 01/2 21 01 05

Einreisebestimmungen

Bei Einreise mit dem Flugzeug reicht der **Personalausweis.** Für die Bahn- oder Autoanreise über die Balkanstaaten, Ungarn oder Bulgarien ist ein **Reisepaß** erforderlich. Mitgeführte Autos, Motorräder, Jachten, Surfbretter usw. vermerken die griechischen Zöllner im Paß, damit sie auch wieder ausgeführt werden. Ansonsten gelten die Bestimmungen des EU-Binnenmarktes, die Sie am besten bei den hiesigen Zollämtern erfragen. (Zu den Zollbestimmungen s. Abschnitt ›Zoll‹, S. 244.)

Autofahrer brauchen die **›grüne Versicherungskarte‹**. Näheres beim ADAC, AvD oder ACE.

Vorsorge für den Krankheitsfall

Die deutschen **Krankenkassen** halten für Griechenland den Anspruchsschein E 111 parat, der sechs Wochen gültig ist. Mit diesem muß man sich im Krankheitsfall zunächst an die griechische Krankenkasse IKA wenden, die Niederlassungen in allen größeren Städten Kretas hat. Dort wird der deutsche Schein in einen griechischen Krankenschein umgetauscht, mit dem dann ein Kassenarzt aufgesucht werden kann. Alles recht umständlich – Vorteil jedoch: Man muß kein Geld vorschießen.

Bequemer ist es, direkt zum Arzt zu gehen und ihn auch gleich zu bezahlen. Die Arztkosten sind nicht so teuer wie in Deutschland. Zumindest die AOK, aber auch die meisten Ersatzkassen erstatten die Behandlungskosten später. Die in Deutschland geltenden Sätze dürfen dabei allerdings nicht überschritten werden. Am besten bei der eigenen Krankenkasse genau nachfragen.

Die größte Sicherheit bietet hingegen eine **Auslandskrankenversicherung**, die auch einen eventuellen Rücktransport in die Heimat ersetzt. Entsprechenden Reiseschutz bieten die privaten Versicherungsgesellschaften (erhältlich im Reisebüro).

Krankenhäuser befinden sich sowohl in den Städten Iraklion, Chania, Rethimnon, Agios Nikolaos, Sitia und Ierapetra als auch in sogenannten Gesundheitszentren *(Kentra Ygieias)* auf dem Lande, über die die einzelnen Kreise verfügen. In den Krankenhäusern kostete im Januar 1995 eine Unfallversorgung auch für Touristen nichts. Hilfe findet man auch bei niedergelassenen Ärzten, von denen manche in Deutschland studiert haben und somit Deutsch sprechen. Man wende sich im Notfall am besten an seinen Hotelier oder Zimmerwirt.

Selbsthilfetips: An Sonnenhut und Sonnencrème mit hohem Lichtschutzfaktor denken. Autan schützt vor Mückenstichen. Es gibt auf Kreta zwar Skorpione und Giftschlangen, aber keine, deren Biß sofort tödlich wäre. Seeigel-Stiche kann man mit Zahnpasta oder Olivenöl behandeln (Nadeln vorsichtig entfernen!)

Reisekasse und Preisniveau

Griechenland ist ein wenig preiswerter als Deutschland, aber kein Billigreiseland wie z. B. die Türkei. Der Wechselkurs ist in Griechenland sehr viel günstiger als bei der Bank zu Hause. Wechselstuben haben am Flughafen in der Regel immer geöffnet.

Preisbeispiele: Privatzimmer kosten ab 20 DM pro Doppelzimmer ohne Frühstück, ein Nescafé 1,50–3 DM, ein Omelett oder Brot, Butter und Marmelade 2,50–4 DM. Hauptmahlzeiten in Tavernen sind etwa 30–50 % günstiger als in einem vergleichbaren deutschen Restaurant. 1995 konnten zwei Personen für rund 30 DM in einer einfachen Taverne essen, inklusive zweier Flaschen Bier oder einem einfachen Tischwein.

Eintrittsgelder sind mitunter teurer als in Deutschland. Knossos und das Archäologische Museum Iraklion kosteten 1995 ca. 8 DM Eintritt, die anderen Stätten je nach Bedeutung und personellem Aufwand weniger.

Achtung: Sonntags überall in Griechenland freier Eintritt! An den übrigen Tagen erhalten Studenten und Schüler mit dem *internationalen Studentenausweis* 50 % Ermäßigung oder sogar freien Eintritt.

Reisezeiten

Kreta ist mit 300 Sonnentagen pro Jahr ein Ganzjahresziel. Je nach Reisezeit bieten sich allerdings unterschiedliche Aktivitäten an:

November–März: Ideale Bedingungen für Besichtigungsreisen und Wanderungen; Sehenswürdigkeiten wie Knossos oder das Archäologische Museum sind kaum frequentiert. Im Winter gibt es aber zumindest aus Deutschland keine Charterflüge nach Kreta. Nur die großen Hotels sind gut geheizt. Kälteempfindliche sollten bei Unterkunft in kleineren Hotels daher unbedingt warme Sachen, eventuell sogar einen Daunenschlafsack mitnehmen. Wanderungen ins Hochgebirge sind wegen des Schnees noch nicht möglich (Schneegrenze etwa bei 700 m).

April–Juni: Die Natur erblüht, Kreta ist ein einziges Blumenmeer: ideale Bedingungen für botanische Studien. Es regnet kaum noch, und mit fortschreitender Wärme füllen sich die Strandhotels. Ab April ist die Samaria-Schlucht begehbar, im Hochgebirge liegt aber noch Schnee.

Juli–Oktober: Im Hochsommer ist Hauptsaison auf Kreta. Diese Monate sind für den Strandurlaub und für Wanderungen im Hochgebirge prädestiniert. In der Regel bringt der nördliche Fallwind *Meltemi* mit 3–5 Windstärken Erfrischung, so daß die Sommerhitze gut erträglich ist. An manchen Tagen, wenn der *Livikós,* der Wüstenwind aus Afrika, herüberweht, kann es allerdings sehr heiß werden. Abends im Hotel duschen Sie sich dann Saharasand vom Körper.

Kleidung und Ausrüstung

Im Sommer leichte Baumwollkleidung, Sonnenhut und Sonnencrème; Badeschuhe gegen Seeigel und scharfkantige Steine am Meer. Für Höhlenbesuche und dunkle Ecken in byzantinischen Kirchen empfiehlt sich eine Taschenlampe. Zum Wandern feste, knöchelhohe Schuhe, Tagesrucksack, Wasserflasche. Filmmaterial ist in Griechenland teurer als in Deutschland. Im Winter Daunenschlafsack.

Klimatabelle (Station Iraklion)

	Jan	Feb	Mär	Apr	Mai	Jun	Jul	Aug	Sep	Okt	Nov	Dez
Durchschnittl. Tageshöchsttemperatur in Grad C	16	16	17	20	24	27	29	29	27	24	21	17
Meerwassertemp.	16	15	16	16	19	22	24	25	24	23	20	17
Regentage/Monat	12	7	8	4	2	1	0	0	2	6	6	10

Die Angaben gelten für Iraklion und in etwa auch für die gesamte Nordküste. An der Südküste liegen alle Werte etwas höher. Die meisten Niederschläge fallen in Nordwestkreta, folglich ist hier die Insel auch am grünsten.

Anreise

Charterflüge

Im Charterverkehr fliegen die großen Pauschalreiseveranstalter etwa von März bis Anfang November. Sie bieten auch sogenannte ›Campingflüge‹ ohne Hotelarrangement an. Vorteil ist deren Preiswürdigkeit und die Direktverbindung, Nachteil die in der Regel ungünstigen Abflugzeiten (frühmorgens, nachts) und die geringe Frequenz. Umbuchungen auf Kreta sind möglich, kosten aber 50 bis 100 DM. Direktflüge gibt es nach Iraklion oder Chania. Die Kosten für Charterflüge von Frankfurt liegen je nach Saison zwischen 700 und 800 DM. Im Winter fliegen Charterflugzeuge nur nach Athen. Von dort aus geht es dann weiter nach Kreta mit der Nachtfähre oder mit einem Inlandsflug der Olympic Airways.

Linienflüge

Für Urlauber gibt es verschiedene Sondertarife der Lufthansa und der Olympic Airways (als Bedingung muß ein Wochenende zwischen An- und Abreise liegen). Allerdings gehen die Linienflüge zumeist nur bis Athen. Die Weiterreise muß dann per Fähre oder mit einem Inlandsflug der Olympic Airways erfolgen.

Im Winter fliegt Lufthansa ein- und im Sommer zweimal am Wochenende non stop von Frankfurt nach Iraklion (Stand 1995). Die Flugpreise liegen nur wenig über den Charterflugpreisen.

Für Jugendliche bis 24 und Studenten bis 27 Jahre gibt es einen Sondertarif: Frankfurt–Iraklion und zurück in der Nebensaison nur 561 DM, in der Hauptsaison 636 DM (Stand 1995).

Der Olympic-Inlandsflug Athen–Iraklion kostete 1995 114 DM, nach Chania 102 DM, jeweils plus 20 DM Flughafensteuer. Zweimal die Woche kann man von Athen nach Sitia fliegen (Di und Sa). Billiger wird's, wenn man sich kurz vor Abflug das Ticket kauft (Standby, außerhalb Ostern, Weihnachten, Hochsommer).

Die Cretan Airlines, Athinas 18, Iraklion, ✆ 081/34 27 42 (c/o Deutschland: Grimex, ✆ 069/61 71 64 - 10 26), eine neugegründete kretische Privatgesellschaft, bietet Charterflüge nach Deutschland und bedient als Liniengesellschaft innergriechische Strecken.

Fähren

Vom Athener Hafen **Piräus** legen jeden Abend die Fähren der *ANEK* und der *Minoan Lines* nach Iraklion und Chania ab (im Winter 18.30 und 19 Uhr, im Sommer 19.30 und 20 Uhr). Nach Chania fährt die Minoan Lines jedoch nur zu Stoßzeiten, dann geht auch manchmal eine Fähre morgens. Fahrdauer: 9–12 Stunden. Buchungsstelle in Deutschland:

Weiterreise von Athen nach Kreta

Achtung: Es gibt zwei Flughäfen in Athen! Genauer: ein Flughafen mit zwei weit auseinanderliegenden Abfertigungsgebäuden. Auf dem West-Terminal starten und landen alle Maschinen der Olympic Airways, auch die aus Deutschland, Österreich oder der Schweiz, auf dem internationalen East-Terminal alle anderen Gesellschaften. Kommt man per Charter oder einer anderen Linienmaschine als Olympic Airways in Athen an und möchte weiter nach Kreta fliegen, muß man also den Flughafen wechseln.
Verbindung: Der Flughafen-Bus Nr. 19 fährt tagsüber alle 30 Minuten vom Internationalen Flughafen über den benachbarten Olympic-Flughafen zum Fährschiffhafen Piräus (nachts [24–6 Uhr] alle 90 Min.). Abfahrt direkt vor der Flughafenhalle. Ansonsten Taxi nehmen: ca. 8 DM von Flughafen zu Flughafen, 12 DM zum Fährhafen Piräus

Ikon (ANEK)
✆ 089/5 50 10 41
Seetours (Minoan Lines)
✆ 069/13 33–262

Die Passage kostet etwa 30 DM pro Strecke in der Deckklasse (Schlafen im Liegesitz), 55 DM in der 2. Klasse (Mehrbettkabinen nach Geschlechtern getrennt), 80 DM in der 1. Klasse (4- und 2-Bett-Kabinen). Ein Auto bis 4,25 m Länge kostet knapp 100 DM. Diese Preise gelten innerhalb Griechenlands, bei einer Buchung in der BRD ist die Passage etwa 10–20 DM teurer.

Weitere Verbindungen ab Piräus:
- **Piräus** – Rethimnon direkt per Fährschiff ›Arkadi‹: 4 x wöchentlich, 3x abends und 1x morgens
- **Piräus** – Milos – Agios Nikolaos – Sitia und eventuell weiter nach Karpathos: 2x wöchentlich
- **Piräus** – verschiedene Kykladeninseln – Iraklion und eventuell weiter nach Rhodos: 2–3 x wöchentlich
- **Piräus** – entlang der Peloponnesküste – Monemvasia – Kythira – Kastelli: 1x wöchentlich

Die genauen Abfahrtzeiten erhalten sie – auf englisch – von der Hafenpolizei in Piräus oder in den zahlreichen dortigen Fährschiff-Agenturen. Telefonanschluß der Hafenpolizei aus dem Ausland: 00 30–1/4 11 47 85. Die Fahrpläne wechseln oft, hin und wieder verzögert auch ein Sturm oder ein technischer Defekt die Abfahrt. Zuverlässige Auskünfte können immer erst einige Tage vor Abfahrt erteilt werden.

Verbindungen ab Gythion und Thessaloniki:
Die Verbindung ab Gythion (an der Südküste der Peloponnes) ist für Autofahrer interessant, die mit der Fähre von Italien kommen und nicht über Athen fahren wollen; die ab Thessaloniki für die Autofahrer, die über Ungarn angereist sind und sich die Fahrt nach Athen ersparen wollen.
- **Gythion** – Kastelli: 2–3 x wöchentlich, Fahrdauer ca. 6 Std. Auskünfte

bei der Gesellschaft Lindos Shipping in Piräus, Telefon aus dem Ausland: 00 30–1/4 11 39 56

• **Thessaloniki** – verschiedene Inseln – Iraklion, Fahrdauer 19–22 Std. Auskünfte bei der Vertretung der Gesellschaft Nomikos in Thessaloniki: 00 30–31/51 30 05

Direkt-Fähren ab Italien:
Nur in der Saison verkehren ab Ancona und Venedig Fähren direkt nach Iraklion. Sonst müssen Autofahrer die Fähre in Igumenitsa oder Patras verlassen und nach Athen fahren, wo abends die Kretafähren ablegen. Im folgenden die Fähren, wie sie 1993 gefahren sind:

• **Venedig** – Iraklion (weiter nach Alexandria): Ab ca. Ende März alle 8–10 Tage. Fahrdauer ca. 60 Std. Gesellschaft: Adriatica, deutsche Vertretung: Seetours, ✆ 069/1 33 32 62

• **Ancona** – Iraklion: von Mai bis September bedienten bis zu fünf Gesellschaften die Strecke, jeweils 1–2 x die Woche. Fahrdauer ca. 55 Std.

Diese Direktverbindungen nach Iraklion dauern aber recht lange, bis zu 3 Tagen. Schneller ist man, wenn man die Italienfähren in Igumenitsa oder Patras verläßt, mit dem Auto oder mit dem Linienbus nach Athen fährt und abends die Fähre nach Iraklion, Rethimnon oder Chania nimmt.

Fähren nach Igumenitsa und Patras ab:

• **Venedig, Triest, Ancona:** tägl.; Buchungsstellen: Seetours, IKON, Euronautic, Illyria, Reinicke (s. S. 224)

• **Bari:** im Juli und August 5 x wöchentlich, sonst 1–4 x. Buchung bei IKON

• **Brindisi:** wichtigster Fährhafen, tägliche Abfahrten. Lange Anfahrt für Autofahrer, geeigneter eher für Bahnreisende. Tägliche Abfahrten. Buchungsstellen: IKON, Euronautic, DERTRAFFIC, Seetours (siehe Kasten)

Tips zu den Fähren

• **Fahrradtransport** ist auf allen Fähren frei.

• **Kabinenplätze** muß man in der Hauptsaison frühzeitig reservieren lassen. Manchmal bekommt man aber, auch wenn offiziell alles ausgebucht ist, nach Abfahrt der Fähre beim Purser (Oberstewart) doch noch einen Kabinenplatz.

• Auf den Italienfähren sollte man Pkw-Plätze in der Hauptsaison ebenfalls rechtzeitig reservieren. Für die Piräus-Fähren ist das nicht nötig. Bei den Italienfähren muß man mindestens 1 Std. vor Abfahrt am Schiff sein, sonst kann die Reederei anderweitig über reservierte Plätze verfügen. Bei den innergriechischen Strecken reicht genügt späteres Erscheinen.

• Viele Italienfähren geben **Ermäßigungen** (zwischen 10 und 30%) für die gleichzeitige Buchung von Hin- und Rückfahrt und für Studenten.

• Bei den Italienfähren fällt pro Person und Fahrzeug eine **Hafentaxe** an, z. Zt. etwa 15 DM.

Generalvertretungen in Deutschland
Strintzis Lines, HML: DERTRAFFIC, Frankfurt a. M., ✆ 069/95 88 17 53
ANEK: IKON, München, ✆ 089/5 50 10 41
Minoan Lines: Seetours, Frankfurt, ✆ 069/1 33 32 62
Marlines: Euronautic, Nürnberg, ✆ 09 11/26 90 40
Illyria, Mühldorf, ✆ 08631/7679
Reinicke, Bargteheide, ✆ 0 45 32/65 17, (Generalvertretung für neue »Superfast«-Fähren: Ancona – Patras nur 16 statt 36 Stunden)

• **Otranto:** Juni–September 3–5 x wöchentlich, Buchungsstelle: Euronautic

Weiterfahrt: Ab Igumenitsa fährt mehrmals täglich ein **Bus** nach Athen; vom Busbahnhof in Athen (an der Kifissou) müssen Sie dann per Bus (Linienbus 51) zum Omoniaplatz, von dort mit der U-Bahn nach Piräus. Einfacher ist es per Taxi. Ab Patras verkehrt ebenfalls ein Bus, aber auch eine urige Bummelbahn (langsam), die bis nach Piräus durchfährt. Von der Bahnstation sind es nur ein paar Schritte zu den Fähren nach Kreta.

Bahn

Der durchgehende Zug von München nach Athen wird derzeit (1995) wegen des Balkan-Krieges über Ungarn umgeleitet. Der Attika-Express fährt einmal täglich (ohne Aufenthalt zwischen Wien und Griechenland) nach Athen. Bequemer ist die Anreise sicherlich via einem italienischen Hafen und die anschließende Überfahrt mit der Fähre.

Bus

Die Fahrt mit dem Bus ist die preisgünstigste Fortbewegungsmöglichkeit unter den öffentlichen Verkehrsmitteln. Von verschiedenen großen Städten Deutschlands verkehren Reisebusse über Thessaloniki nach Athen, weiter geht es dann mit der Fähre. Auskünfte: Deutsche Touring, Frankfurt, ✆ 069/7 90 30

Auto

Mitfahrzentralen:
Ebenfalls eine preiswerte Möglichkeit zu reisen: Eine Adressenliste der deutschen Mitfahrzentralen ist bei der Citynetz Koordinierungszentrale des Mitfahrwesens, Antwerpener Str. 6-12, 50672 Köln, erhältlich.

Anreise im eigenen Auto:
Die Anreise im eigenen Auto bedeutet ca. 5000 anstrengende Kilometer hin und zurück. Vorteilhaft ist dabei allerdings die größere Flexibilität für individuelle Touren auf Kreta. Die grüne Versicherungskarte muß mitgeführt werden, und das Fahrzeug wird bei Einreise in den Reisepaß eingetragen (Paß mitnehmen!). Benzin ist in Griechenland etwa so teuer wie in Deutschland, Diesel dagegen erheblich billiger.

Reisen auf Kreta

Die beste und schnellste Ost-West-Verbindung ist eine autobahnähnliche Schnellstraße zwischen Sitia und Chania; die Fortsetzung nach Kastelli ist in Teilstrecken schon fertig.

Organisierte Bustouren, die von Hotels angeboten werden, sind oft recht teuer. Einige Billiganbieter bieten Fahrten zum halben Preis an, schikken aber keine Reiseleiter mit.

Bus

Zwei Gesellschaften betreiben den Überland-Linienverkehr auf Kreta, die KTEL der Bezirke Iraklion/Lassithi und die KTEL der Bezirke Chania/Rethimnon. Hauptschnittstelle beider Busnetze ist der Busbahnhof am Hafen von Iraklion. Die Busse halten auf Zuwinken gewöhnlich auch außerhalb der Haltestellen.

Fahrpläne: Beide Busgesellschaften verteilen an den Busbahnhöfen der größeren Städte Fahrpläne mit den für Touristen infrage kommenden Linien. Über weitere Linien informieren Anschlagtafeln in den Busbahnhöfen selbst. (Zu den wichtigsten Buslinien s. Ortsbeschreibung)

Der Verkehr in kleinere Dörfer verläuft allerdings genau entgegen der Bewegung der Touristen. Morgens gegen 7 Uhr bringt der Dorfbus die Bauern in die Stadt, gegen 14 Uhr fährt er sie wieder zurück. Bei Tagesausflügen mit dem Bus in Dörfer also immer fragen, ob und wann nachmittags noch ein Bus zurück fährt.

Fahrscheine und Preise: Fahrscheine werden am Busbahnhof, bei späterem Zusteigen auch im Bus selbst verkauft. Busfahren ist recht preiswert, 10 km kosten etwa 1,30 DM.

Taxi

Taxifahren ist ein im Verhältnis zu Deutschland, Österreich und der Schweiz billiges Vergnügen. Eine Stadtfahrt, etwa durch Iraklion, kostet nur den Minimaltarif, ca. 3 DM, vom Flughafen nach Iraklion fährt man für etwa 8 DM. Zu beachten sind aber folgende Zuschläge: Fahrt ab Flughafen: 2 DM, Fahrt ab/an Hafen oder Busstation: 1 DM, pro Gepäckstück 0,50 DM und dann noch ein Trinkgeld. Nachts zwischen 1 und 5 Uhr gilt der doppelte Fahrpreis. Im Stadtgebiet gilt am Taxameter Tarif 1, außerhalb Tarif 2, der die Leerrückfahrt schon berücksichtigt.

Nicht alle Taxen haben allerdings einen Taxameter, und das hat sogar seine Richtigkeit. Es gibt zwei Gattungen von Taxen: Stadttaxis mit Taxameter und Dorftaxis ohne. Dorftaxis tragen die Aufschrift *Agoraion* und den Namen ihres Heimatdorfes. Sie fahren nach Festpreisen, unterscheiden sich aber preislich nicht von den Taxameter-Taxis.

Zwei Preisbeispiele für Überlandfahrten: Iraklion – Agios Nikolaos 55 DM, Iraklion-Chania 120 DM.

Tip: Es ist in Griechenland üblich, daß Taxifahrer noch andere Personen mitnehmen, die in die gleiche Richtung wollen. Jede Partie muß dann den normalen Fahrpreis zahlen. Falls Sie also in ein schon besetztes Taxi zusteigen, merken Sie sich den Zählerstand und ziehen diesen dann später vom Endzählerstand ab.

Mietfahrzeuge

Mietfahrzeuge werden oft und gern genutzt. Auch in kleineren Orten finden sich Agenturen, die Autos, Motorräder, Mopeds und Mofas vermieten, einige auch Fahrräder. Motorräder, Mopeds und Mofas werden zu fixen Preisen ohne km-Begrenzung tageweise vermietet. Autos mit oder ohne km-Geld.

Achtung!: Die Fahrzeuge sind zwar in der Regel vollkaskoversichert, der Mieter muß jedoch im Schadensfall eine hohe Eigenbeteiligung leisten. Diese Eigenbeteiligung kann durch eine Zusatzversicherung umgangen werden. Reifenschäden und Schäden an der Unterseite der Fahrzeuge sind jedoch nicht versicherbar – damit die Autos nicht zu rücksichtslos auf den zahlreichen Schotter- und unbefestigten Wegen Kretas gefahren werden.

Erkundigen Sie sich bei den einzelnen Firmen genau nach den Mietbedingungen und lesen Sie den Mietvertrag (den es in englischer Fassung geben sollte) genau durch.

Preise: Beträchtliche Unterschiede bei den einzelnen Firmen, gerade bei Sonderangeboten in der Nebensaison. Wird das Auto schon in Deutschland bei einer der großen Gesellschaften wie Avis, Hertz oder Europcar gemietet, ist das teurer als auf Kreta.

Preisbeispiele für die Hochsaison

pro Tag/100 km	
Fiat Panda	ca. 70 DM
Suzuki Jeep	ca. 120 DM
pro Woche, km-Pauschale	
Fiat Panda	350–600 DM
Suzuki Jeep	450–700 DM

Fahrrad

Fahrradfreunde können durchaus in Erwägung ziehen, ihr eigenes Rad von zu Hause mitzubringen. Es sollte ein Mountain Bike oder ein stabiles Tourenrad mit entsprechender Reifenbreite sein. Für Rennradtouren sind die meisten Straßen zu schlecht. Im Landesinneren von Kreta gibt es jede Menge Schotterstraßen, die selten von Autos befahren werden und die ideal für Fahrradfahrer sind. Es geht allerdings über Berg und Tal.

Fahrrad im Flugzeug mitnehmen: Pedale abschrauben, Lenker in Längsrichtung stellen und als Gepäck aufgeben. Wird die Freigrenze von 20 kg Gepäck insgesamt überschritten, muß kiloweise für Übergepäck gezahlt werden (deshalb die schweren Sachen ins Handgepäck). Manche Fluggesellschaften verlangen fürs Fahrrad auch eine Pauschalsumme, ähnlich wie beim Surfbrett.

Fahrrad in Bahn und Schiff: Das Rad wird einige Tage vor der Bahnabfahrt aufgegeben. Auf den Fähren, sowohl zwischen Italien und Griechenland als auch zwischen Athen und Kreta, fährt es kostenlos mit. Achtung: Endet die Bahnreise in Athen, sollten Sie einen Tag zusätzlich einkalkulieren, um das Rad beim Zoll, der nur vormittags bis 14 Uhr geöffnet hat, abzuholen.

Unterkünfte

Pauschalreise:
Alle größeren Reiseveranstalter haben Pauschalarrangements (Flug und Hotel) im Programm. Unter Umständen lohnt eine Frage nach Lastminute-Angeboten. Doch Vorsicht: Meist landet man bei diesen Reise-Ladenhütern in reinen Hotelorten wie Chersonissos, Stalida oder Malia – nicht jedermanns Geschmack.

Kreta selbst entdecken:
Für Leute, die gern und ohne festen Plan von Ort zu Ort reisen, ist Kreta ein ideales Terrain. Selbst in den kleinsten Dörfern, zumindest in Strandnähe, wird es jemanden geben, der Zimmer vermietet. Auch in der Hochsaison werden Sie mit etwas Flexibilität stets fündig werden.

Vermietet werden Privatzimmer, Pensionen und die Hotels der Mittelklasse ohne Frühstück. Gefrühstückt wird in irgendeiner Taverne in der Nähe oder in einem besseren Hotel.

Griechische Unterkunftskategorien:
Es gibt sechs Hotel-Kategorien: Luxus, A, B, C, D und E. Pensionen und Apartments sind von Kategorie A bis C eingeteilt, wobei die Klassen der jeweils nächst tieferen Hotelkategorie entsprechen. Die Preise müssen von der Polizei genehmigt werden und in den Zimmern aushängen. In der Nebensaison kann man jedoch häufig handeln. Privatzimmer haben keine besondere Klassifizierung, sind aber im einzelnen durchaus unterschiedlich, was Ausstattung, Größe und Preis angeht. Einen richtigen Flop erlebt man jedoch selten.

Die Informationsstellen des EOT verteilen einen Hotelprospekt mit allen Hotels der Kategorien Luxus bis C. Wenn nicht anders angegeben gelten folgende Preise fürs Doppelzimmer (DZ) ohne Frühstück in der Hauptsaison. In der Nebensaison geben die Vermieter je nach Angebot und Nachfrage Ermäßigungen.

Luxus- und A-Kategorie: Diese Hotels vermarkten sich über ausländische Reiseveranstalter. Meist wird wochenweise gebucht, und die Halb- oder Vollpension mit dazu. Fast alle Luxushotels Kretas liegen in oder bei Agios Nikolaos am Mirabello-Golf. Preise: Luxus: 150–220 DM inkl. Halbpension, A: DZ 90–150 DM.

B-Kategorie: B-Hotels haben meist Swimming-Pool und immer ein Restaurant. Vorsicht: Einige ältere Stadthotels haben die Kategorie noch von früher, sie sind schlechter in Schuß als manches C-Hotel. Preise: DZ 70–100 DM.

C-Kategorie: Das typische Mittelklasse-Hotel Kretas mit 20 bis 80 Zimmern. Die meisten bieten nur Frühstück an. Alle Zimmer haben Dusche oder Bad. Preis: DZ 40–60 DM.

D-Kategorie: Einfache Hotels, nicht alle Zimmer mit Dusche oder Bad. Große Qualitätsunterschiede. DZ 25–35 DM.

E-Kategorie: Billigabsteigen in den Städten mit Mehrbettzimmern und Etagenduschen. DZ 20–25 DM.

Pensionen: Die A- und B-Kategorie

entspricht der C-Kategorie bei den Hotels. In Chania sind venezianische Palazzi in luxuriöse Pensionen umgewandelt worden, die einem besseren Hotel entsprechen.
Privatzimmer: Es besteht ein riesiges Angebot, von Hotelniveau bis zur leicht schmuddeligen Kammer. In kleinen Orten sind Privatzimmer oft die einzige Übernachtungsmöglichkeit. Am besten das Zimmer immer erst anschauen (frische Bettwäsche, Mückenschutz), dann erst mieten. Gegebenenfalls sollten Sie handeln. Häuser, die Zimmer vermieten, sind beschildert (Rent rooms). Oft stehen die Vermieter schon an den Busbahnhöfen oder Schiffsanlegestellen und sprechen die Touristen an: eine gute Möglichkeit, ohne langes Suchen und Gepäckschleppen zu einer Unterkunft zu kommen. Wer nicht zufrieden mit seinem Zimmer ist, sucht dann halt am nächsten Tag ein besseres. **Tip:** Auch Reisebüros vermitteln Privatzimmer.
Apartments/Ferienwohnungen: Meistens 1-2-Raum-Wohnungen mit Kochnische. Sie werden meist schon in der BRD gebucht, können aber auch erst auf Kreta bei einem Reisebüro oder direkt beim Vermieter gebucht werden.
Camping: Es gibt zur Zeit 17 Campingplätze, verteilt auf ganz Kreta. Eine Adressenliste ist in den Informationsstellen des EOT erhältlich. Erwarten Sie allerdings keine Super-Plätze mit gepflegtem Rasen. Schattige Stellplätze sind rar.
Jugendherbergen: Sie liegen preislich kaum unter einer vergleichbaren Pension mit Mehrbettzimmern und sind somit keine echte Alternative. Jugendherbergen gibt es in Iraklion, Chania, Rethimnon, Agios Nikolaos und Sitia sowie in Mirthios.

Strände und Badeorte

Ausgewählte Orte mit Kurzbeschreibung

An der Nordküste von West nach Ost

Sfinari: Einsamer Strand, Dorf mit wenig Tourismus oberhalb
Phalassarna: Einsam, einige Tavernen und Pensionen, kein Dorf
Westlich von **Chania:** Viele Strandorte (Agia Marina, Platanias), ein Hotel neben dem anderen, fast alle erst in den letzten Jahren entstanden
Almirida, Soudabucht: Wenig besucht, Dorf mit Hotels und Restaurants direkt am Meer
Georgioupolis (Jorjupoli): Langer, weiter Sandstrand. Beliebter Treffpunkt von Rucksacktouristen. Viele kleine Pensionen und Tavernen
Bali: Kleiner Ort an einer Felsenbucht, Infrastruktur und Publikum ähnlich Georgioupolis
Agia Pelagia: Schöner, doch überfüllter Strand, zahlreiche Tavernen und Wassersportangebote
Cherssonissos: Zwei lange Kiesstrände, kein schönes Umland
Malia: Meist überfüllter, kilometerlanger Sandstrand
Elounda: Landschaftlich reizvoller Sandstrand, völlig überlaufen
Agios Nikolaos: Drei kleinere Strände in der Nähe des Stadtgebietes, leider überfüllt, aber touristisch gut ausgerüstet

Mochlos: Kleiner Ort mit wenig Besuchern. In der Nähe Clubhotel von Neckermann
Vai: Palmenstrand, kein Dorf. Nur Tagesbesucher. Restaurants, aber keine Pensionen
Palekastro: Dorf liegt 20 Min. zu Fuß landeinwärts. Einsame Strände
Zakros: Tagsüber Ausflügler, abends einsam. Einige Pensionen und Tavernen
Xerokambos: Einsam, schwer zu erreichen, kein Dorf

An der Südküste von West nach Ost

Elafonissi: Einsamer Strand mit Dünen, Südseeatmosphäre. Vorwiegend Rucksacktouristen. Zwei Pensionen, Kantinenwagen.
Paleochora: Viele kleine Hotels, bevorzugt von Rucksacktouristen, abends volle Discos.
Sougia: Einsamer Fischerort, ebenfalls Rucksacktouristen.
Agia Roumeli: Endpunkt der Wanderung durch die Samaria-Schlucht. Tagsüber Rummel, abends wenig los. Viele Unterkunftsmöglichkeiten und Restaurants. Nur zu Fuß oder per Schiff zu erreichen, daher keine Autos.
Loutro: Ebenfalls nur zu Fuß oder per Schiff zu erreichen. Wenig besuchter Fischerort mit Privatzimmern.
Chora Sfakion: Hier werden die Samariaschlucht-Wanderer mit Bussen abgeholt. Daher nachmittags viel Gedränge. Gute Infrastruktur.
Plakias: Neu entstandener Hotelort an sehr schönem Sandstrand. Hat noch gute Atmosphäre.
Preveli: Nur zu Fuß zu erreichen. Baden in einem Süßwasserfluß, ›Traumstrand‹, Kantine vorhanden. Schlafen unter freiem Himmel möglich. Treff von Rucksacktouristen.
Agia Galini: Ehemaliger Fischerort, der heute fast nur aus kleinen Pensionen und Hotels besteht.
Matala: Malerische Lage, Hotels und Privatzimmer. Tagsüber viele Ausflügler, abends wird's ruhiger.
Lendas: Zwei Strände, ein kiessandiger am Ort, ein langer Sandstrand ist in einer Viertelstunde zu Fuß erreichbar, Privatzimmer.
Tsoutsouros: Kleiner Ort, bevorzugt von Rucksacktouristen.
Arvi: Noch nicht überlaufener, grober Sandstrand am Ort, Privatzimmer und ein Hotel.
Mirtos: Schattenloser Strand zwischen Felsenwänden, Tavernen.

Essen und Trinken

Die kretische Küche

Die griechische Küche ist im besten Sinne volkstümlich und einfach. In den Jahrhunderten der Fremdherrschaft hat sich keine aristokratische Eßkultur entwickeln können, die dann, wie etwa in Frankreich, auch von den anderen Gesellschaftsschichten übernommen worden wäre. In Griechenland ißt man – und das ist ganz positiv gemeint – wie ein Bauer. Die

Küche kennt keine raffinierten Soßen, und in Restaurants essen Griechen am liebsten wie zu Hause. Gutes Essen muß frisch sein und am besten aus heimischer Produktion. Da weiß man, daß keine Hormone im Fleisch sind und daß das Olivenöl nicht gestreckt ist. Tiefkühl- und Konservenkost oder vorgeschälte Pommes frites sind verpönt, halten aber mit der modernen Lebensweise inzwischen unaufhaltsam Einzug in die Restaurants.

Im großen und ganzen ißt und trinkt man auf Kreta nicht anders als im übrigen Griechenland. *Souvlaki* (Schweinespieß), *Moussaka* (Kartoffel-Auberginen-Auflauf) und *Paidakia* (Lammkoteletts) findet man von Thessaloniki bis Kreta auf den Speisenkarten. Neben diesen pangriechischen Speisen werden in den einzelnen Landschaften Griechenlands und auf den Inseln aber trotzdem einige kulinarische Besonderheiten erzeugt. Auf Kreta sind dies zunächst die Produkte der Schaf- und Ziegenzucht:

Joghurt, *Jaoúrti:* Er hat eine zarte Haut und wird auf den Märkten aus Tonschüsseln in Portionsschachteln aus Plastik umgefüllt. Vrisses in Westkreta, Busknotenpunkt für Chora Sfakion, gilt als ›Joghurt-Probierort‹. Viele Touristen mögen allerdings den Ziegen- und Schafsgeschmack nicht und ziehen deshalb den industriell hergestellten Kuhmilch-Joghurt vor, den es fertig abgepackt in ganz Griechenland zu kaufen gibt. Absoluter Renner bei Kuhmilch-Joghurt ist die Marke ›Total‹ der Firma Fage.

Quarkkäse, *Anthótiro:* Ein weißer, halbfetter Käse, ähnlich unserem Hüttenkäse. Ähnlich, aber noch weicher ist der ungesalzene *Myzithra.* Ißt man als Beilage pur, als Nachtisch mit Honig oder als Füllung in kleinen, süßen Teigtaschen, den *Kalitsounákia.*

Hartkäse, *Kefalotíri:* Der gelbe Käse von fester Konsistenz wird gerne zusammen mit kretischem Zwieback (getrocknetes, steinhartes Brot, das vor dem Verzehr in Wasser aufgeweicht werden muß) und einigen Oliven als Imbiß gegessen.

Lamm *(Arnaki)* oder **Ziege** *(Katsiki):* Ein Genuß – es schmeckt nach Thymian und Salbei; gebraten, gebakken, aus der Kasserolle oder gekocht.

Bananen aus Arvi, Zakros und einigen Orten an der heißen Südküste. Sie sind klein und aromatisch, aber schwer zu bekommen und außerdem recht teuer.

Orangen und Mandarinen aus Westkreta und aus Fodele. Sehr aromatisch.

Kirschen aus Jerakari im Amari-Bezirk bei Rethimnon.

Äpfel und Kartoffeln aus der Lassithi-Ebene.

Honig aus den Weißen Bergen: Ein sehr aromatischer, dickflüssiger Thymian-Honig, zu kaufen auf fast allen Märkten. Berühmt ist auch der Honig von der kleinen Insel Gavdos südlich von Paleochora.

Bergtee: *Malotíra* und *Díktamo* sind die speziell kretischen Sorten. Aber es gibt auch jede Menge anderer. Ein Laden in Rethimnon hat sich auf den Verkauf von Tees und Kräutern spezialisiert (s. S. 174 f.).

Kretischer Zwieback, *Paximádi:* Das getrocknete, schrothaltige, körnige Weizenbrot wird von den Hirten mit in die Berge genommen und hält monatelang. Es muß vor dem Verzehr eingeweicht werden.

Kleines Speiselexikon

Vorspeisen/Beilagen

Eliés – Oliven
Féta – Schafskäse
Jígantes – weiße Bohnen in Tomatensoße
Kolokithákia oder *Melitzánes tiganités* – frittierte Zucchini- oder Auberginenscheiben
Melitzanosaláta – Auberginenmus
Patátes tiganités – Pommes frites
Tsatzíki – Joghurt mit Gurken- und Knoblauchstückchen
Taramosaláta – Fischrogen-Kartoffelmus
Dolmádes – mit Reis gefüllte Weinblätter
Salate: vorwiegend *Choriátiki* (Bauernsalat: Tomate, Gurke, Weißkohl, Schafskäse) und *Maroúli* (griechischer Kopfsalat)

Fischgerichte

Man unterscheidet A-, B- und C- und D-Fisch. *Barboúni*, Rotbarbe, einer der geschmackvollsten Mittelmeerfische, gehört zur 1. Klasse. Sie hat weißes Fleisch, das gar ganz leicht von den Gräten fällt.

Ebenso gut und teuer sind *Ástakos* – Hummer, *Garídes* – Scampi oder *Xifías* – Schwertfisch. Weit preiswerter sind dagegen die kleinen *Marídes* (D-Fisch), Sardinen, die mit Haut und Gräten gegessen werden.

Fleischgerichte

Biftéki und *Keftédes* – Hackfleischgerichte
Brizóla – Rinder- oder Schweinekotelett
Jouvétsi – Lammfleisch aus dem Ofen mit Nudeln
Kunélli – Kaninchen
Makarónia me kima – Spaghetti mit Hackfleisch
Moussaká – Auberginen-Kartoffelauflauf
Tomátes jemistés – mit Reis und Hackfleisch gefüllte Tomaten
Paidákia – Lammkoteletts
Pastítzio – Makkaroniauflauf mit Hack
Psitó – Braten
Sikóti – Leber
Souvláki – Fleischspieß
Stifádo – Rindfleisch mit Zwiebeln

Vegetarische Gerichte

Briám – Gemüsepfanne
Bámies – Okraschoten
Fassólia – Bohnen
Vegetarier finden in den Restaurants mit Garküchen in der Regel mehrere Gemüsegerichte. Dazu paßt immer ein frischer Salat, Käse oder Tsatziki.

Obst

Achládi – Birne
Fraúles – Erdbeeren
Karpoúsi – Wassermelone
Lemóni – Zitrone
Mílo – Apfel
Peppóni – Wassermelone
Portokáli – Orange
Síka – Feigen
Stafília – Weintrauben

Getränke

Wasser *(Neró)*, eisgekühlt aus der Leitung, wird zu allen Gelegenheiten getrunken und kostet nichts. Zum Kaffee, zum Kuchen, zum Essen, zum Wein, manchmal sogar zum Bier. In einfachen Tavernen kann man bis heute ohne weiteres, auch ohne zu konsumieren, um ein Glas Wasser bitten. Das kretische Wasser ist ohne Probleme trinkbar, in den Städten schmeckt es allerdings etwas nach Chlor.

Griechischer Kaffee *(Kafés Ellenikós):* Er wird im Stilkännchen aufgekocht und mit dem Kaffeesatz serviert. Bei der Bestellung muß man angeben, wie man ihn wünscht:

skéttos – ohne Zucker
métrios – mittelsüß
glikós – süß

Der griechische Kaffee wird ohne Milch getrunken. Alternative ist der Nescafé (griechisch kurz *Nés* genannt), den man auch mit Milch *(me gala)* oder kalt (als *frappé*) bestellen kann.

Tee *(Tsái)* ist in der Regel Teebeuteltee englischer Herkunft. Auf dem Lande kann man auch *Tsái tou vounoú* – Bergtee bekommen. Bitte vor der Bestellung ebenfalls den Süßegrad angeben.

Erfrischungsgetränke sind *Bíra* (Bier), *Sóda* (Mineralwasser), *Kóla, Lemonáda* (Zitronensprudel), *Portokaláda* (Orangeade), *Gasóssa* (Sprudel mit Geschmack). In den Touristenzentren gibt es oft auch frisch gepreßten Orangensaft (*Chimós portokalioú* oder: *Chimós froúton*, Fruchtsaft).

Rakí, auch *Tsikoudiá* genannt, das kretische ›Nationalgetränk‹, ist ein klarer Tresterschnaps. Er wird dem Gast angeboten; selbst ärmste kretische Familien haben (oft selbstgebrannten) Rakí im Haus, falls jemand hereinschaut. Als Beilage kommt ein Tellerchen mit Walnüssen, Sonnenblumenkernen, Pistazien, Kichererbsen oder auch kleinen Appetithappen *(Mezédes)* auf den Tisch. Der Anisschnaps *Oúzo*, sonst als typisches griechisches Getränk bekannt, wird auf Kreta weniger getrunken. Rakí wird nur in einfachen Kneipen ausgeschenkt, weniger in ›vornehmen‹ Bars. (›Raki‹ ist aus dem Türkischen übernommen. Es bezeichnet dort einen Anisschnaps ähnlich dem griechischen Oúzo. Ursprünglich geht das Wort auf indisch ›Arrak‹ zurück = Reisschnaps.)

Kretischer Faßwein, *Chíma* oder *krasí apó to varélli*, ist meist Rotwein. Er schmeckt in jedem Dorf etwas anders, denn er wird von den Bauern selbst hergestellt (ebenso wie der Rakí) und im Bekanntenkreis verkauft oder getauscht. Viele Gastwirte verkaufen jedoch keinen Faßwein, da Flaschenweine lukrativer sind.

Aber auch die **Flaschenweine** Kretas sind gut. Weinanbaugebiete gibt es auf der ganzen Insel, besonders aber in der Gegend um Iraklion und bei Archanes. Gute Marken sind Minos, Gortys und Lato. *Retsina*, der bekannte geharzte Wein Griechenlands, wird auch auf Kreta, in Chania, hergestellt; er ist sehr preiswert.

Eß- und Trinksitten

Grundsätzlich unterscheidet man in der griechischen Küche zwei Zubereitungsarten: auf Bestellung (am Grill, in der Pfanne) zubereitet *(tis óras)* oder aus dem Gartopf *(tis katsarólas)*. Die gegarten Speisen kommen oft nur lauwarm auf den Tisch, und kein Grieche stört sich daran. Im Sommer ist es schließlich heiß genug draußen, da kann das Essen gerne etwas weniger heiß sein.

Alle Speisen kommen meist zusammen auf den Tisch, allenfalls zuerst die Beilagen und dann das warme Hauptgericht, das etwas länger zur Herrichtung braucht. Als Nachtisch gibt es meist nur frisches Obst. Auch Kaffee wird in Tavernen eigentlich nicht serviert – man wechselt das Lokal. So sind jedenfalls die alten Sitten. Inzwischen haben sich viele Wirte jedoch auf die Gewohnheiten der Touristen eingestellt und servieren in Tavernen Kaffee und Nachtisch, z. B. eine Karamelcrème. Heute wird es allerdings nicht gern gesehen, wenn der Greek Salad nicht als Beilage, sondern als Hauptgericht bestellt wird. In den besseren Tavernen nur einen Salat zu ordern, gilt als unfein – ähnlich wie wenn in Italien im Ristorante nur ein Teller Spaghetti bestellt wird.

Die Trinksitten: Man prostet sich wiederholt zu und wünscht sich Gesundheit: *Jammas*. Wein wird nicht aus Stielgläsern getrunken, sondern aus einfachen kleinen, unzerbrechlichen Gläsern. Nebenbei: Es ist durchaus üblich, sich eine Flasche Bier *(›éna boukali bira‹)* wie eine Flasche Wein zu teilen.

Geht man zu mehreren essen, mit der *Paréa*, wie die ›Clique‹ auf griechisch heißt, werden alle Vorspeisen und Beilagen in die Mitte gestellt. Jeder darf mit seiner Gabel in die gemeinsamen Teller langen und führt die Bissen ohne Umweg über den eigenen Teller direkt zum Mund. So wird das Essen zu einer kommunikativen Angelegenheit. Am Schluß zahlt meist einer für alle – nach den alten Sitten gilt dies als besondere Ehre. Junge Leute mit wenig Geld legen den Rechnungsbetrag später allerdings immer häufiger auf alle um. Das ist ein praktischer Brauch, der ohne weiteres auf eine Touristen-Paréa übertragbar wäre.

Die wichtigsten Gaststättenarten:

Tavérna: Abendrestaurant zum Ausgehen, meist mit Musik vom Plattenspieler. Eine *kosmikí Taverna* ist feiner als eine *láikí Taverna.*

Estiatórion: Tagesrestaurant, in das man nur zum Essen geht.

Kritikón kéntron: Kretisches Zentrum mit Lyra-Livemusik und Gastronomie.

Ikojeniakón kéntron: ›Familienzentrum‹, d. h. Eßlokal mit Hausmannskost, oft auf dem Lande, am Meer – oder auch an der Autobahn.

Hotelrestaurants: Sie bieten westliches Essen und damit auch Frühstück. Der Grieche selbst frühstückt normalerweise nicht. In den unteren Hotelkategorien wird meist nur ein *Continental Breakfast* (Instantkaffee oder Tee, Marmeladenbrötchen) serviert, die besseren Hotels bieten ein Frühstücksbuffet mit Wurst, Käse, Eiern, Tomaten, Oliven usw.

Ouzerí: Wie der Name schon sagt, wird hier Ouzo oder Raki getrunken. Dazu ißt man Beilagen *(Mezédes)* von kleinen Tellern oder auch eine *Pikilía,* die aus mehreren Beilagen auf einem Teller besteht: Oliven, Gürkchen, Tsatzíki, Taramosaláta, Käse usw.

Zacharoplastíon: Konditorei, in der es oft auch italienischen Espresso gibt und wo man auch frühstücken kann.

Kafeníon: Der Treffpunkt der Männer. Hier gibt es Kaffee und Erfrischungsgetränke, in der Regel aber nichts zu essen.

Pitsería: Snackbar, eine Lokalgattung, die mit dem Tourismus entstanden ist.

Hier gibt es Frühstück, Eierspeisen, Pizza, Lasagne und Bier vom Faß.

Heute lassen sich diese Gattungen nicht mehr sauber trennen. Zum Beispiel macht die Taverne schon morgens auf, um den Touristen Frühstück zu servieren, oder im Estiatórion wird Kaffee serviert.

Kleiner Sprachführer

Griechisch ist nicht leicht zu lernen. Schon die Buchstaben sind fremd, höchstens denen geläufig, die Altgriechisch gelernt haben. Man kommt in Griechenland gut mit Englisch zurecht, und einige im Tourismus Beschäftigte sprechen auch Deutsch. Doch lohnt es sich auf jeden Fall, die Buchstaben zu lernen – man kommt sich dann nicht wie ein Analphabet vor und kann auch die griechischen Ortsschilder entziffern.

Wenn Sie auf Kreta Karten, Straßenschilder oder Speisekarten studieren, die mit lateinischen Buchstaben umschrieben sind, werden Sie schnell feststellen, daß es viele verschiedene Fassungen gibt. Es ist bisher nicht erreicht worden, Griechisch nach einem einheitlich-konsequenten System ins Deutsche zu übertragen. Grundsätzlich gibt es zwei Möglichkeiten: entweder nach der Aussprache oder nach den Buchstaben. In der Praxis greift man zu Zwischenlösungen, so wie auch die in diesem Buch vorliegende Transskription eine Zwischenlösung darstellt.

Außerdem geistern in der griechischen Sprache immer noch Reste einer älteren Hochsprache, der *Katharévoussa,* herum; die Volkssprache, *Dimotikí,* ist erst nach dem Ende der Militärjunta 1974 offizielle Staatssprache geworden. Die Endung ›-on‹, zum Beispiel in Réthymnon ist Hochsprache; in der Volkssprache heißt es Réthimno (das th wie englisch ›think‹, s. unten). Wir Deutsche sagen in der Regel Réthymnon und halten uns so an die Hochsprache. Ebenso bei Górtys, denn volkssprachlich heißt die römische Provinzstadt Górtina.

Auf den Straßenschildern in Griechenland steht immer *Odós* (Straße) und dann der Straßenname im Genetiv dahinter. Odos ist Hochsprache, in Dimotikí heißt Straße *Drómos.* Generell: In amtlichen und offiziellen Texten wird noch sehr viel die Hochsprache benutzt. Das Volk spricht aber anders!

Einige Beispiele zur Aussprache: Agios = heilig wird ›ájos‹ gesprochen und so oder auch ›ayos‹ geschrieben. Der griechische Buchstabe Chi, der wie ein deutsches X (Χ/χ) aussieht, wird als ›ch‹ auf deutsch gesprochen und geschrieben, als ›h‹ auf englisch. Der Buchstabe Beta (Β/β) wird wie im Spanischen als ›v‹ ausgesprochen und in der Umschrift auch so transkribiert (das gesprochene B schreiben die Griechen ›mp‹). Fünf (!) Buchstaben werden wie ›i‹ gesprochen: Ι/ι, Η/η, ΕΙ/ει, ΟΙ/οι, Υ/υ. In völliger Abweichung zur deutschen Aussprache wird allerdings Th (Buchstabe thita, Θ/ϑ) wie englisch ›think‹ gesprochen und d (Delta, Δ/δ) vor e, i und o wie ein weiches englisches ›those‹.

Im bildungsbürgerlichen Sprachgebrauch schreiben manche, ans Altgriechische angelehnt, so wie es der Renaissance-Humanist Erasmus von Rotterdam festgelegt hat: ›Heraklion‹, ›Phaistos‹ und ›Hagia Triada‹ und sprechen es auch so aus. Um von Griechen verstanden zu werden, muß man aber – neugriechisch – ›Iraklion‹, ›Festós‹ oder ›Ajía Triáda‹ sagen.

Die wichtigsten Redewendungen

Ausspracheorientierte Umschrift; die Akzente geben die betonte Silbe an. Die richtige Betonung ist sehr wichtig, um verstanden zu werden.

Begrüßungsformeln

Kálí méra
Guten Tag (bis 17 Uhr)
Kálí spéra
Guten Abend (ab 17 Uhr)
Kálí níchta
Gute Nacht (ab 22 Uhr, nur beim Abschied zu verwenden)
Jássu
Hallo, Tschüß (Du-Form)
Jássas
Hallo, Tschüß (zu mehreren, zugleich Sie-Form)
Jámmas
Prost! (wörtl. ›auf unsere Gesundheit‹)
Chérete
Seien Sie gegrüßt! (nur noch auf dem Land üblich)
Ti kánis / ti kánete
Wie geht es Dir / Ihnen?
Adío / Adíosas!
Auf Wiedersehen (zu einem / zu mehreren)

Höflichkeitsformeln

parakaló
Bitte!
efcharistó (polí)
Danke (vielmals)!
nä
Ja
óchi
nein
(Achtung: Griechen heben dabei etwas den Kopf, was wir leicht mit (bejahendem) Kopfnicken verwechseln)
singnómi
Entschuldigung!
típota
Keine Ursache!
endáxi
O.K., in Ordnung!
den pirási
Das ist nicht so schlimm.
den katalava
Ich habe nicht verstanden.
viásome
Ich habe es eilig.
fíje
Hau ab!

Nationalitäten

apó pu ísse / íssaste
Woher kommst Du / kommen Sie?
jermanía
Deutschland
jermanós, jermanída
Deutscher, Deutsche

afstría
Österreich
afstriakós, afstriakiá
Österreicher, Österreicherin
elvetía
Schweiz
elvetós, elvetída
Schweizer, Schweizerin

Auskünfte, Adjektive
pú íne...
Wo ist...?
tí óra íne
Wie spät ist es?
parakaló, thélo...
Bitte, ich möchte...
boró ná écho...
Darf ich... haben?
thélo ná vró éna...
Ich suche eine...
(wörtl. Ich möchte eine... finden)
pú íne í tualéta parakalo
Wo ist die Toilette, bitte?
kalós/kakós
gut/schlecht
megálos/mikrós
groß/klein
néos/paliós
neu/alt
mé/chorís
mit/ohne

Das griechische Alphabet

Großbuchstabe	Kleinbuchstabe	Ausspracheregeln	häufige Umschrift
Α	α	kurzes a	a
Β	β	zwischen v und w	v, w
Γ	γ	-g vor a, o, u -j vor e und i	g, j, y
Δ	δ	stimmhaftes englisches th, wie in ›the‹	d, dh
Ε	ε	kurzes e	e
Ζ	ζ	stimmhaftes s, wie in ›Sahne‹	z, s
Η	η	i	i, e
Θ	ϑ	hartes englisches th, wie in ›thief‹	th
Ι	ι	i, wie j vor Vokal	i
Κ	κ	k	k
Λ	λ	l	l
Μ	μ	m	m
Ν	ν	n	n
Ξ	ξ	ks wie in ›Axt‹, nach m oder n weicher: gs	x, ks
Ο	ο	kurzes, offenes o wie in ›Gott‹	o

Reisen

Kaló taxídi
Gute Reise!
limáni/karávi
Hafen/ Schiff
stathmós/leoforío
Station/Bus
aerodrómio/aeropláno
Flughafen/Flugzeug
isitírio
Fahrkarte
motosikléta/podílato
Motorrad/Fahrrad
póte thá fíji
Wann fährt er/es ab?
póte thá ftássi
Wann kommt er/es an?
póssa chiliómetra sto...
Wieviel Kilometer bis...?
pú févji tó leoforío já...
Wo fährt der Bus nach...?
póte févji tó teleftéo leoforío já...
Wann fährt der letzte Bus nach...?
íne aftós ó drómos já...
Ist das der Weg nach...?

Bank, Post, Arzt

trápeza/sinállagma
Bank/Geldwechsel
tachidromío/grammatósima (Pl.)
Post/Briefmarken
thélo ná tilefonísso
Ich möchte telefonieren.

Π	π	p	p
Ρ	ρ	gerolltes r	r
Σ	σ, ς	scharfes s wie in ›Tasse‹	ss, s
Τ	τ	t	t
Υ	υ	i, kein Anklang von ü	i, y
Φ	φ	f wie in ›falsch‹	f, ph
Χ	χ	ch wie in ›Bach‹ (vor a, o, u), ch wie in ›Milch‹ (vor e, i)	ch
Ψ	ψ	ps wie in ›Gips‹	ps
Ω	ω	offenes o wie in ›Gott‹	o

Buchstabenkombinationen

AI	αι	e wie in ›Brett‹	e, ä
ΓΓ	γγ	ng wie in ›lang‹	ng, gg
EI	ει	i wie in ›lieb‹	i
EY	ευ	ef wie in ›heftig‹	ef, ev, ew
ΜΠ	μπ	am Wortanfang: weiches b wie in ›Baum‹	B
		in der Wortmitte: mb wie in ›Amboß‹	mp, mb
NT	ντ	am Wortanfang: d wie in ›Dach‹	D
		in der Wortmitte: nd wie in ›Länder‹	nd, nt
OI	οι	i wie in ›Liebe‹	i
OY	ου	langes u wie in ›Lupe‹	u, ou

iatrós/nosokomío
Arzt/Krankenhaus
thélo na vró éna farmakío
Ich suche eine Apotheke.

Einkaufen, Essen

períptero/fúrno
Kiosk/Bäckerei
pandopolío
Gemischtwarenhandlung
psomí/neró
Brot/Wasser
kréas/psári
Fleisch/Fisch
gála/tirí/avgá
Milch/Käse/Eier
frúta/lachaniká
Obst/Gemüse
tí thélete
Was wünschen Sie?
parakaló thélo...
Bitte, ich möchte...!
pósso káni
Was kostet das?
boró ná écho éna potíri neró
Darf ich ein Glas Wasser haben?
thélo éna boukáli retsína
ich möchte eine Flasche Restina!
boró na écho beikon mé avgá
Kann ich Eier mit Schinken bekommen?
tó logariasmó parakaló
Die Rechnung bitte!

Tage, Tageszeiten

deftéra/tríti/tetárti
Montag/Dienstag/Mittwoch
pémpti/paraskeví
Donnerstag/Freitag
sávvato/kiriakí
Samstag/Sonntag
to proï/to messiméri
Morgen/Mittag
to apójevma/to vrádi
Nachmittag/Abend

Zahlen

1	éna, mía (w.)
2	dío (sprich: sio)
3	tria
4	téssera
5	pénde
6	éksi
7	eftá (veraltet: epta)
8	októ
9	enéa
10	déka (sprich: seka)
11	éndeka
12	dódeka
13	dekatría
14	dekatéssera usw.
20	íkossi
21	íkossi éna
22	íkossi dío usw.
30	triánda
35	triánda pénde
40	saránda
50	penínda
60	eksínda
70	evdomínda
80	ogdónda
90	enenínda
100	ekató
110	ekató déka
120	ekató íkossi
130	ekató triánda usw.
200	diakóssia
300	triakóssia
400	tetrakóssia
500	pendakóssia
600	eksakóssia
700	eptakóssia
800	oktakóssia
900	eniakóssia
1000	chília
2000	dío chiliádes
3000	trís chiliádes
4000	tésseres chiliádes usw.
20000	íkossi chiliádes
35000	triánda pénde chiliádes

Informationen von A bis Z

Auskunftsstellen auf Kreta

Die Büros der Griechischen Zentrale für Fremdenverkehr halten umfangreiches Prospektmaterial bereit: Busfahrpläne, Schiffsabfahrten, Hotellisten, Campingplätze, Karten und Stadtpläne. Allerdings ist nicht immer alles vollständig vorhanden.

Iraklion: gegenüber dem Eingang des Archäologischen Museums,
✆ 081/22 82 25
Agios Nikolaos: am Süßwassersee, Akti Koundourou 20,
✆ 08 41/2 23 57
Ierapetra: beim Rathaus,
✆ 08 42/2 86 58
Sitia: Iroon Politechniou Platz,
✆ 08 43/2 49 55
Rethimnon: an der Hafenpromenade,
✆ 08 31/5 50 01
Chania: Kriari Str. 40,
✆ 08 21/9 29 43

Diplomatische Vertretungen

Deutschland, Österreich und die Schweiz unterhalten auf Kreta Honorarkonsulate. An diese Stellen können Sie sich wenden, wenn Sie zum Beispiel Ihre Papiere verloren haben. Sie erhalten dann eine Bescheinigung, die zur einmaligen Ausreise berechtigt. Die Botschaften dieser Länder befinden sich in Athen.

Deutschland: Iraklion, Papalexandrou 16, ✆ 0 81/22 62 88;
Chania, Daskalojanni 64,
✆ 08 21/5 79 44
Österreich und Schweiz: Iraklion, Dedalou 36 (bei Cretan Hollidays),
✆ 0 81/24 21 06

Botschaften in Athen
Botschaft der BR Deutschland:
Leoforos Vass. Sofias 10,
✆ 01/7 28 51 11
Schweizer Botschaft:
Iassiou 2, ✆ 01/7 23 03 64
Österreichische Botschaft:
Leoforos Alexandras 26,
✆ 01/8 21 10 36

Elektrizität

Die Stromspannung in Griechenland beträgt wie bei uns 220 Volt. Adapter sind nicht nötig. Die Steckdosen sind meist flach, so daß auch Schukostekker passen.

Feiertage

1. 1. Neujahr
6. 1. Epiphanie (Dreikönigstag; Geschäfte sind geöffnet)
25. 3. Nationalfeiertag; Beginn des Freiheitskampfes 1821
1. 5. Tag der Arbeit
15. 8. Mariä ›Entschlafung‹ *(Kimesis)*

28. 10. ›*Ochi*-Tag‹, Tag des Nein, der Ablehnung eines Ultimatums des italienischen Diktators Mussolini durch die Regierung Metaxas 1940. Daraufhin marschierten italienische Truppen in Griechenland ein. Geschäfte sind geöffnet.

25. 12. Weihnachten

Ostern und **Pfingsten** sind variable Feiertage. Orthodoxe Ostertermine: 1996: 14. April, 1997: 27. April, 1998: 19. April, 1999: 11. April.

Fotografieren

Fotomaterial ist in Griechenland weit teurer als in Deutschland. Bringen Sie daher ausreichend Filmmaterial mit. In den Museen darf im allgemeinen fotografiert werden, allerdings nicht mit einem Stativ. In den Kirchen ist es in der Regel nicht erlaubt. Wegen der hohen Lichtintensität sollte unbedingt ein UV-Filter verwendet werden. Bei Schwarz-Weiß-Aufnahmen ergibt ein Gelb- oder Orangefilter mehr Kontrast.

Geld und Geldwechsel

Die griechische Währungseinheit ist die Drachme (Drs). Durch die Inflation ist die größte Banknote, der 10.000-Drachmen-Schein heute gerade noch 60 DM wert. Jedermann muß also mit größeren Geldbündeln hantieren. Die 100-Drachmen-Scheine werden seit 1992 gegen Münzen ausgetauscht.

Bargeld, Reise- und Euroschecks können in unbegrenzter Höhe eingeführt und bei allen Banken und Postämtern eingewechselt werden. Gegenüber dem Bankkurs bzw. dem gebührenfreien Umtausch bietet die Wechselstube KAPA (jeweils in Chania, Rethimnon und Iraklion) ein leicht günstigeren Kurs an. Auch Hotels wechseln, allerdings zu schlechteren Kursen, Reisebüros dagegen zu Bankkursen, erheben dafür aber eine Gebühr von 2 %. Kreditkarten werden nur von besseren Hotels und Restaurants sowie von den meisten Mietwagenfirmen akzeptiert.

Wechselkurs

(Stand April '95; bei Umtausch in Griechenland)
1 DM = 162 Drachmen
100 Drachmen = 61 Pfennige

Karten

Die detailliertesten Kreta-Karten erscheinen als Wanderkarten im Harmsverlag, im Maßstab 1 : 50 000. Fünf Einzelkarten für die Regionen Chania, Rethimnon, Iraklion, Agios Nikolaos und Sitia sind erschienen. Eine geeignete Karte von Gesamtkreta ist die von Bartholomew oder von Freytag & Berndt. Auf Kreta selbst gibt es die um mehr als die Hälfte billigere Tourist Map Kriti. Von allen Karten erwarte man aber keine große Genauigkeit, manche Wege sind nicht eingezeichnet, große Straßen sind als kleine und kleine als große markiert...

Kirchen und Klöster

Nur die Stadtkirchen und die wichtigsten Klöster sind zu festen Öffnungszeiten ohne weiteres zugänglich. Nicht so sehr frequentierte Kirchen sind geschlossen. Die Schlüsselsuche gestaltet sich oft zu einem kleinen Abenteuer. Sie müssen sich im nächsten Dorf oder bei Häusern in der Nähe mit ihrem Anliegen verständlich machen. Das geht leicht durch Zeichensprache oder auch auf griechisch: *Pjós échi to klidí, parakaló* – Wer hat den Schlüssel, bitte?

Der Schlüsselverwahrer erwartet für seine Mühe ein Entgelt. Man steckt es ihm unauffällig zu oder – sollte der Papas selbst aufschließen – hinterläßt es auf einem Sammelteller oder in einer Sammelbüchse in der Kirche. Der Kirchen- und Klosterbesuch sollte so geplant werden, daß die Mittagsruhe der beteiligten Kreter nicht gestört wird.

›Anständige‹ Kleidung ist unabdingbar. Frauen sollten Schultern und Knie bedeckt halten, Männer nicht in kurzen Hosen erscheinen.

Nacktbaden

Nacktbaden ist offiziell verboten. In der Praxis baden aber immer mehr Touristinnen oben ohne, und ab und zu sieht man auch schon mal den unverhüllten Busen einer Griechin. Ganz nackt baden sollte man nur in wirklich abgelegenen Buchten, wenn keine griechischen Familien mit Kindern in der Nähe sind.

Öffnungszeiten

Museen und Stätten: Die Öffnungszeiten der Museen und archäologischen Stätten sind jeweils im Ortsteil aufgeführt. Achtung Feiertage! Am Nationalfeiertag 25. März, Ostersonntag, am ersten Weihnachtsfeiertag und Neujahr bleibt alles zu.
Klöster: Auch in Klöstern legt man Wert auf eine Mittagsruhe. Daher zwischen 13 und 17 Uhr nicht stören. Manche Klöster haben auch angeschlagen, wann ein Besuch genehm ist.
Geschäfte: Montag, Mittwoch, Samstag nur vormittags bis ca. 14 Uhr, Dienstag, Donnerstag und Freitag vormittags bis ca. 13.30, nachmittags ca. 17–20.30 Uhr.
Postämter: 7.30–14 oder 15 Uhr, in den Städten bis 18 Uhr.
Telefonamt OTE: ähnlich wie Postämter.
Banken: 8–14 Uhr, freitags nur bis 13.30 Uhr.

Polizei

Es gibt in Griechenland eine Verkehrspolizei, eine Landpolizei, eine Markt- und eine Touristenpolizei. Letztere ist zuständig für Auskünfte, Hilfe und auch für eventuelle Beschwerden von Touristen. Die griechischen Polizeibeamten kehren ihre Macht meist nicht besonders heraus. Fußgänger überqueren bei Rot die Straße, ohne daß die Trillerpfeife des danebenstehenden Polizisten ertönt, Autos fahren mit nur einem Scheinwerfer. Hart durchgegriffen wird bei schwerer Kriminalität und bei Rauschgiftdelikten.

Post und Telefon

Postämter gibt es in vielen Orten. Sie sind geöffnet von 7.30–14 oder 15 Uhr, in den Städten auch bis ca. 18 Uhr. Bei der Post kann auch Geld gewechselt werden; in vielen Dörfern ist die Post die einzige Möglichkeit, Schecks umzutauschen. Das Abheben vom Postsparbuch ist jedoch nicht möglich. Briefmarken am Kiosk kosten übrigens 10 % mehr als bei der Post.

Telefoniert wird nicht bei der Post, sondern beim Telefonamt OTE. Telefonämter gibt es in fast jedem Ort. Oft wird das Dorftelefon von einer Privatperson im eigenen Haushalt verwaltet. Unwesentlich teurer ist das Telefonieren von Kiosken aus, die einen Telefonanschluß haben, ziemlich viel teurer in Hotels. Telefonieren kann man auch in Tavernen, die einen Zähler besitzen (Frage: *Échete metrití?*).

Das Netz der öffentlichen Fernsprecher wird zur Zeit auf Kartentelefon umgestellt. Telefonkarten kann man beim OTE kaufen.

In der Hochsaison sind die Telefonämter oft überfüllt und die Leitungen blockiert. Daher am besten morgens vor 9 telefonieren oder zwischen 14 und 16 Uhr.

Vorwahl für die BRD: 00 49, für die Schweiz: 00 41, für Österreich: 00 43. Danach die Ortsvorwahl ohne die Null und dann die Nummer des Teilnehmers. Hamburg zum Beispiel ist 00 49/40-(Teilnehmernummer).

Souvenirs

Als Mitbringsel empfehlenswert sind Gegenstände des Kunsthandwerks und Agrarprodukte wie Olivenöl, Nüsse, Honig, Wein oder Raki.

Die kleineren und mittleren Kunsthandwerksbetriebe Griechenlands sind in der EOMMECH organisiert. Diese Organisation unterhält Ausstellungsräume, in denen man nichts kaufen kann, wo man Ihnen aber mit Hersteller- und Vertriebsadressen weiterhilft. Die EOMMECH hat auf Kreta in Iraklion, Rethimnon und Chania ihre Zweigstellen (Adressen im Ortsteil). Souvenirläden gibt es ansonsten überall dort, wo sich kaufkräftige Touristen aufhalten. Unter Umständen kann sich ein Besuch beim Hersteller günstig auf den Preis auswirken.

Keramik wird auf Kreta vor allem in den Töpferorten Margarites (Bezirk Rethimnon) und Thrapsano (Bezirk Iraklion) hergestellt. Früher brannten die Töpfer vorwiegend Gebrauchskeramik, große Vorratsgefäße *(Pithária),* die schon die Minoer kannten. Heute sind sie – vor allem wegen der touristischen Nachfrage – mehr und mehr auf die Produktion von Kunstgewerbeartikeln wie Teller, Vasen oder Figuren umgestiegen.

Web- und Stickarbeiten werden vor allem in Anogia und Axos, in Kritsa und Fodele hergestellt.

Lederwaren – Schuhe, Gürtel, Taschen – finden Sie in reicher Auswahl in Rethimnon, Chania und Iraklion (s. Ortsteil)

Ikonen können bei Ikonenmalern in Iraklion und Rethimnon oder in Ausstellungen erworben werden (in Iraklion: Idomeneou 18, Rethimnon: in einer schmalen Gasse, die von der-Souliou abgeht). In den Wirtschaftsräumen des Klosters Toplou befindet sich eine Verkaufsausstellung.

Olivenöl aus Kreta gilt als das beste Europas. Die höchste Handelsklasse ist ›kaltgepreßt und aus erster Pressung‹ *(Partheno Elaiolado)*. Olivenöl kauft man in jedem Supermarkt oder im Duty-free-Shop am Flughafen. Oder Sie besorgen sich einen Kanister und fragen bei einer Olivenpresse oder direkt beim Bauern.

Honig Besten, naturbelassenen Thymianhonig aus der Samaria-Schlucht wird in der Dorfkneipe in Imbros und von einem Gemüsehändler in Chania, Apokoronou 40, verkauft (nach dem Honig von Theodoros Vigilis fragen!).

Sport

Surfen

Anfänger sollten an der Nordküste ihr Glück versuchen. Im Sommer weht der *Meltémi* beständig und auflandig mit Stärken zwischen 3 und 5. Die Südküste ist nur für Könner geeignet. Hier pfeift der *Meltémi* ablandig öfters mit Windstärke 8 die Schluchten herunter und treibt die Surfer hinaus aufs Meer.

Surfboards kann man an vielen Stränden ausleihen. Bretter und Rigg sind allerdings meist nicht auf dem neusten Stand der Entwicklung, daher eventuell eigenes Surfgerät mitbringen. Gutes Gerät haben Surf-Schulen, die von speziellen Surf-Reiseveranstaltern aus Deutschland betrieben werden, so zum Beispiel die Surf-Schule in Plaka bei Elounda.

Tauchen

Schnorcheln ist überall erlaubt, Tauchen mit Sauerstoff-Flaschen nur dort, wo keine archäologischen Ruinen am Meeresgrund liegen. Tauchbasen befinden sich zum Beispiel im Hotel Peninsula in Agia Pelagia, im Hotel Kalypso in Plakias, im »Grecotel« Rithymna Beach und im Hotel Elounda Beach in Elounda.

Tennis

Hotels der oberen Kategorie besitzen Tenniscourts. Ihr Zustand ist jedoch nicht immer gut. Die Hotels vermieten die Plätze und Schläger auch an Spieler, die nicht im Hotel wohnen.

Wasserskifahren/Drachenfliegen

ist in den großen Touristikzentren möglich.

Reiten

Reitställe gibt es zwischen Iraklion und Amnissos, bei Rethimnon und bei Agios Nikolaos. Auch Tagesgäste und Anfänger sind willkommen (genaue Adressen bei den jeweiligen Fremdenverkehrsämtern erfragen, s. S. 239).

Bergsteigen

Gute Möglichkeiten, besonders im Ida-Massiv und in den Weißen Bergen (s. auch S. 111 u. 212).

Ein griechisches »Mountain Climbing Bureau« veranstaltet geführte 4–5-Tages-Touren in die Berge mit Übernachtungen im Zelt. Adresse: Rethimnon, Angelou Sikelianou 10, Chania, Karaoli Dimitriou 14.

Mountain-Bike-Touren

Im Hotel *Rethymna Beach* kann man bei einem deutschen Veranstalter organisierte Touren buchen und sich auch ein Bike privat ausleihen.

Toiletten

Nur die guten Restaurants besitzen Toiletten, in denen die Wasserspülung in jeder Hinsicht funktioniert und von der Klobrille bis zum Toilettenpapier alles vorhanden ist. Auch in den Hotel- und Privatzimmern sind die Toiletten normalerweise in Ordnung.

Klopapier gehört wegen der Verstopfungsgefahr nicht in den Abfluß, sondern in einen Eimer, der neben dem Klosett steht.

Öffentliche Toiletten sind Mangelware auf Kreta. Sie können aber ohne weiteres eine Restauranttoilette benutzen, auch ohne etwas konsumieren zu müssen. Fragen Sie aber bitte vorher den Wirt.

Zeit

Sie müssen Ihre Uhr bei der Einreise 1 Stunde vor-, bei der Ausreise 1 Stunde zurückstellen.

Zoll

Der europäische Binnenmarkt hat 1993 in bezug auf die Zollvorschriften einige Veränderungen mit sich gebracht: Griechenland-Touristen sind keinerlei Beschränkungen mehr bei mitgebrachten Waren unterworfen; nur die Einfuhr von Waren aus Drittländern und aus dem Duty-free-Shop (der als Drittland gilt) ist begrenzt. Bei einem Duty-free-Einkauf darf man 2 l Wein, 1 l Spirituosen und 200 Zigaretten erwerben.

Bitte schreiben Sie uns, wenn sich etwas geändert hat!
Alle in diesem Buch enthaltenen Angaben wurden vom Autor nach bestem Wissen erstellt und von ihm und dem Verlag mit größtmöglicher Sorgfalt überprüft. Gleichwohl sind – wie wir im Sinne des Produkthaftungsrechts betonen müssen – inhaltliche Fehler nicht vollständig auszuschließen. Daher erfolgen die Angaben ohne jegliche Verpflichtung oder Garantie des Verlages oder des Autors. Beide übernehmen keinerlei Verantwortung und Haftung für etwaige inhaltliche Unstimmigkeiten. Wir bitten dafür um Verständnis und werden Korrekturhinweise gerne aufgreifen: DuMont Buchverlag, Postfach 101045, 50450 Köln oder Mittelstraße 12–14, 50672 Köln.

Abbildungs- und Quellennachweis

Farbabbildungen

Klaus Bötig, Bremen S. 23, 24/25, 35, 51, 55 links, 146, 186
Jörg Christöphler, Köln S. 154, 169
Colorvision Hans-Rudolf Uthoff, Hamburg S. 110, 144/145, 171
hpa, Hamburg S. 41, 42, 72/73, 81 rechts, 102, 105, 201, 204, 210/211
Knut Liese, Ottobrunn Umschlagklappe vorn, S. 13, 28, 52/53, 75, 81 links, 106, 121, 126/127, 128/129, 136, 151, 152, 166/167, 207
LOOK, München S. 1, 30/31, 79, 91
Michael Pasdzior, Hamburg S. 2/3
Werner Richner, Saarlouis Umschlagvorderseite, Umschlagklappe hinten, Umschlagrückseite, S. 18/19, 54 rechts, 117, 187, 198/199
Arved von der Ropp, Vachendorf/Traunstein S. 177, 184/185
Christoph Seelbach, Köln S. 103, 156
Andreas Schneider, Hamburg S. 87, 89, 211
Wilkin Spitta, Loham S. 14/15, 27, 36, 45, 55 rechts, 61, 76, 93, 97, 111, 122, 124, 141, 164, 180, 191
Klaus Thiele, Warburg S. 160/161
White Star, Hamburg S. 40, 54 links, 62/63, 64, 88, 137, 138/139, 175, 213

Schwarzweißabbildungen

Archiv für Kunst und Geschichte, Berlin S. 46 oben, 47 oben
Bildarchiv Peter W. Engelmeier, München S. 66, 70
Klaus Gallas, München S. 43
Ullstein Bilderdienst, Berlin S. 47 unten, 50, 68
Klas Winter, Meschede S. 46 unten

Alle übrigen Abbildungen aus dem Archiv des Autors und des Verlages

Karten und Pläne: DuMont Buchverlag, Köln

Zitate

S. 9 aus: Nikos Kazantzakis, *Alexis Sorbas,* © by F. A. Herbig Verlagsbuchhandlung GmbH, München 1993.
S. 64/65 aus: Armin Kerker, *Kreta* (Vicenzo Kornaro ›Erotokritos‹ aus d. Gr. von Armin Kerker), Hamburg 1986.
S. 65 aus: Johannes Gaitanides, *Kreta-Rhodos-Zypern,* München 1983.
S. 68 aus: Lawrence Durell, *Griechische Inseln,* Reinbek 1979.

Register

Personen/ Sachbezeichnungen

Orte (WK = Westkreta, MK = Mittelkreta, OK = Ostkreta)